住まいと環境

住まいのつくりを環境から考える

大内孝子 著

彰国社

装丁・本文基本デザイン：又吉るみ子

はじめに

　私たち人間が、快適な暮らしをするためには、生活の場である居住空間において、光、熱、空気、音などの環境を整える必要がある。そのためには、これらの環境要素を十分理解し、空間づくりに役立てることが重要となる。

　また、現代の暮らしは、科学技術の進歩により、自然エネルギーから人工照明や冷暖房などの機械力に頼るようになり、室内環境は外部環境とかけ離れた人工的な空間としてつくられるようになった。その結果、過度なエネルギー利用は地球環境に影響を及ぼし、自然エネルギーの利用が見直されるようになった。環境を無視した空間づくりを見直し、持続可能型の住まいをつくるには、計画段階から自然をどのように利用し、取り入れていくか検討する必要がある。

　環境工学は、身のまわりの環境要素と、住まいや生活の場となる建物との関わりを考える学問であるが、光、熱、空気、音などの物理現象が基礎となるため、物理的な説明が中心となり、学んだ内容が暮らしに具体的にどのように関わるのかすぐには理解できないことが多い。

　本書は、生活空間をつくるうえで、光、熱、空気、音などの環境要素が住まいとどのように関わっているかを学ぶ。広範囲にわたり、複雑な環境工学を、まずはもっとも身近な住まいに関連する要素に絞り、初めて住まいを学ぶ学生が最低限知っておいてほしいことを、各環境要素別に、章ごとにまとめている。

　また、高齢社会において、高齢者が快適な暮らしをするためには、住まいの環境をどのように考えればよいか、各章にその対応についてまとめている。さらに各章の最後に、理解を深めてもらうために、まとめとなる簡単な演習を入れた。

　数式が必要な内容においては、必要最低限の数式にとどめ、数学は高校の範囲で理解できる程度とした。また、単に数式の説明だけではわかりにくいため、具体的に数値を入れることにより理解しやすいような記述としている。

　本書は住まいを中心に書かれているが、一級建築士試験の指定科目である環境工学の授業において、テキストとして使用できる内容としている。

　本書が、はじめて住まいづくりと環境を学ぶ学生の一助となれば幸いである。

2010年8月　大内孝子

目　　次

はじめに　3

1章　住まいを取り巻く環境

1-1　自然と暮らし　8
1. 人と住まいと自然環境　8
2. 日本の住まい　9

1-2　現代の住まいと環境計画　12
1. 現代の暮らしと住まいの環境の変化　12
2. 住まいの環境をどう計画するか　14

2章　住まいの日照・日射

2-1　住まいと太陽　18
1. 住まいにおける太陽光　18
2. 地球から見た太陽の動き　19
3. 地球から見た太陽の位置　20

2-2　住まいの日照計画　23
1. 日照と日影　23
2. 隣棟間隔　28

2-3　住まいと日射　29
1. 日射と放射　29
2. 方位による日射量　30
3. 日射の遮蔽　31
■まとめと演習問題　36

3章　住まいと光

3-1　光の性質　38
1. 光の知覚　38
2. 可視光線の波長と色　39
3. 視感度　40
4. 光の単位　41
5. 視環境への光の影響　43

3-2 自然照明の計画 49
1. 昼光照明 49
2. 昼光率の検討 50
3. 窓からの採光計画 54
4. 装置を用いた採光 57

3-3 人工照明の計画 59
1. 光源の種類 59
2. 色温度 62
3. 演色性 64
4. 照明の手法 65
5. 高齢者の光環境 70

3-4 色彩の計画 72
1. 色の見え方と表示 72
2. 色彩の心理的効果 77
3. 色彩計画 80
■まとめと演習問題 82

4章 住まいと空気

4-1 住まいと換気 84
1. 住まいの空気と汚染物質 84
2. 換気 87
3. 必要換気量の検討 89
4. シックハウス対策 94

4-2 換気の種類 97
1. 換気方法の種類 97
2. 換気計画 103
3. 通風 104
■まとめと演習問題 106

5章 住まいと熱

5-1 人と温熱感覚 108
1. 人体の熱収支 108
2. 温熱6要素 109
3. 温熱環境の指標 112
4. 局所不快感 115
5. 高齢者の温熱環境 116

5-2 住まいと熱 119
1. 住まいにおける熱 119
2. 熱の移動 120
3. 熱貫流 123
4. 断熱と蓄熱 126
5. 木造と鉄筋コンクリート造 128
6. 住宅の省エネルギー基準 131

5-3 住まいの湿気と結露 133
1. 湿度 133
2. 湿り空気線図 135
3. 結露 137
4. カビとダニ 141
■まとめと演習問題 144

6章 住まいと音

6-1 音の性質 148
1. 住まいと音 148
2. 音の物理量 149
3. 聴覚と音の知覚 153
4. 音の伝搬 159

6-2 騒音と振動 163
1. 騒音とは 163
2. 騒音の評価 164
3. 音環境の基準 167
4. 遮音計画 169
5. 振動と固体伝搬音 176

6-3 響きと吸音 180
1. 残響調整の必要性 180
2. 残響時間 181
3. 音響障害 184
4. 吸音機構の種類と特性 186
■まとめと演習問題 190

まとめと演習問題 解答・解説 192
図版出典・参考文献リスト 194
索引 197

1章

住まいを取り巻く環境

本章の構成とねらい

1-1 自然と暮らし

環境とは、私たちの身のまわりの状況を差す。住まいは昔から、まわりの自然やその土地の気候・風土にあわせ形をなし、またその土地で手に入れやすい身近な材料を使ってつくられてきた。日本の気候の特徴や風土を学び、昔からつくられてきた日本の民家のつくりを知る。

1-2 現代の住まいと環境計画

技術の進歩とともに、暮らしは変化してきた。現代の暮らしは、照明により必要な明るさを得ることで夜でも活動ができ、夏は冷房、冬は暖房を入れることにより気温の変化に対応できる。また住まいは気密性が高く、プライバシーを尊重するつくりをしている。一方で、シックハウス問題や、照明で目が疲れるなど人工的な室内環境が身体に影響を及ぼしたり、音に対して近所に気をつかうなど、別の問題が生じている。現代の住まいは、採光、通風・換気、断熱、遮音などそれぞれの環境要素について、適切に建築的な対応をしていくことが求められる。

1-1 自然と暮らし

1. 人と住まいと自然環境

　私たち人間は、自然環境に左右されながら、またその環境を利用して、住まいの快適性を求めてきた。環境とは、私たち人間あるいは生物を取り巻くまわりの状況をいう。環境は、私たちの意識や行動において相互に作用し合う外界を指しており、環境は、大きく自然環境と社会環境に分けられる。ここでは、人間の暮らしに大きな影響を及ぼしている自然環境との関わりについて述べる。

　原始の時代には、人間も動物と同様に自然の雨風、暑さや寒さ、外敵などから身を守るための避難所としての「巣」が必要であった。やがて、身を守るだけであった巣に住まいの機能が備わり、採光や通風のための窓や通風口を設け、次第に植栽など自然を、生活の中に取り入れる工夫をするようになった。

　世界にはその地域特有の住まいが存在し、住まいの材料や形はその地域の風土に大きな関わりをもっている。人間は、身近な材料を用いて、その土地の気候に適した住まいをつくってきた。建築材料として、一般に寒冷地では氷雪や動物の皮、雨の多い温暖な地域では豊富にある木材、灼熱の乾燥地帯では日干しれんがや焼成れんがが用いられることが多い。材料により建て方は異なり、石やれんがでは開口部の少ない閉鎖的なデザインとなり、細長い部材を縦横に組む木材では開放的な住まいとなる。閉鎖的な空間と開放的な空間では住まい方も異なり、家族意識の違いの要因にもなっている。また、気温の高い乾燥地帯では日射を遮断するために壁は厚く、窓を小さくし、高温多湿の地域では高床にしたり開口部を大きくとって、風通しをよくするなど気候条件に適した工夫がなされた。

　図1.1.1に世界各地の住まいの一部を示す。気候、風土や民族、文化の違いにより、さまざまな住まいを見ることができる。

自然と暮らし　**I-1**

図1.1.1　世界各地のさまざまな住まい

(a) イグルー（北アメリカ北極圏）
氷雪以外に材料がない北極圏に住むイヌイットは、氷や雪のブロックを積み上げてドーム状の住まいをつくる。

(b) ゲル（モンゴル）
移動することが生活の基本である遊牧民族や騎馬民族の住まい。動物の皮でつくられた遊牧民族の移動式のテント。

(c) ハーフティンバー（ドイツ）
木材が豊富なイギリスやドイツで見られる住まい。木材の骨組みの間の壁を土やれんがでつくる。黒い柱・梁と壁の色の対比が素朴な印象を与える。

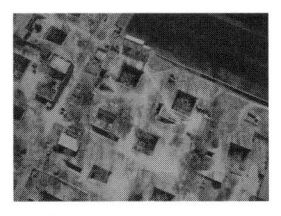

(d) ヤオトン（中国）
雨量の少ない黄河流域の黄土高原では、住まいの材料となる石や材木も少ないため、人々は地下に住むことが多い。

(e) 日干しれんがの家（シリア）
乾燥した砂漠地帯では、土や日干しれんがで壁はつくられ、暑い日差しを遮るため窓は小さく閉鎖的である。

(f) 高床（水上）住居（タイ）
東南アジアなどモンスーン地帯では、床を高くすることにより床下からの通風をよくし、同時に洪水から身を守る。

2. 日本の住まい

1 日本の気候

　亜熱帯から亜寒帯の気候帯に属している日本は、北緯24°の沖縄八重山諸島から北緯45.5°の北海道宗谷岬まで南北に細長く延びる島国である。地球の**地軸**の23°27′の傾きにより四季の変化がはっきりしており、日本近海を流れる南からの暖流と北からの寒流は気候に影響を与えている。国土の3/4が山地であり、降雨量も多いため河川や森林に恵まれ、他国に比べ豊かな風土をつくり出している。

　図1.1.2は、世界の各都市における1年間の各月の平均気温と湿度の変化を表した**クリモグラフ**である。東京は、夏は高温多湿で蒸し暑く、冬は気温、湿度ともに低く、実際の気温より寒く感じる。ロンドンは、東京とは逆に右下がりの傾向を示し、夏は気温は高いが湿度が低いため過ごしやすく、冬は気温は低いが湿度

が高いため、実際の気温ほど寒さを感じない。他の都市と比べ、東京は年間を通じて気温、湿度の変化が激しい。

2 日本の住まい

森林に恵まれた日本では、木材、茅・藁、土などを用い、風土に適した木の住まいがつくられてきた。木造の住まいは、開口部が大きく開放的で、蒸し暑い夏を過ごしやすくするため通風に重点を置いていたが、冬の寒さには不向きなつくりであった。技術の進歩とともに断熱性や気密性も向上し、温熱環境も改善され、現在でも木造の住まいが多く建てられている。

日本古来の民家の形はその地域の風土や生業に深く関係し、その地域独特の形がつくられてきた。積雪が多い地域では屋根の傾斜を大きくしたり、風の強い土地では風を遮る工夫をするなど、自然に対する建築的な配慮がなされ、その土地の住まいの特徴的な形となった。現在の住まいにおいても、台風や大雪などの気候に対する建築的配慮は必要である。ここでは、住まいと風土の関わりを見るために、特徴的な民家を図1.1.3に示す。

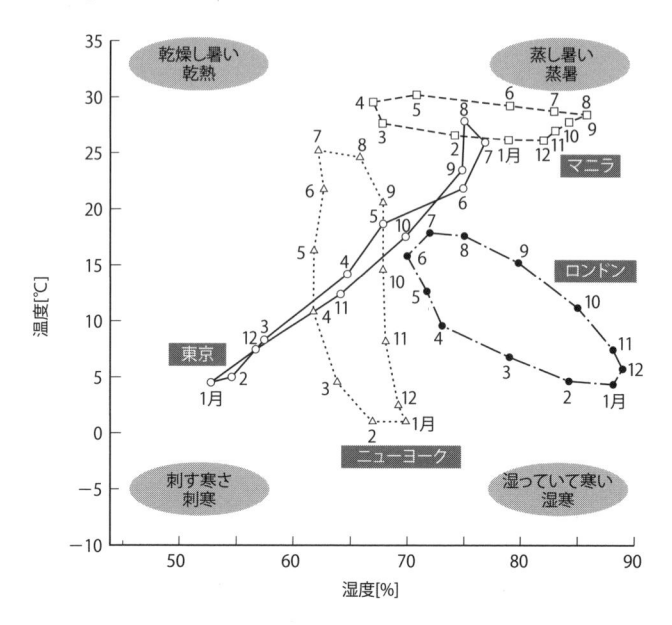

図1.1.2　世界の都市のクリモグラフ

自然と暮らし　**1-1**

図1.1.3　日本の民家の分布と形

合掌造り（白川郷の民家、岐阜県）
豪雪地帯の富山県五箇山・岐阜県白川郷に分布する。大家族が住まい、小屋裏を養蚕に利用できるようにした民家である。

かぶと造り（田麦俣の民家、山形県）
養蚕のため寄棟茅葺屋根の妻部分を切り取り、2、3階に通風・採光用の窓を取り付けたためにこの形となった。窓が高いのは、積雪に埋もれないための配慮でもある。

中門造り（旧奈良家、秋田県）
秋田県から新潟県までの日本海側に見られる。平面は曲屋に似ており馬屋をもつ。中門と呼ばれる突出部が主屋、馬屋などに付いて出入り口となっている。積雪が多いため出入りに便利なように付けられたものといわれている。

沖縄の民家（沖縄県）
沖縄や西南諸島では、台風時の暴風雨に備えて、屋根瓦は漆喰で固め、高い石垣で住まいを囲んでいる。

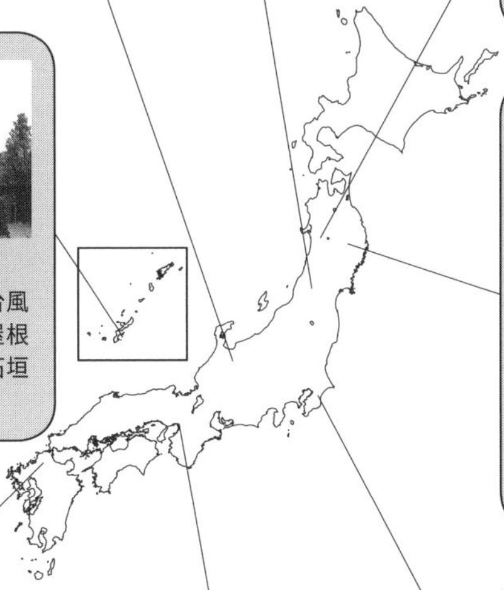

曲屋（旧工藤家住宅、岩手県）
岩手県旧南部藩領の曲屋は、主屋に馬屋を鉤形に設け、出入り口は入隅部にある。藩が馬の飼育を奨励したことによるといわれている。

くど造り（旧平川邸、福岡県）
佐賀県、福岡県、熊本県にかけて見られる。棟をコの字やロの字にしたつくりである。台風時の強風に対処するために、このような形になったともいわれている。

高塀造り（旧吉村家、大阪府）
切妻茅葺屋根の妻側を本瓦葺とし、妻側の壁を漆喰塗としている。大阪や奈良に見られ、大和棟ともいわれる。

分棟型民家（旧作田家住宅、千葉県）
九州・沖縄から千葉、茨城県にかけての太平洋側に広く分布する。居室部の主屋と土間を別棟としている。かまどを別棟にして台風時の火災に備えたためともいわれている。

1-2 現代の住まいと環境計画

1. 現代の暮らしと住まいの環境の変化

1 暮らしが変わり、住まいも変わった

　近代以降、住まいのつくりは、産業の発達や暮らし方に合わせて変化し、それに伴って住まいを取り巻く環境も変化してきた。その変遷を見ることにする。

a. 明かり環境の変化

　人は初め明かりを太陽や月など自然の光に頼っていた。火を使用するようになると松明や篝火など木材の燃焼が光源となり、さらに行灯や提灯のように菜種油やろうそくなどの燃焼により明かりを得るようになった。科学技術の発達とともにガス灯、白熱電球、さらに放電ランプ（蛍光ランプ）や半導体による光源（LED）が利用されるようになり、電気エネルギーを利用した照明システムが実現されると、日本の住まいにおける照明は、1室1灯の全般照明が中心となった。初めは明るさを優先的に追求するものであったが、やがて、明るさだけでなく住まいの明かりには、安らぎやくつろぎ、光による雰囲気づくりが求められるようになった。現在は、限られたエネルギー資源の利用、それに伴う**地球環境**への影響を考慮し、自然光の利用や室の使用目的に応じた明るさの調整、さらに色彩による心理的効果を含めた照明デザインが課題となっている。

b. 通風、温熱環境の変化

　伝統的な日本の住まいでは、夏には深い庇やすだれにより直射日光が室内に入らないようにしたり、竹や葭でつくられた風通しのよい簾戸（夏用の障子）を障子やふすまと入れ替えたり、打ち水や夕涼みなどの夏の暑さをやわらげる工夫がされてきた。表1.2.1に示すように生活の変化、意識の変化、家族の変化、住まいの変化、周辺環境の変化によりこれらの工夫が行われなくなった。技術の発達

とともに室内の環境を調節することが可能となり、冷暖房の普及により快適な温熱環境が提供されるようになった。室内環境は機械的に制御され、エネルギー効率の向上のため、住まいは高断熱・高気密へと変化した。スイッチ1つで室内の気温や湿度を管理できる便利な生活は、ライフスタイルにも影響を与えている。冷暖房や家庭用電気製品の普及は、家庭の電力消費を増加させ、それに伴い発電により排出される二酸化炭素（CO_2）は増加し、**地球温暖化**を加速させている。

　また、開放的な住まいでは隙間風や通風により自然換気されていたが、ライフスタイルの変化や住まいの気密性の向上は室内の換気不足を招いている。その結果、冷暖房時に結露が発生し、**カビやダニ**の発生の原因となっている。閉め切った室内の空気は汚染され、ぜんそくなどのアレルギー疾患の急増の原因ともいわれている。内装に多くの新建材や接着剤が使用された住まいでは、**ホルムアルデヒド**による**シックハウス症候群**が問題となった。

c. 音環境の変化

　江戸時代の長屋の住戸間の壁はたいてい土壁であり、隣の話し声や食事の匂いまで漂ってきたといわれている。もともと日本の木造の住まいは開放的で外周壁の遮音性能は小さく、また居室間の間仕切りはふすまや障子であり、プライバシーや音に対する配慮はなされていなかった。第2次世界大戦後、日本住宅公団（現在の都市再生機構）により建設された集合住宅は鉄筋コンクリート造であった

表1.2.1　夏の暑さをやわらげるための工夫を取りやめた具体的理由

	打ち水	すだれ	夕涼み	建具の取り替え
生活の変化	暇がなくなった	カーテン・ブラインドに変えた 多忙のため	ほかの人がしなくなった テレビの普及 時間の余裕がなくなった	大掃除がなくなった
意識の変化	水の節約のため 面倒になった	管理が面倒になった 気に入らなくなった 何となく 夜に外から中が見える	何となく 外に出るのが面倒	管理が面倒になった
家族の変化	人手がなくなった		子どもが大きくなった	人手がなくなった
住まいの変化		家を改築した 窓をサッシにしたら掛けられなくなった		家を改築した 新築してからしなくなった
周辺環境の変化	道が舗装された		場所がなくなった 近年は外のほうが暑い 自動車の往来が激しくなった	

が、プライバシーや音に対する意識は低く、窓の気密性は現在ほどはなく、間仕切りもふすまであった。

　1960年代の高度経済成長とともに交通量や建設工事の増加により、**環境騒音・振動**が問題となった。また、鉄筋コンクリート造の集合住宅においては、隣戸からの音よりも上階での子どもの飛び跳ねや走り回りによる**床衝撃音**や給排水音などが苦情として発生するようになった。サッシの気密性の向上により、屋外からの交通騒音などの透過音は低減した。その一方、静かさを求める空間の質を高める欲求は、特に都心部では大きく、室内は静かになりすぎた。その結果、外部からの話し声、上階からの足音、エアコンの室外機の音などの生活音が耳障りな気になる音として問題となるようになった。一方、集合住宅ではライフスタイルの変化により、個人個人の生活時間帯が異なり、夜中の洗濯機や入浴の音などが苦情となった。特に、集合住宅では希薄な隣近所との人間関係が、苦情をさらに複雑化させている場合が多い。音環境に限らず快適さをどこまで追求するかが課題といえる。

2 新たな問題と住まいの環境計画の必要性

　現代では、さらなる快適性を求めて効率的で人工的な環境をつくり上げることが可能となったが、それに伴う人間の自然への適応能力の低下、シックハウスや騒音など、新たな問題が発生している。

　また、技術の進歩は住まいの快適性を向上させた反面、自然環境に対して大きな負の影響をもたらした。快適な住まい環境をつくるためには、住まいを取り巻く必要な環境（自然や都市の空気・熱・光・水・音）は積極的に利用し、不要なものは室内に入れないよう遮断して、室内環境を制御する必要がある。化石燃料によるエネルギーの利用を最小限にして、建築計画の段階から室内環境を考えていくことが重要となる。

　また、現代は高齢社会であり、高齢者の生活行動や個人の身体機能に合わせて住まいを計画することも忘れてはならない。

2. 住まいの環境をどう計画するか

1 住まいの環境（室内環境と周辺環境）

　住まいには、安全性、健康性、利便性、快適性が求められる。住まいの快適性

は、まわりの環境と大きく関わっている。

　図1.2.1は住まいを取り巻く環境を表したものである。人は地球環境の一番内側にいることになる。住まいという器の人工的な環境の中で、人は暮らしている。この環境が室内環境であり、温度・湿度、日射、照度（明るさ）、空気の清浄度などの要素がある。室内環境は、住まいの周辺の外気温、日射、日照、風などの周辺環境に影響される。不必要な日射や騒音などは遮断し、日照や通風など必要な要素を取り入れることにより良好な環境をつくる必要がある。室内環境と周辺環境を合わせたものが主な住まいの環境である。

　また、都市部における住まいは、ビルによる日照障害、大気汚染、騒音、振動などの影響を受ける。さらに、近年は雑然と立ち並ぶ広告や光害など、景観の悪化も指摘されている。このような人工的な環境を都市環境という。そして、都市環境のまわりには、山や川、海、森林などの自然環境があり、それらをまとめて地球環境となる。住まい（家庭）から出るゴミ、家電や車、ビルからの放熱、CO_2が、近年地球環境を悪化させている。

2 快適な住まいの環境をつくるために

　快適な住まいの環境をつくるには、採光、通風・換気、断熱、遮音など、環境要素への積極的な建築的対応が必要である。なお、人が感じる快適性には、温冷

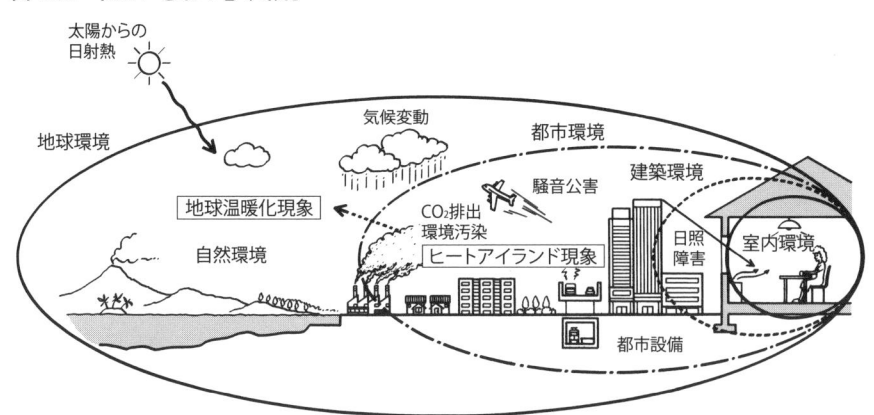

図1.2.1　住まいを取り巻く環境

感、視感や聴感などが関係する物理的な快適性と音響、色、形などが影響する心理的な快適性があるので、双方からのアプローチが必要である。

図1.2.2は住まいの建築計画と環境計画との関わりを示したものである。住まいの室内環境の計画には、夏涼しく冬暖かくまた清潔に住むための日照・日射や通風計画、暗いところでも安全に活動できるような照明計画、および心理的な落ち着きを得るための色彩計画がある。また、汚れた空気やタバコの煙などの汚染物質、臭気や水蒸気などを室外へ出すための換気計画などがある。一方、周辺環境の計画として、住まいの日当たりに関係する日影の検討や隣棟間隔、交通や工場などからの騒音に対する遮音計画などがある。また、CO_2をはじめ、温室効果ガス削減のためには、太陽熱など自然のエネルギーを積極的に利用することも重要である。

各環境要素の特性を理解し、建築計画の段階でどのように取り入れ、実現させるかが重要となる。次章以降、各環境の要素と住まいの関わりを詳しく見ていく。

図1.2.2　住まいの建築計画と環境計画

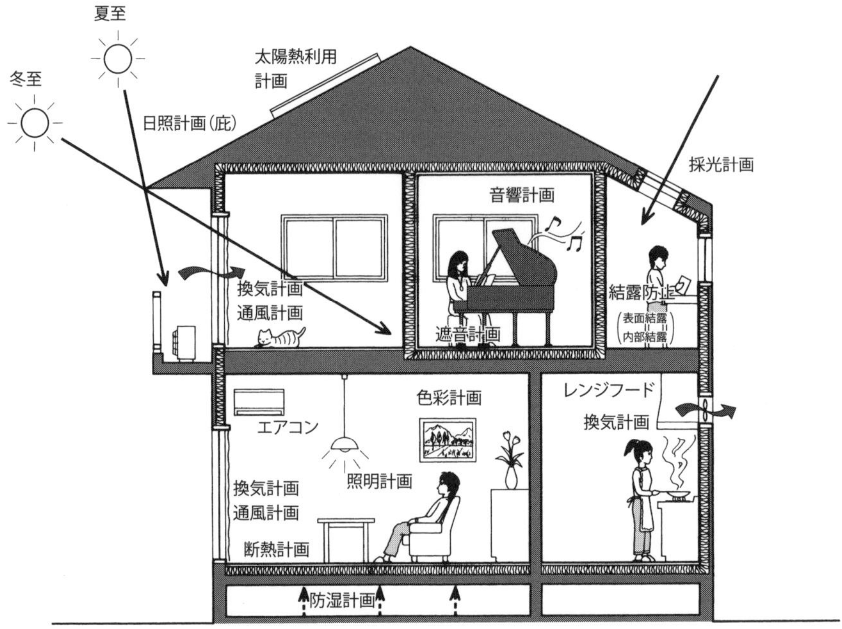

2章
住まいの日照・日射

本章の構成とねらい

2-1 住まいと太陽
太陽光は光と熱という両面で、私たちの生活の源となる重要なエネルギーである。地球と太陽の位置関係から太陽の向きと高さがわかると、住まいに太陽光を有効に取り込むことができる。ここでは太陽の位置の求め方を学ぶ。

2-2 住まいの日照計画
太陽光に応じてできる建物の影の向きと形を理解することにより、日当たりの悪い箇所をなるべくつくらないよう気をつけることができる。日影曲線の意味と読み方を理解し、また緯度に応じて建物と建物との間隔を離す必要があることを学ぶ。

2-3 住まいと日射
太陽の熱は、寒い冬は有効に取り込み、暑い夏は遮りたい。ここでは方位によって住まいが受ける日射量の変化を知る。また庇や植栽などを用いた日射の遮り方や、窓ガラスの種類など、窓面の日射遮蔽の種類と方法を理解する。

2-1 住まいと太陽

1. 住まいにおける太陽光

❶ 住まいと太陽光

　太陽から放射される電磁波は、私たちの生活における大切なエネルギーであり、光や熱として利用されている。健康で快適な住まいづくりには、太陽光を効果的に利用することが重要である。日当たりのよい住まいは、昼間、室内は明るく、冬は暖かく夏は乾燥して気持ちがよい。住まいを計画する際に太陽光を取り入れるには、太陽光の特性を理解し、季節や時刻によって変わる太陽の動きを知る必要がある。

❷ 太陽光の特性

　太陽から放射されるエネルギーは波長により異なる。各波長ごとにエネルギー量を表したものが図2.1.1の**分光分布**である。地球の大気圏外に到達した太陽放

図2.1.1　太陽放射エネルギーの分光分布

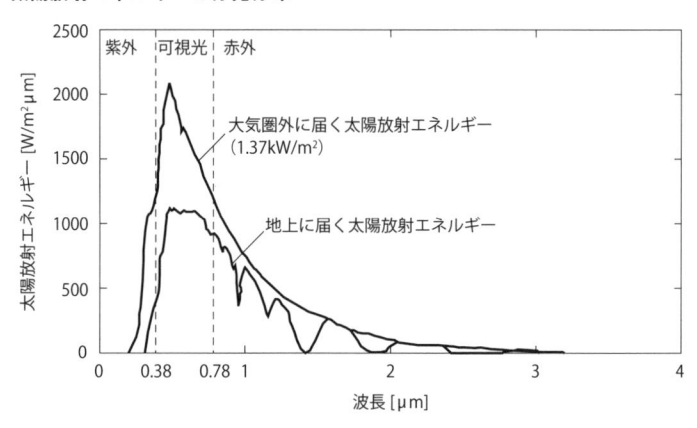

射エネルギーの波長は約 0.2～3μm（1マイクロメートル＝10^{-6}m）に分布しており、その全エネルギーは 1.37 kW/m^2（J_0：**太陽定数**）である。太陽放射エネルギーは、地球の大気によって吸収、散乱され減衰し、地表に届くのは約 0.3～2.5μm の波長のエネルギーである。これらは、人の目に見える**可視光線**と見えない赤外線および紫外線に分けられる。可視光線の波長は 0.38～0.78μm であり、0.78μm 以上の波長は**赤外線**、0.38μm 以下は**紫外線**である。普段、私たちが太陽光といっているのは、可視光線のことである。可視光線は、住まいの日照や昼光照明の光源として利用されている（3-2節参照）。また、熱線といわれる赤外線は熱として、化学的な作用が強い紫外線は体内でのビタミンDの生成、新陳代謝の促進、殺菌に役立っている。日焼けやカーテンの退色や劣化なども紫外線によるものであり、紫外線の浴びすぎは皮膚がんなど健康に影響する。地表面に到達する太陽放射エネルギーの割合は、可視光線領域と赤外線領域がそれぞれ約50％であり、紫外線領域はごくわずかである。

2. 地球から見た太陽の動き

地球は、図2.1.2のように23°27′傾いて、自転しながら太陽のまわりを円に近い楕円軌道で1年かけて公転している。この軸の傾きが、四季を生み出し、季節による日照の違いとなる。

図2.1.2　地球の公転軌道と地軸の傾き

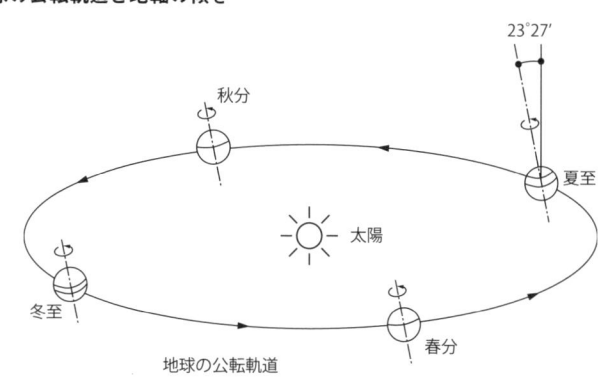

太陽の動きを知るには、地球のある地点を中心として考えたほうがわかりやすい。図2.1.3のようにある点を中心とした球を考え、その球面上に太陽の動きを表したものを**天球**という。この図は、北半球の東京（緯度 φ：ファイ＝35°）における夏至、春・秋分、冬至の太陽の動きを示している。天球の春・秋分の太陽の軌跡を**赤道**といい、赤道面と季節における太陽の1日の軌道面のなす角度を**日赤緯** δ（デルタ）という。日赤緯は春・秋分のとき δ ＝ 0°、夏至・冬至のとき δ ＝ 23°27′ であり、その角度は地軸の傾きと同じである。

3. 地球から見た太陽の位置

日当たりのよい住まいをつくるためには、住まいの向きや形を、また、日差し調整のための庇の効果などを検討するためにも、その季節の太陽の位置を知る必要がある。太陽の位置は、図2.1.4のように地上から見た太陽の方位角（**太陽方位角**）α（アルファ）と地平面と太陽がなす角度である**太陽高度** h で表される。太陽方位角は、真南を0°として東側（午前）を負、西側（午後）を正とする。日の出、日没時の太陽高度は h ＝ 0° であり、太陽が真南に位置する**南中時**（α ＝ 0°）の太陽高度を**南中高度**という。

1日のなかで時刻ごとの太陽位置（太陽方位角と太陽高度）を平面に描いたものが、**太陽位置図**である。太陽の位置は緯度ごとに異なるため、太陽位置図も緯度ごとに描かれている。図2.1.5は、東京の太陽位置図であり、日にちと時刻がわかれば太陽方位角と太陽高度を読むことができる。南中時から次の南中時までの1日を真太陽日といい、真太陽日を24等分し、南中時を12時とした時刻の表し方が真太陽時である。地球の公転軌道は楕円であるため、真太陽日の1日の長さは1年を通じて変化する。1日の長さが異なると不便であるため、1日の長さが一定である平均太陽日を仮定し、年間の真太陽時を平均した時刻を**平均太陽時**として用いる。真太陽時と平均太陽時との差を均時差［分］といい、1年に±15分程度の差が生じ、年に均時差が0分となる日が4回ある。平均太陽時は緯度ごとに異なるので、国あるいは地方ごとに、ある特定の緯度の平均太陽時を標準時と決めている。日本標準時（中央標準時）は、東経135°に位置する兵庫県明石の平均太陽時を用いている。図2.1.6に太陽位置図の読み方を示す。

住まいと太陽　2-1

図2.1.3　天球上の太陽の日周軌道

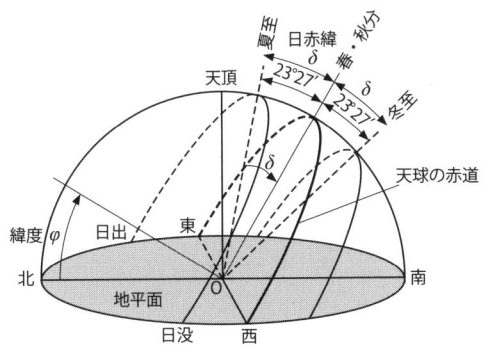

図2.1.4　太陽の位置

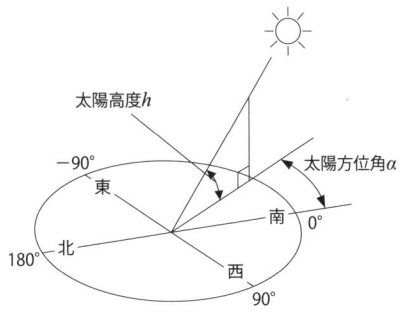

南中高度 h は、φ を緯度とすると
春・秋分のとき：$h = 90° - \varphi$
夏至のとき：$h = 90° - \varphi + 23°27'$
冬至のとき：$h = 90° - \varphi - 23°27'$

図2.1.5　東京の太陽位置図（極射影）

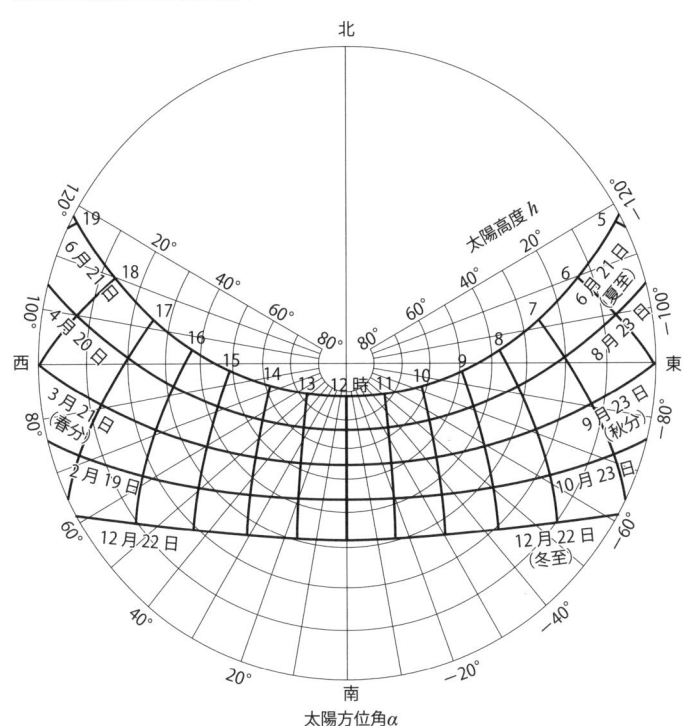

2章　住まいの日照・日射

図2.1.6　太陽位置図の読み方

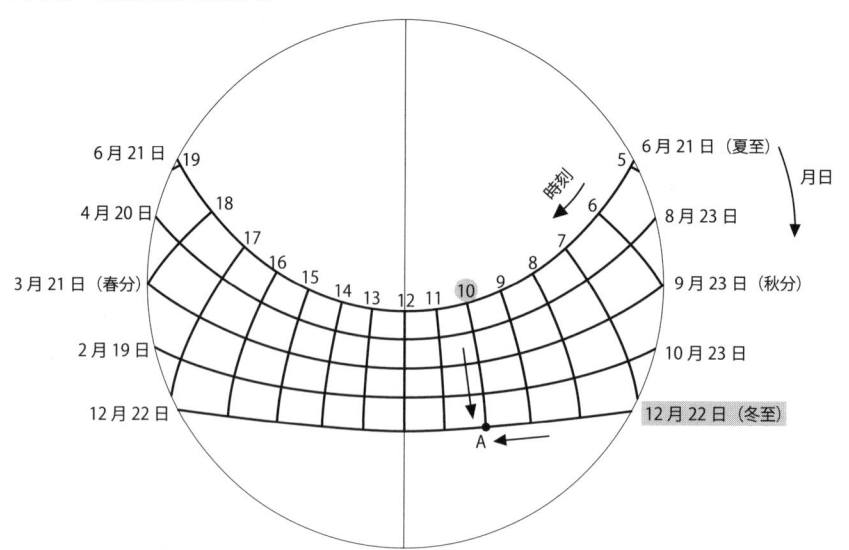

①対象となる月日と時刻の交点を求める。
たとえば、12月22日（冬至）の10時であれば
12月22日の横方向の曲線と10時の縦方向の曲線の交点Aを求める。

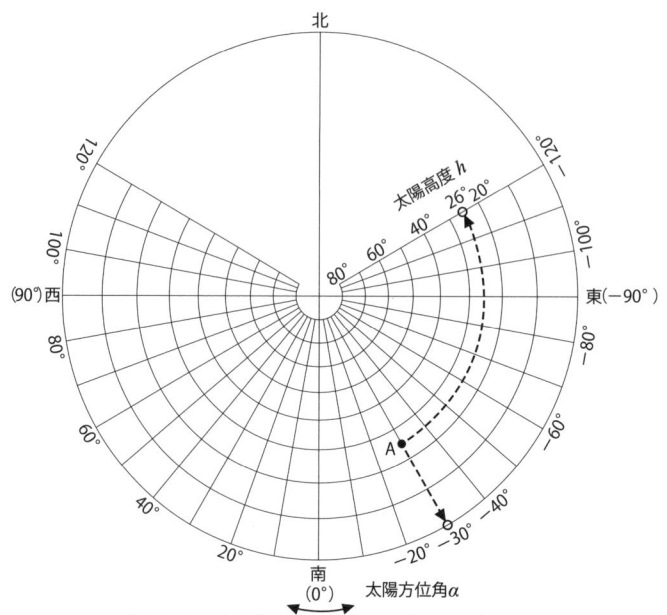

②交点Aから太陽高度hと太陽方位角aを求める。
太陽高度$h=26°$、太陽方位角$a=-30°$と読み取れる。

2-2 住まいの日照計画

1. 日照と日影

　住まいのまわりに建物があると、その建物により太陽光が遮られ影（日影）となる。その影響は季節や時刻によっても異なる。太陽光が当たらないジメジメとした住まいにならないように、日当たりをよくする必要がある。日当たりを確保するには、隣接する建物との間隔を十分にとる必要があり、それにより採光、風通し、窓からの眺望、開放感なども向上させることができる。したがって、外部環境と室内環境を同時に改善することが可能となる。日当たりは、**日照**とも言い換えられる。日照とは、直射日光あるいはそれを受けることである。私たちの健康や住まいの快適性において、日照は重要である。

1 日照の時間

　建物の日照計画をするうえでの**日照時間**は、日の出から日没までの**可照時間**からまわりの建物によって日影になる時間（日影時間）を差し引いたものである。日照時間は、季節によって異なり、冬至がもっとも短くなる。なお、気象学での日照時間は、1日における実際に直射日光が当たる時間であり、天候に左右される。建築基準法では、住居系地域などにおいて、中高層の建物が隣地へ一定時間以上の日影を生じさせないように、高さや形を規制している（法第56条、法第56条の2）。住居系地域の日影規制の対象とならない住宅では、建ぺい率、容積率や高さ制限により隣接する住まいへの日照の影響を配慮している。

2 日影曲線の読み方と日影図

　中高層の集合住宅など、対象となる建築物の日照時間は、日影曲線あるいは日差し曲線により検討できる。ここでは、よく利用される日影曲線について説明する。日影曲線は垂直に立てられた基準長さ $l=1$ の棒の先端の影を平面上に描い

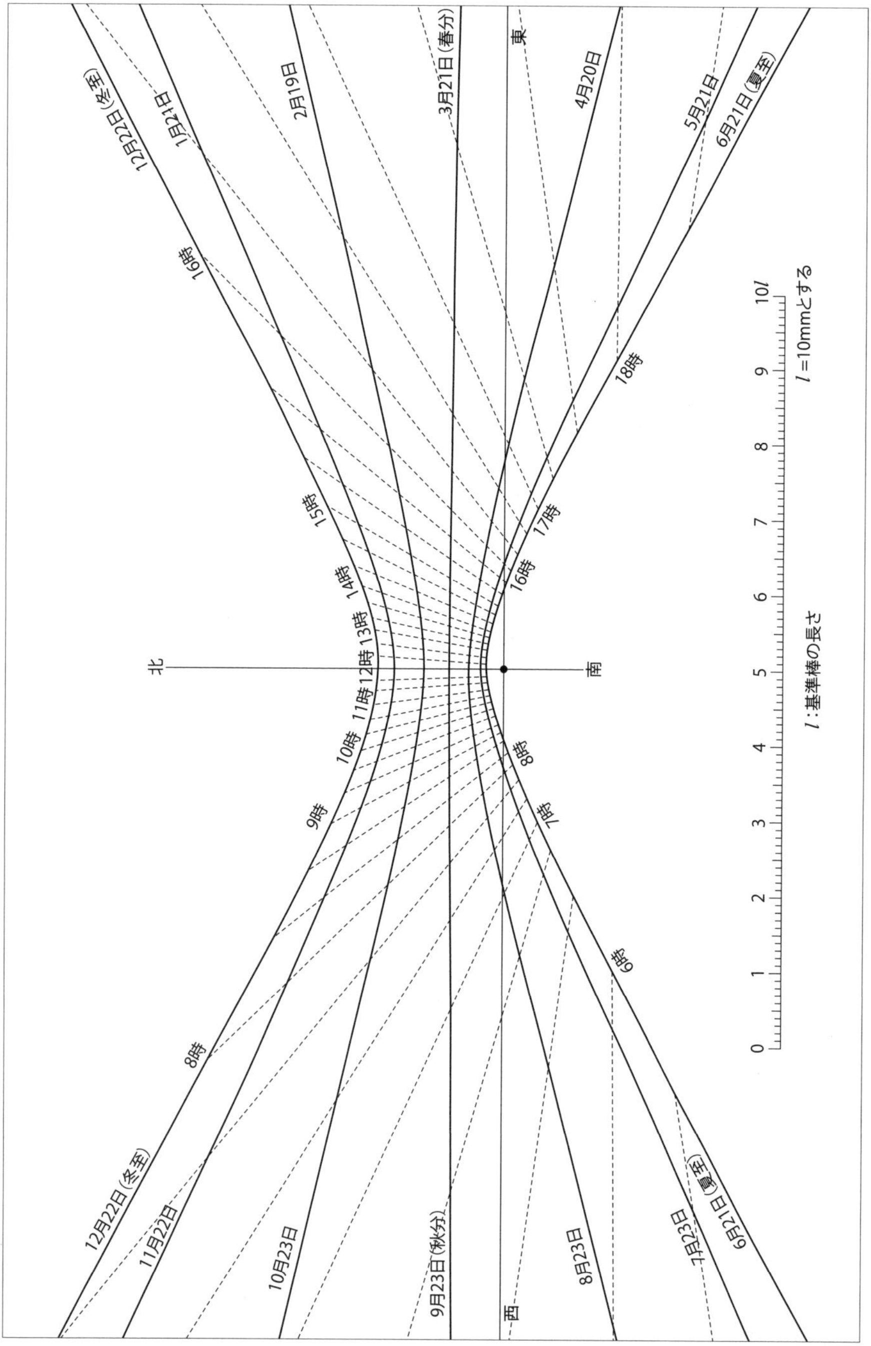

2章　住まいの日照・日射

図 2.2.1　年間の水平面日影曲線（東京）

住まいの日照計画 2-2

図 2.2.2　基準棒の影の向きと長さ（東京、冬至、15時）

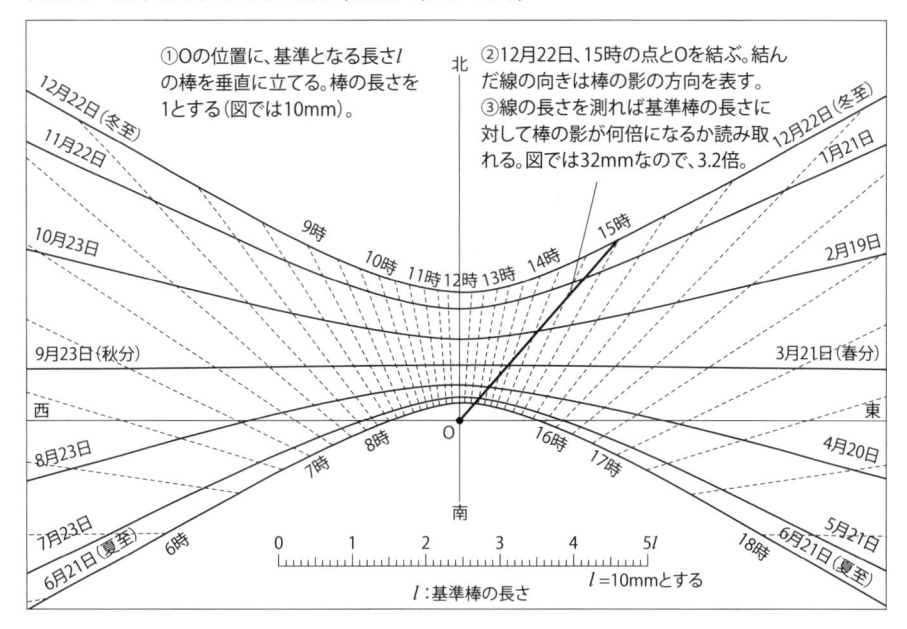

①Oの位置に、基準となる長さ l の棒を垂直に立てる。棒の長さを1とする（図では10mm）。

②12月22日、15時の点とOを結ぶ。結んだ線の向きは棒の影の方向を表す。

③線の長さを測れば基準棒の長さに対して棒の影が何倍になるか読み取れる。図では32mmなので、3.2倍。

l：基準棒の長さ　　l =10mmとする

図 2.2.3　建物の影と向き（東京、冬至、15時）

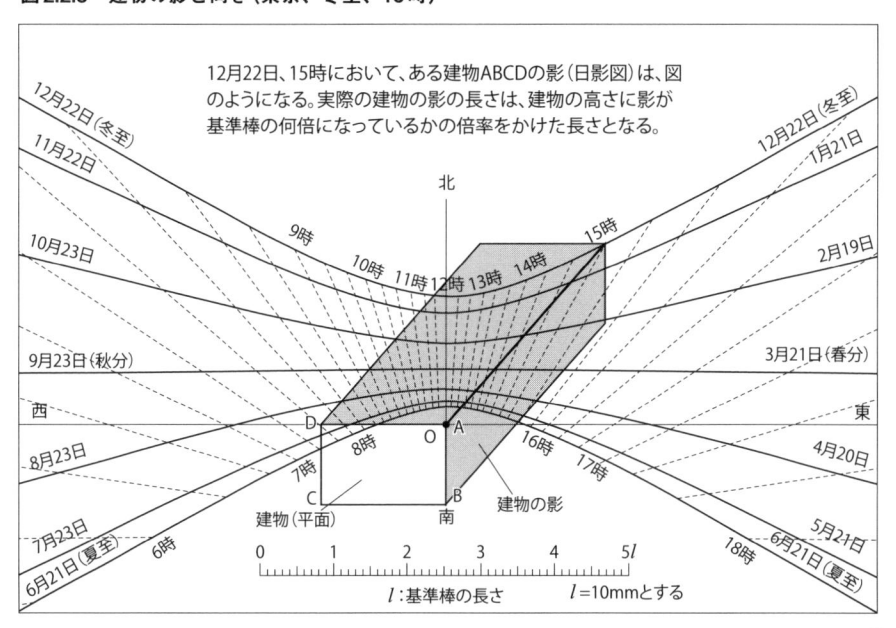

12月22日、15時において、ある建物ABCDの影（日影図）は、図のようになる。実際の建物の影の長さは、建物の高さに影が基準棒の何倍になっているかの倍率をかけた長さとなる。

l：基準棒の長さ　　l =10mmとする

図2.2.4　建物の影と日影曲線の関係

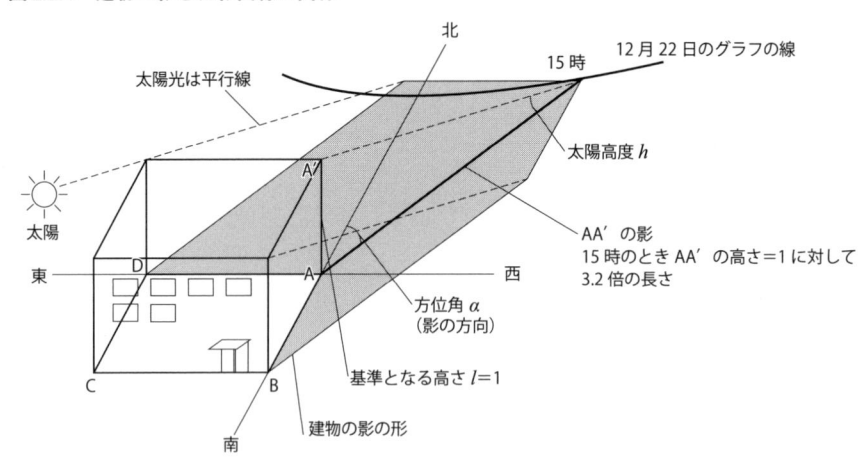

た軌跡である。太陽位置図と同じように、緯度により太陽高度が異なるため、緯度ごとに作成される。東京における1年間の日影曲線をまとめたものが図2.2.1である。図は12時を中心として左右対称となっている。日影曲線からは、ある時刻における建物の影の長さや方向を読み取ることができる。

　図2.2.2に基準の棒の影の長さと方向の求め方を示す。たとえば、①冬至の15時を対象とすると、②棒の影の長さは、中央のO点と12月22日（冬至）の日影曲線上の15時の点を結んだ線の長さとなる。③その長さを図の下にあるスケールにより測ると、棒の影の長さが基準長さの3.2倍と求められる。同じ考え方で、ある直方体の建物の影の形と向きを求めたものが、図2.2.3である。図2.2.4のように建物の各点の影を日影曲線上に落としていくと、影の形と向きが求まる。実際の建物の影の長さは、建物の高さに基準棒に対する倍率をかけたものである。

　日影図は、常に昼間に直射日射があるものとして建物の影の変化を描いたものである。図2.2.5は1時間間隔で、季節ごとに描かれた東京の日影図である。この図より、同じ建物でも季節により日影のでき方が違うことがわかる。東京では、春・秋分には日影は北側に一直線となり、冬至には建物の北側に長い日影ができる。このように日影曲線は季節により異なるため、日影の影響がもっとも大きい冬至を基準として検討する。また、図2.2.6は影となる時間が等しい点を結んだ日影時間図であり、建物により日照が遮られ、日影となる場所や時間の検討

住まいの日照計画 **2-2**

に利用できる。日影図の作成は、実際には建物の向きや形などにより複雑になるため、コンピュータを利用して作成される。

3 島日影と終日日影

建物から離れるにしたがい、一般に日影時間は短くなるが、図2.2.7のように

図 2.2.5　季節による日影図の違い（東京）

図 2.2.6　日影時間図（東京、冬至）

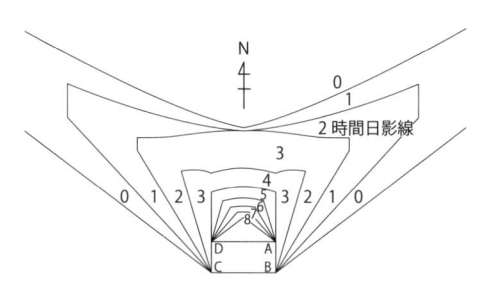

図 2.2.7　島日影（東京、冬至）

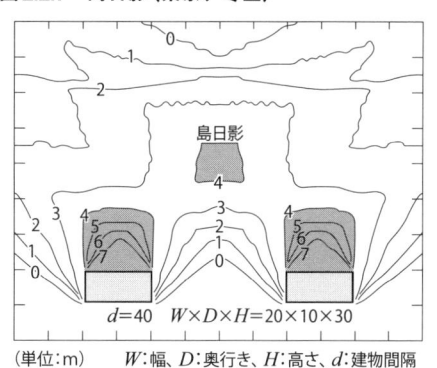

$d=40$　$W×D×H=20×10×30$
（単位:m）　W:幅、D:奥行き、H:高さ、d:建物間隔

図 2.2.8　建物の形状・向きと終日日影

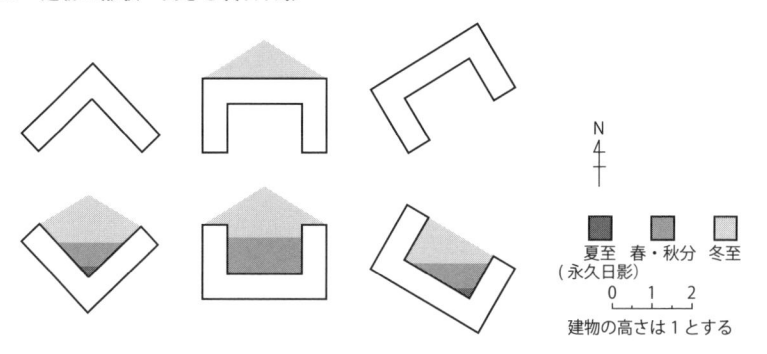

夏至（永久日影）　春・秋分　冬至

建物の高さは1とする

東西に建物が並んでいる場合、双方の日影が重なって建物から離れた場所に日影時間の長いところができることがある。これを**島日影**という。

1日中日照が得られない場所を、**終日日影**という。図2.2.8は季節ごとの終日日影のでき方を建物の向きと形により示した例である。夏至に終日日影となる場所は1年中日照のない場所となり、**永久日影**となる。このようなところはジメジメとし陰気な感じとなるため、建物の計画に当たっては、永久日影をつくらないように考慮する必要がある。

2. 隣棟間隔

集合住宅などの高い建物が南北方向に連棟で建設される場合は、北側の建物にも日が当たるように建物と建物の間隔である**隣棟間隔**を考慮する必要がある。図2.2.9は、冬至における日照時間と南北間の隣棟間隔比の関係を表したものである。東京において4時間の日照時間を得ようとする場合、建物高さをh[m]、南北間の隣棟間隔をd[m]とすると、d/h（建物の高さに対する南北間の隣棟間隔の比）は、この図より1.8と読むことができる。建物の高さ$h = 10$mのとき隣棟間隔$d = 18$mとなる。また、東京より緯度が高い札幌では、4時間の日照時間を得るには、図より$d/h = 2.7$と読むことができ、建物高さ$h = 10$mならば、隣棟間隔$d = 27$mとなる。同じ日照時間を得るためには、緯度が高くなると隣棟間隔を広げる必要がある。また、十分な隣棟間隔がとれない場合は、南側の建物の高さを低くすることや配置を検討する必要がある。

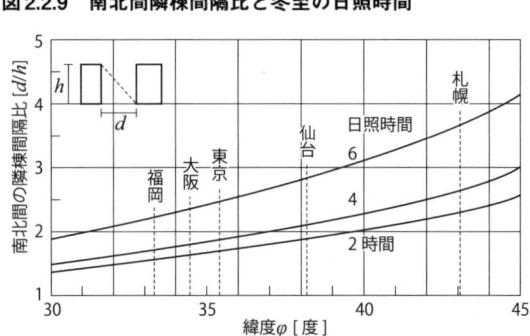

図2.2.9　南北間隣棟間隔比と冬至の日照時間

2-3 住まいと日射

1. 日射と放射

　大気圏外で太陽の方向に垂直な面$1m^2$が受ける太陽放射エネルギーは、$1.37 kW/m^2$（J_0：太陽定数）である（2-1節参照）。この大気圏外に到達する太陽エネルギーの各波長領域の割合は、紫外線領域で約9％、可視光線領域で約46％、赤外線領域で約45％であり、最終的にすべて熱エネルギーとなる。太陽放射エネルギーを熱としてとらえたものを**日射**という。

1 直達日射と天空日射

　太陽放射エネルギーは、大気圏外から大気に突入し地表に到達するまでに、一部は大気中の空気分子や浮遊粒子によって散乱されたり、水蒸気、二酸化炭素やオゾンにより吸収されたり、雲により反射されたりする。その結果、地表には太陽から直接到達する**直達日射**と、散乱したのち全天空から地表面方向に放出される**天空日射**が届く（図2.3.1）。直達日射（量）と天空日射（量）の和を**全天日射**（量）という。直達日射量と天空日射量は、緯度、季節、天候、大気の透明度などに影響される。太陽高度が高いほど、また雲が多い（大気透過率が小さい）ほど天空日射量は大きくなり、曇天の場合は天空日射のみとなる。

　直達日射量$J_D [kW/m^2]$、太陽定数$J_0 [kW/m^2]$とすると、大気透過率Pは太陽が天頂にあるとしたときの太陽定数に対する地表に到達する直達日射量の割合$P = J_D/J_0$で表される。Pは大気の透明度を表す指標である。日本では$P = 0.6～0.8$で、夏より冬のほうが、都市部より郊外のほうが値は大きくなる。

2 地表面放射と大気放射

　日射によって暖められた地表と大気との間では、熱のやり取りが行われる。地表は日射により熱せられ、大気に向かって赤外線領域の上向きの熱放射を行って

いる。これを**地表面放射**という。また、大気中の水蒸気や二酸化炭素は太陽放射エネルギーの赤外線の一部と地表面放射を吸収する。これらによって大気は暖められ、赤外線領域の熱を下向きに放出する。この地表への下向きの放射を**大気放射**という。下向きの大気放射と上向きの地表面放射の差を**夜間放射**という。日射のない夜間に顕著であるが、日中にも発生している放射である（図2.3.1）。地球表面は、これらの**熱平衡**によって平均15℃という温度を保っている。

なお、大気中の水蒸気や二酸化炭素が増えると熱平衡時の地球表面の平均温度は高くなり、大気がないと地球表面の平均温度は－18℃になってしまう。この大気により地球を暖める効果を**温室効果**（グリーンハウス効果）という。

2. 方位による日射量

季節により太陽の動きが変化するため、住まいの受ける日射量は方位により大きく異なる。図2.3.2は、東京の夏至と冬至における水平（屋根）面および鉛直（壁）面が受ける日射量を時刻により示したものである。夏至には、太陽高度が高いた

図2.3.1　日射の分類

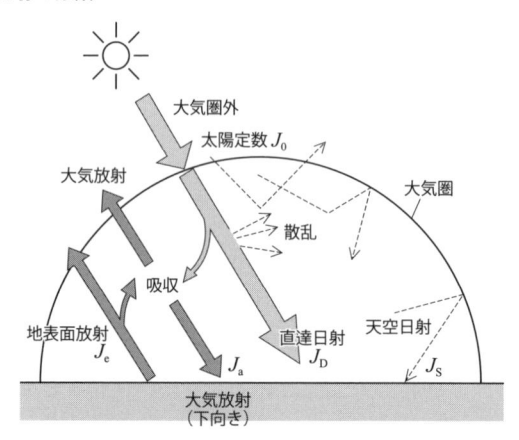

- 全天日射量＝直達日射量＋天空日射量。$J_D + J_S$ で表される。
- 夜間放射量＝地表面放射量－大気放射量。$J_e - J_a$ で表される。
- 太陽定数 J_0：大気圏外で太陽光線に垂直な $1m^2$ 当たりが受ける太陽放射エネルギー。$J_0 = 1.37 kW/m^2$
- 大気透過率 P：直達日射量／太陽定数。$P = J_D / J_0$（太陽が天頂にあるとき）。大気の透明度を示す。透過率が大きいと直達日射が強く、天空日射は弱い。透過率は夏より冬が大きくなる（透明度が高い）。

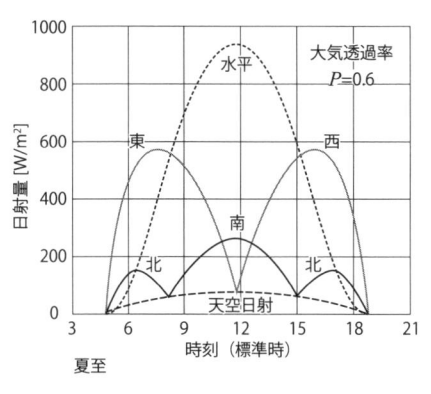

図2.3.2　夏至と冬至における水平（屋根）面および鉛直（壁）面が受ける日射量（東京）

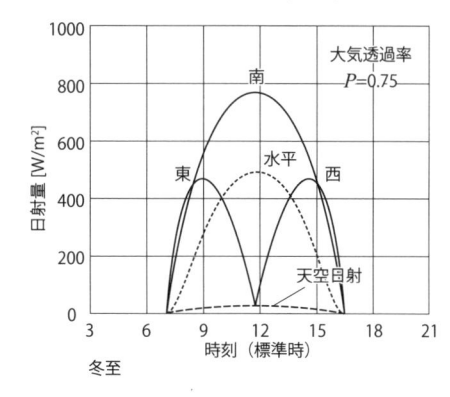

め水平面への日射量が非常に大きい。東西面への日射量も朝方と夕方は特に大きく、西日が暑いのはこのためである。一方、南北面への日射量は小さく東西面の1/2程度である。冬至には、南面への日射量は水平面より大きく最大となるので、窓の配置を工夫することにより室内への日射量を多くすることができ、暖房用エネルギーを削減することができる。

3. 日射の遮蔽

1 日射の遮蔽の基本

　住まいにおいて、快適な熱や採光を得られるように建物の形、窓の位置や大きさ、日射遮蔽のディテールなどを計画・設計することが重要である。住まいの外壁や窓への日射は夏にはできるだけ遮断し、冬は室内にできるだけ入れるようにする。そうすることで冷暖房の使用量を減らすことができ、省エネルギーにつながる。

　日射の遮蔽は基本的に外壁や屋根の場合は、**日射反射率**および**断熱性**を高めることである。また、窓面の日射熱の取得量は外壁面などに比べ大きいため、窓面の方向や**庇**などの日射遮蔽の対策が必要となる。

　外壁を白やオフホワイトのような明るい色にすると**反射率**が大きく日射吸収率が小さいため、日射取得量が減少し、冷房エネルギーを削減できる。また、ツタなどの植物による**壁面緑化**や**屋上緑化**も効果的である。逆に、外壁を日射吸収率

の大きい黒や暗褐色にすると、暖房エネルギーが削減できる。住まいを建築する地域特性により、検討する必要がある。

　図2.3.2に示すように夏の東西面の日射量は大きく、南面の日射量は小さくなる。冬はなるべく室内へ日射を取り入れ、逆に夏は日射を遮るためには、夏に日射量が大きい東西面に窓を設けることはなるべく避け、図2.3.3のようにできるだけ南面に窓を多くとれるよう住まいの配置計画をする。南面の冬の日射量は大きいため、暖房エネルギーを削減することができる。

　植栽は周囲の住環境を向上させ日射の調整にも利用できる。落葉樹を東、南東、西、南西側に植えると、冬は室内への日射を遮らず、夏は樹木の影が長くなり建物への日射を遮蔽できる（図2.3.4）。また、夏の南面は、南中時の太陽高度が約78°と高いため植栽により遮蔽することは難しいので、庇などの建築的要素により日射の調整を行う必要がある。南面の日射の調整は、東西面に比べ比較的簡単にできる。図2.3.5に示すように庇や窓の形、高さなどを十分に検討する必要がある。

図2.3.3　住まいの配置（倉渕隆『初学者の建築講座　建築環境工学』市ケ谷出版社、2006年より。以下同書からの引用は巻末に記載）

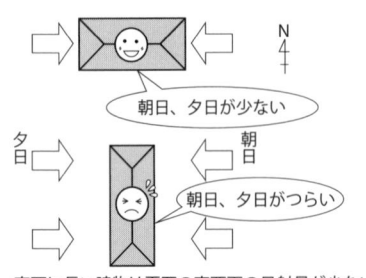

東西に長い建物は夏至の東西面の日射量が少ない

図2.3.4　植栽による日射の調整

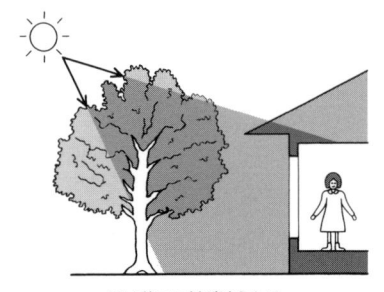

夏は葉で日射が遮られる

図2.3.5　南面における庇の効果（東京）

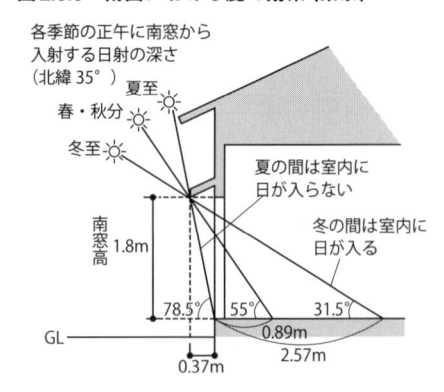

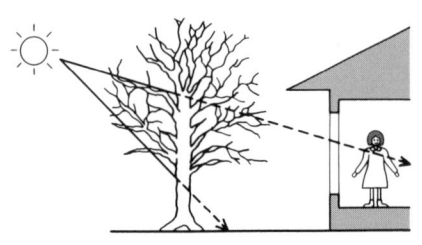

各季節の正午に南窓から入射する日射の深さ（北緯35°）

南窓高 1.8m

夏至 78.5°　春・秋分 55°　冬至 31.5°

0.37m　0.89m　2.57m

夏の間は室内に日が入らない
冬の間は室内に日が入る

冬は枝の間から日射が届く

2 窓面における日射の遮蔽

　ガラスに日射が当たると、図2.3.6のように一部は表面で反射し、一部はガラス内部に吸収され、残りが室内へ透過する。このうち吸収された熱は、一部は室内へ一部は室外へ再放射（2次放射）される。ガラスを透過した熱と室内へ2次放射される熱の合計を日射熱取得量といい、その入射熱量に対する割合を**日射熱取得率**（日射侵入率）η（イータ）という。また、室外で反射される熱量と吸収され室外へ2次放射される割合を**日射熱除去率**という。

　窓面の日射の遮蔽方法として、ガラスの遮熱性能を高める方法と日よけなどによる方法あるいは両者の併用が考えられる。

　日射透過率が小さいガラスあるいはガラスに吸収された熱の室内への再放射が小さいガラスを用いることにより、ガラスの遮熱性能（日射の室内への侵入を抑制する性能）を高めることができる。日射の透過率を小さくするために、ガラス表面に薄い金属酸化物の膜を焼き付けて日射を反射させる**熱線反射ガラス**（ハーフミラー）と、ガラス組織の中に微量の金属成分を加えて着色し、熱を吸収させることにより透過率を抑えている**熱線吸収ガラス**がある。これらのガラスの遮熱性能は大きいが、採光や冬の日射量が減少するため、住まいには不向きである。住まいには**複層ガラス**が適している。

　図2.3.7は複層ガラスの断面図である。一般に、複層ガラスは2枚の板ガラスの

図2.3.6　窓開口部を通る熱

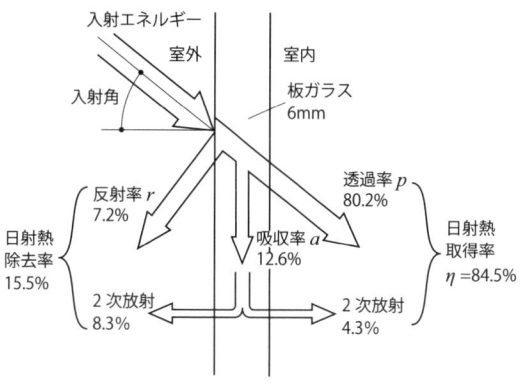

入射エネルギー
室外／室内
入射角
板ガラス 6mm
反射率 r　7.2%
吸収率 a　12.6%
透過率 p　80.2%
日射熱除去率　15.5%
2次放射　8.3%
2次放射　4.3%
日射熱取得率 η =84.5%

入射角度により反射率 r、吸収率 a、透過率 p は異なり、$r+a+p=1$である。図の数値は垂直入射の場合である。

図2.3.7　複層ガラス断面図

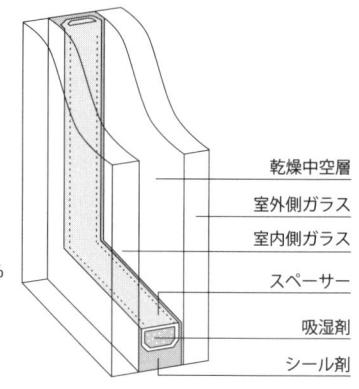

乾燥中空層
室外側ガラス
室内側ガラス
スペーサー
吸湿剤
シール剤

間に乾燥空気を封入し、空気層をつくって断熱性能を向上させ、日射熱の取得量を小さくしている。そのため、冷暖房エネルギーを削減することができ、また室内側のガラス面は**結露**しにくくなる。さらに、室内側への再放射を小さくするためには、複層ガラスの1枚を**Low-Eガラス**(Low Emissivity：低放射)とする。Low-Eガラスは、酸化スズや銀などの特殊金属膜をガラス表面にコーティングしたもので、Low-E膜の低放射効果により室内への放射熱が抑制できる。Low-Eガラスは、透明性への影響も小さいため住まいに適している。図2.3.8はガラスの組み合わせによる遮熱性能の違いを示している。図よりガラス1枚より複層ガラス、さらにLow-Eガラスにすることにより、日射熱取得率が小さくなることがわかる。

日射遮蔽のためには、一般にガラスの室内側または室外側に日よけを設け、日射を遮る。室内側で遮蔽する場合には、図2.3.9のようにブラインド、カーテン、障子により、日射熱取得率を0.5程度にすることができる。また、図2.3.10のように室外側にブラインド、オーニング、庇やすだれなどを設けることにより日射を遮蔽できる。3mmガラスの室外側に日よけを設けた場合の日射熱取得率は、一般的に0.1～0.3程度となり、室内側にカーテンなどを設けたときより日射の遮蔽効果は大きい。ブラインドを窓の室外側と室内側に取り付けたときの日射遮蔽効果を図2.3.11に示す。この図からも窓の室外側に取り付けるほうが、日射熱取得率が小さくなり、日射遮蔽に効果的であることがわかる。

日よけを設置する場合は、設置方位や日射角度を考慮して選ぶ必要がある。また、外付けの場合はメンテナンスや耐久性も考え合わせて、特に外付けブラインドでは強風時の対策を講じる必要がある。

図2.3.8　ガラスの遮熱性能の比較

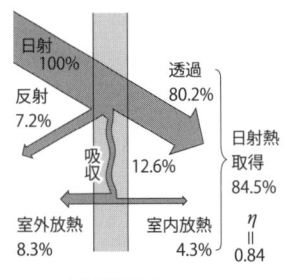

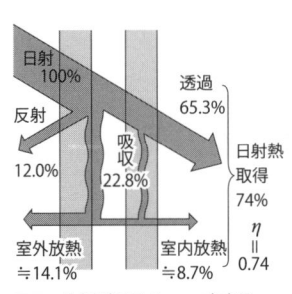

フロート板ガラス 6mm	フロート板ガラス 6mm+ 中空層 6mm+ フロート板ガラス 6mm	Low-E（クリア）6mm+ 中空層 6mm+ フロート板ガラス 6mm
日射 100%、反射 7.2%、吸収 12.6%、透過 80.2%、室外放熱 8.3%、室内放熱 4.3%、日射熱取得 84.5%、η=0.84	日射 100%、反射 12.0%、吸収 22.8%、透過 65.3%、室外放熱 ≒14.1%、室内放熱 ≒8.7%、日射熱取得 74%、η=0.74	日射 100%、反射 19.9%、吸収 30.5%、透過 49.6%、室外放熱 ≒22.5%、室内放熱 ≒8%、日射熱取得 58%、η=0.58

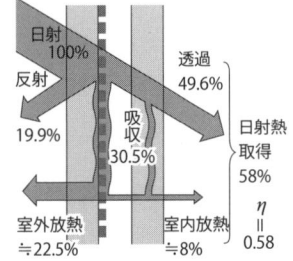

住まいと日射　2-3

図2.3.9　室内側で日射を遮る手法

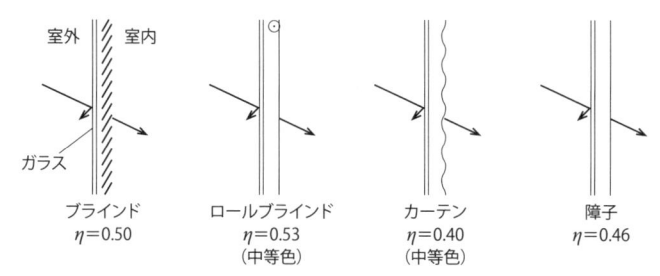

ブラインド
$\eta=0.50$

ロールブラインド
$\eta=0.53$
（中等色）

カーテン
$\eta=0.40$
（中等色）

障子
$\eta=0.46$

η値は普通板ガラス3mmに日よけを取り付けた場合
（普通板ガラス3mmの日射熱取得率$\eta=0.86$）

図2.3.10　窓部で日射を遮る手法

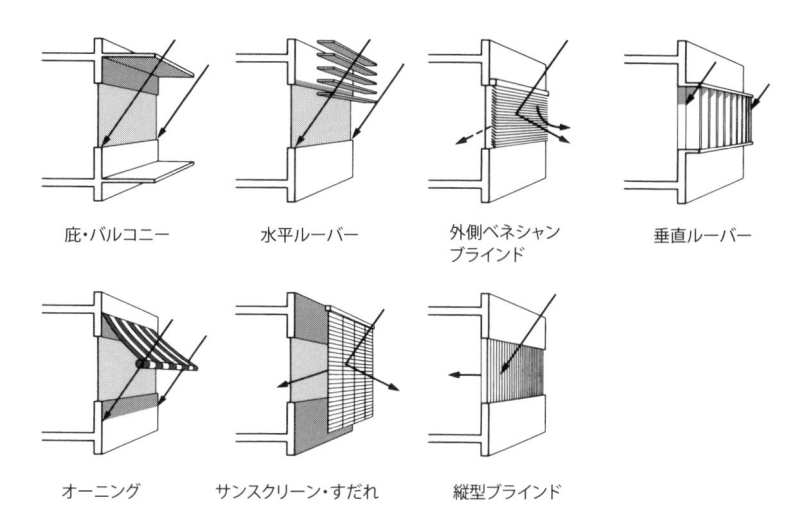

庇・バルコニー　　水平ルーバー　　外側ベネシャンブラインド　　垂直ルーバー

オーニング　　サンスクリーン・すだれ　　縦型ブラインド

図2.3.11　ブラインドの日射遮蔽の効果

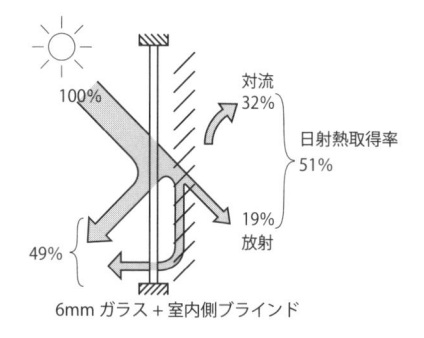

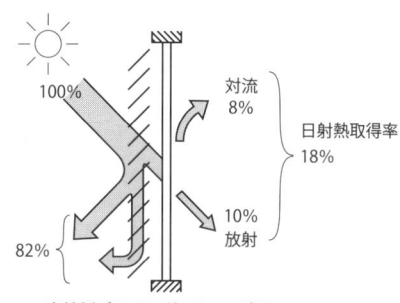

6mmガラス＋室内側ブラインド
100%　対流32%　日射熱取得率51%　放射19%　49%

室外側ブラインド＋6mmガラス
100%　対流8%　日射熱取得率18%　放射10%　82%

まとめと演習問題

以下の問題に答えなさい。〔　　　〕のあるものは空欄を埋め、または正しいものを選びなさい。

問1　①図2.1.5の東京の太陽位置図から、10月23日15時における太陽高度と太陽方位角を求めよ。
②このとき、影の長さは建物の高さの何倍になるか。図2.2.1より求めよ。

問2　日照計画においては、日の出から日没までの〔　①　〕から日影時間を差し引いた時間を〔　②　〕という。

問3　建物の日影の検討には〔　①　〕が用いられ、北側の日影の影響がもっとも大きい〔　②　〕を基準にする。

問4　夏至に〔　①　〕となる場所は1年中日照のない場所となり、〔　②　〕となる。

問5　建物が南北方向に連棟で建設される場合、隣棟間隔は〔　①　〕が高い地域ほど広くなる。福岡で4時間の日照を確保するには、隣棟間隔は建物高さの約〔　②　〕倍である（図2.2.9より求めよ）。

問6　直達日射と天空日射を合わせて〔　①　〕という。また、雲が多いほど〔　②　〕は小さくなり、天空日射量は大きくなる。

問7　冬至に南鉛直壁面が受ける直達日射量は、夏至の南壁面への日射量より①〔**大きく、小さく**〕、また冬至の水平面が受ける日射量より②〔**大きく最大、小さく最小**〕となる。

問8　〔　①　〕は1枚ガラスに比べ、ガラス間の空気層により断熱性能が向上し、また〔　②　〕を小さくできるため、冷暖房エネルギーを減少させることができる。

問9　日射遮蔽のためにブラインドは①〔**室内側より室外側、室外側より室内側**〕に取り付けると日射熱取得率は小さく日射遮蔽効果は大きい。

3章

住まいと光

本章の構成とねらい

3-1 光の性質
私たちは目というフィルタを通して、光を感じている。快適な光環境をつくるため、目の構造や明るさに反応する仕組みを知る。また、光の向きや明るさによってものの見え方は変化する。さらに、見る側の加齢の影響なども考えなければいけない。

3-2 自然照明の計画
太陽の光を住まいに取り入れるときは、不必要な直射日光を遮る工夫や昼光率の検討、窓の形状と位置、面積などを考える。また、室内の奥や、日当たりの悪い室や地下への採光方法を学ぶ。

3-3 人工照明の計画
人工照明は私たちの生活と切り離せない。ランプの種類や色温度によって、見え方や快適性は変わる。明るくするだけでなく、雰囲気照明などで空間の質を計画することも大切である。視力の衰える高齢者にとっては、照明は生活の質を保証する大事な要素である。

3-4 色彩の計画
色は光の反射率と波長により見え方が変わる。色を記号で表すと、常に同じ色を再現できる。色の組み合わせや使う面積などにより、色の見え方や印象が変わってくる。色の特性とそれらを効果的に活かす色彩計画の基本を学ぶ。

3-1 光の性質

1. 光の知覚

1 光や色を感じる仕組み

　人は、目に入った光が網膜（もうまく）を刺激することにより、明るさやものの形、色を感じることができる。これを**視覚**といい、人は視覚により多くの情報を得ている。人の目は、図3.1.1に示すように、虹彩（こうさい）で光の量を調節し、水晶体で像の焦点（ピント）を合わせ、網膜に像を写す。網膜で得られた情報は電気信号に変換され、その信号は視神経を通って脳に運ばれ、視覚野で情報処理されて知覚される。

　網膜で光を感じる細胞は、錐体（すいたい）と桿体（かんたい）の2種類がある。錐体は、網膜の中心部に集中しており、通常の強さの光に反応し、ものの形や色を感じている。錐体には長波長域、中波長域、短波長域に感度のピークをもつ3種類の視細胞、L錐体、M錐体、S錐体がある。これらによって色の識別が可能となっている。桿体は、網膜全体に分布しており、弱い光に反応し、暗いところでものを見るのに役立っているが、1種類の視細胞しかないため色の見分けはできない。

図3.1.1　目の構造

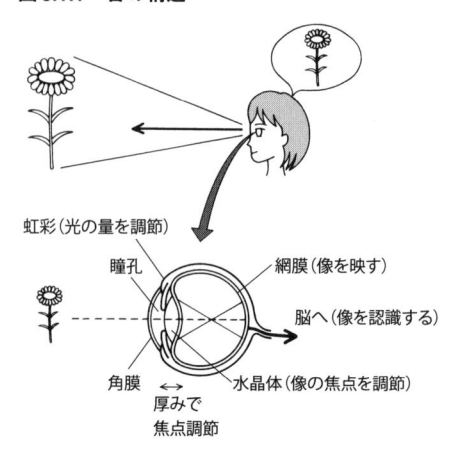

虹彩（光の量を調節）
瞳孔
網膜（像を映す）
脳へ（像を認識する）
角膜
水晶体（像の焦点を調節）
厚みで焦点調節

2 明順応と暗順応

　人の目は暗いところから明るいところへ出たとき、まわりがまぶしく感じられるがすぐに慣れ、ものが見えるようになる。これは錐体が働き、目の感度が明るい環境に順応したためである。これを**明順応**とい

う。また、逆に明るいところから暗いところに入ると初めは何も見えないが、だんだん目が慣れてきてまわりが見えるようになってくる。これを**暗順応**というが、桿体だけが働いているため色や形をはっきり感じることはできず明暗のみを感じる。明順応の順応時間は、約1分程度であるが、暗順応は最大30分程度かかる。

2. 可視光線の波長と色

　光は、放送電波や放射線などと同じ電磁波である。図3.1.2は、電磁波の波長の分布を表したものである。私たちが普段「光」といっているのは、電磁波の一部の**可視光線**の部分である。目に見える可視光線の波長は、380〜780nm（1ナノメートル＝10^{-9}m）である。可視光線の波長域は図2.1.1に示したように地球に届く電磁波のうちのごく一部であるが、地表に到達する太陽放射エネルギーの約50％を占める大きな波長域である。目は波長の違いを色の違いとして感じている。また、波長が同じであればエネルギーが大きいほど感覚的な明るさは大きくなる。

　色の見え方は、図3.1.2に示すように波長が長い700nm付近では赤く、波長が短くなるにしたがい黄、緑、青となり400nm付近で青紫となる。波長が短くなるにしたがい暖色系から寒色系に変化する。

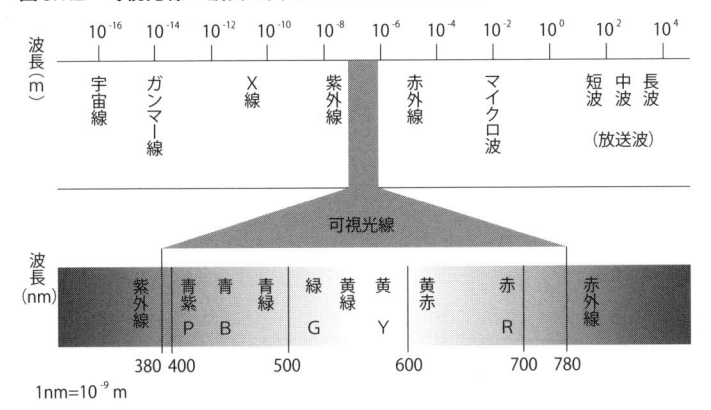

図3.1.2　可視光線は波長の長さにより色分けできる

図中のP、B、G、Y、R
P＝Purple
B＝Blue
G＝Green
Y＝Yellow
R＝Red
の頭文字をとったもの

1nm＝10^{-9} m

3. 視感度

　人の目は、波長により感じ方（感度）が異なる。明るいところで錐体が働きものの形や色がはっきりわかる状態（**明所視**）では、555nmの光（黄緑）をもっとも明るく感じ、その波長より長くても短くても暗く感じるようになる。人の目は少ない光で明るく感じるほど感度が高いという。この目の感度を**視感度**という。視感度は光の放射エネルギー1Wに対して目で感じる光の量（光束）で表せる。図3.1.3は横軸に波長を、縦軸に視感度をとったものである。明所視の感度曲線は、波長が555nmで最大となっている。また、桿体が働く暗い状態（**暗所視**）では、感度が最大となる507nmの光（緑色）がもっとも明るく見え、赤色はほとんど感じなくなる。図3.1.3のように暗所視の感度曲線は明所視よりも左側にずれる。この最大視感度の波長のずれを**プルキンエ現象**という。この現象により、明るいところで同じ明るさに見える赤色と緑色は、暗いところでは緑色のほうが赤色よりも明るく見える。薄暗くなり、ものの形や色がわずかにわかる薄明視になると、信号の赤色は昼間より暗く、青（緑）色は鮮やかに感じるのはそのためである。

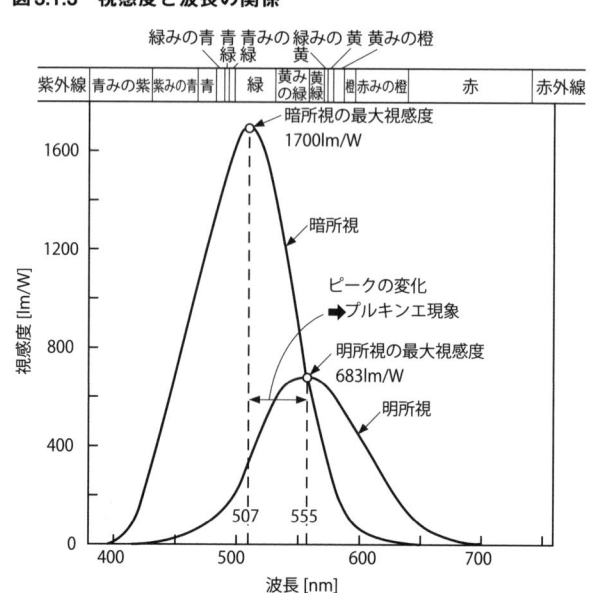

図3.1.3　視感度と波長の関係

光の性質　3-1

4. 光の単位

人は光の明るさを、明るいか暗いかの感覚で感じている。光の明るさを表す量は、人のこの感覚に対応しなければならない。人の目は波長により感度が異なるため、明所視における人の目の感度に相当するフィルタをかけて、光の量の大きさを測るために定義された次の5つの光の単位がある。

図 3.1.4　光束

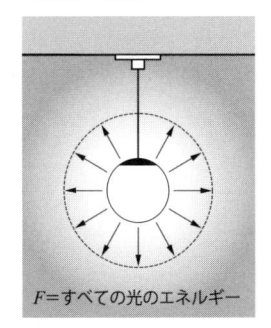

$F=$ すべての光のエネルギー

人の目の感度に相当するフィルタとして、CIE（国際照明委員会）では、明所視の最大視感度を1として、各波長の視感度を相対的な大きさで表した比視感度を標準比視感度と規定している。

1 光束

1秒間に流れる光のエネルギー量に標準比視感度をかけ合わせて、人の目で見た明るさに換算したものを**光束** F という。光束は、たとえば、図3.1.4のように、各方向に均等に光のエネルギーが放射されているとき、全エネルギーを加算したものとしてとらえることができる。単位は lm（ルーメン）である。光束は目で見た明るさを表すため、値が大きいほうが明るく感じる。照明器具では明るさを光束で表すことが多い。たとえば、同じ40W（ワット）の光束500 lmの白熱電球と3000 lmの蛍光ランプでは、光束が大きい蛍光ランプのほうが明るく感じる。

2 光度

光度 I は、光源の光の強さを表す量であり、単位は cd（カンデラ）である。光源を点として考えたとき、図3.1.5（a）に示すように、ある方向へ放射される単位立体角当たりの光束である（立体角については図3.1.5（b）を参照）。したがって、この光源の全光束 F は球面全体の立体角×光度で求められる。たとえば、すべての方向について光度 I [cd] が放射されている点と見なせる光源は、球面全体の立体角が $4\pi r^2/r^2 = 4\pi$ [sr：ステラジアン] であるので、$F = 4\pi I$ [lm] となる。

光が各方向へどの程度放射しているかを表したものが**光度分布**（配光曲線）で、照明器具を選ぶ場合に利用される（66ページ参照）。

3 照度

照度 E は、光を受けるある面（受照面）の明るさを表すもので、図3.1.5（c）に

示すように$1m^2$当たりの光束である。単位はlx（ルクス）である。照度は照度計によって簡単に測定でき、照明計画において明るさを検討する場合には照度を用いる。

光は、光源から離れるほど弱くなる。光源が点と見なせるとき、光源から距離$r[m]$離れた点における照度$E[lx]$は、距離の2乗に反比例するため、光度$I[cd]$と照度Eには$E = I/r^2$の関係がある。距離が2倍の受照面の照度は$E = I/(2r)^2$となり、距離が2倍になると照度は1/4となる。

図3.1.5　光の単位

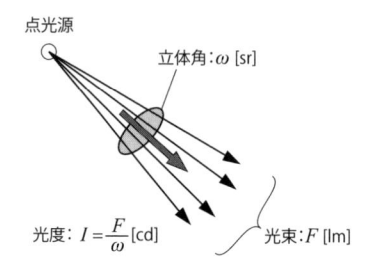

点光源
立体角：ω [sr]
光度：$I = \dfrac{F}{\omega}$ [cd]
光束：F [lm]

(a) 光度の意味

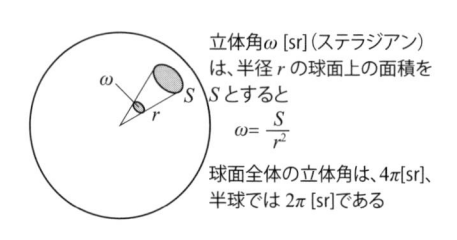

立体角ω [sr]（ステラジアン）は、半径rの球面上の面積をSとすると
$$\omega = \dfrac{S}{r^2}$$
球面全体の立体角は、4π[sr]、半球では2π [sr]である

(b) 立体角の定義

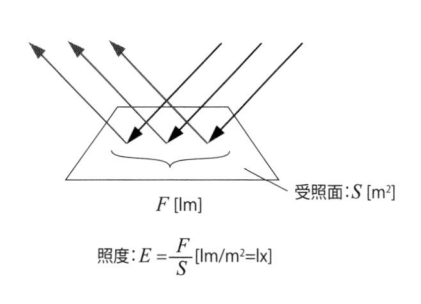

F [lm]
受照面：S [m²]
照度：$E = \dfrac{F}{S}$ [lm/m² = lx]

(c) 照度の意味

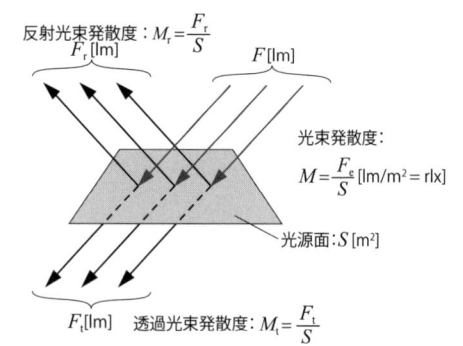

反射光束発散度：$M_r = \dfrac{F_r}{S}$
F_r [lm]
F [lm]
光束発散度：$M = \dfrac{F_\varepsilon}{S}$ [lm/m² = rlx]
光源面：S [m²]
F_t [lm]　透過光束発散度：$M_t = \dfrac{F_t}{S}$

(d) 光束発散度の意味

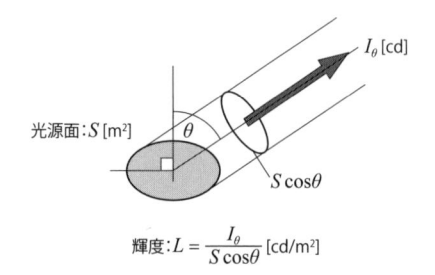

図3.1.6　均等拡散面

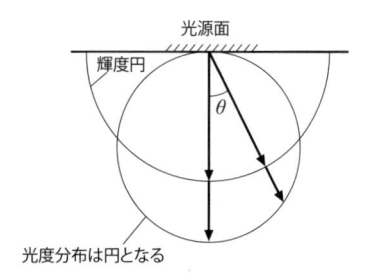

I_θ [cd]
光源面：S [m²]
θ
$S\cos\theta$
輝度：$L = \dfrac{I_\theta}{S\cos\theta}$ [cd/m²]

(e) 輝度の意味

光源面
輝度円
θ
光度分布は円となる

4 光束発散度

光束発散度 M は、光源面、光の反射面あるいは光が透過した面の明るさであり、図3.1.5(d)に示すように、照度とは逆に、面から出る1m²当たりの光束 $M=F_e/S$ である。単位は rlx（ラドルクス）である。F_e は面から出る光束であり、S は面積である。面の**反射率**や**透過率**が異なると、同じ照度 E であっても光束発散度の値は異なる。照度 E[lx]を受ける面の反射率を ρ（ロー：ρ = 反射光束 F_r/入射光束 F）とすると、**反射光束発散度**は $M_r = \rho E$[rlx]である。また、透過率を τ（タウ：τ = 透過光束 F_t/入射光束 F）とすると、**透過光束発散度**は $M_t = \tau E$[rlx]である。

5 輝度

輝度 L は、光源面、光の反射面あるいは光が透過してきた面の輝きを表す量である。この面の輝きをある方向から見たときの見かけの面積に対するその方向の光度を輝度といい、単位は cd/m²（カンデラ毎平方メートル）である。輝度は、見る角度や面の材質の反射率や透過率などにより変化する。図3.1.5(e)において光源面を見る角度 θ が大きくなるにしたがい、その面の輝度は次第に小さくなる。また、同じ受照面に白い紙と黒い紙があるとき、白い紙のほうが輝度が高く明るく見える。

見る方向に関係なく輝度が一定であるような仮想的な面を**均等拡散面**という。均等拡散面のある点における光度分布は、図3.1.6に示すような円で表すことができ、蛍光ランプや光沢のない壁面は近似的に均等拡散面と見なせる。近似的に均等拡散面として扱っても差し支えない壁面は多く、均等拡散面とすることにより、計算が簡単になる。また、均等拡散面では、反射光の輝度を L_r[cd/m²]、反射光束発散度を M_r[rlx]とすると、$L_r = \pi M_r$[cd/m²]となる。

5. 視環境への光の影響

照明の計画には、ものの見やすさや安全性などに重点を置いた**明視照明**と空間の雰囲気に重点を置いた**雰囲気照明**がある。空間を明るく照らすだけでなく、光によってつくられる空間の質も高めるようにする必要がある。

1 明視条件

見ている対象がすばやくはっきり見えることを明視性という。ものがよく見え

るための明視条件として、次の4つがある。

a. 大きさ

対象となるものの大きさが適当であると見やすい。大きさは距離に関係する。

b. 対比

対象となるものと背景との輝度比が適当であると見やすい。白い紙と灰色の紙に黒い字を印刷すると、白い紙に印刷された文字のほうが見やすい。

c. 時間

対象となるものを見る時間であり、暗くなるほど見にくいため認識するまでの時間は長くなり、動きが少ないほど見やすくなる。

d. 明るさ

一般に対象となるものが明るくなるにつれ視力は上がるため、照度を上げると輝度が高くなり見やすくなる。ただし、輝度が高くなりすぎるとまぶしく感じ見やすさを損ねる。

これらの条件を考慮して明視照明を設計する必要があり、また色、形、材質を効果的に見せることにより作業の効率化や空間を演出できる。

2 グレア

ものを見ているとき、まぶしさを感じると、視力の低下や疲労、不快感や見やすさを損ねるなどの障害を感じる。これをグレアという。光源が視野の近くに位置することにより生じる**直接グレア**と反射光による**反射グレア**がある。また、ものの見え方は損なわないが心理的に不快感が生じる**不快グレア**とものの見え方を損なう**減能グレア**がある。順応している輝度よりも著しく輝度が高いものが現れると見え方は変わらないが、まぶしく感じたり、目が疲れたりする場合が不快グレアである。減能グレアは直接太陽を見たとき目がくらみ、よくものが見えなくなるような

図3.1.7 グレアのおこりやすい条件

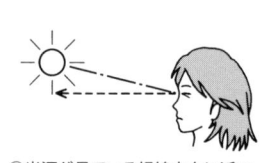

①光源が見ている視線方向に近い

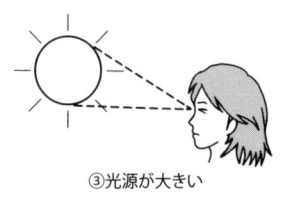

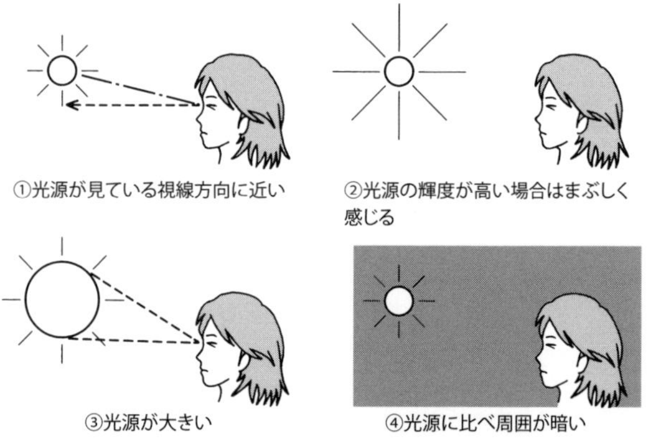

②光源の輝度が高い場合はまぶしく感じる

③光源が大きい

④光源に比べ周囲が暗い

場合であり、まぶしい光により視力の低下をおこす。したがって、直接あるいは反射グレアのなかにも不快グレアと減能グレアがあり、両者を分離することは難しい。

　グレアがおこりやすい条件として次の4つがあげられる（図3.1.7）。①光源が見ている視線方向に近い場合、②光源の輝度が高くまぶしく感じる（野球場のナイター照明など）、③光源が大きい場合、④光源に比べ周囲が暗い場合（光源の輝度が相対的に高く感じられるため。たとえば、夜間の車のヘッドライトはまぶしく感じるなど）。

　光源の光が机や紙面に反射して目に入り、まぶしさを感じる場合を反射グレアという。また、パソコンの画面に光源が映り画面が見にくくなったり、光源の光が紙面に反射して目に入り、紙面が光っているように見え、ものが見えにくくなる。この原因は、見ているものの**鏡面反射**により背景と対象物との輝度対比が減少する光幕反射によるものである。光幕反射をなくすには、図3.1.8のように視線に対して正反射の位置に光源を置かないようにする。

3 モデリング

　光の当たる方向によって、影の輪郭や濃さなどに変化が出る特徴を利用して、物体に立体感や材質感を出すことをモデリングという（図3.1.9）。立体的なものは、光の拡散性や方向性が影響して、ものの見え方や印象が異なるため、ものが適切に見えるように光を調整する必要がある。正面から光を当てると影はできないが、立体感に乏しくなり、また一方向から強い光を当てると影が強調され、立体感や材質感が失われ異質な印象を与える。

図3.1.8　光幕グレアを生じるおそれのある光源の位置（視線に対して正反射の位置）

図3.1.9 モデリング

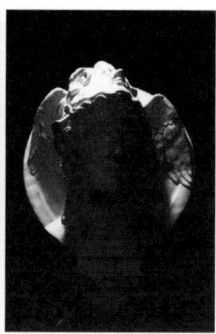

(a) 正面からの照明　(b) 右側からの照明　(c) 左側からの照明　(d) 真上からの照明

図3.1.10 シルエット現象

(a) 窓面の輝度が高い場合　(b) 窓面の輝度が低い場合

4 シルエット現象

　図3.1.10(a)のように、視対象である人の顔の輝度に対して、明るく輝度の高い窓を背景とした場合、人の顔が暗くなり見えにくくなる現象をシルエット現象という。視対象の照度を上げるか、図3.1.10(b)のように窓の面の輝度を下げるためにブラインドなどを使用する必要がある。

5 照度基準

　室の用途や作業の内容により、必要な明るさは異なる。明るさは感覚的なものであり、輝度が関係するが、明るさの基準として輝度と関係する照度が用いられる。JIS Z 9110-1979では、表3.1.1に示すような室ごとの照度基準を定めている。照度は、視作業面の指定がないときは床上85cm、座業のときは床上40cm、廊下・屋外などでは床面または地面における水平面での値である。手芸、読書などの細かい作業は高い照度が必要となる。また高齢者は、最低必要照度が高くな

る。JISの解説では、高齢者に対しては、2倍または数倍照度を高くすることが望ましいとしている（**7**参照）。

6 照度分布

照明計画において、室が一様に明るいだけでは十分とはいえない。特に室の雰囲気づくりには、室に応じた明るさの対比や、明るさのバランスを考える必要がある。また、動線の連続性を考え、室と廊下や室と室の明るさのバランスも重要となる。明るさの分布の指標として**均斉度**がある。均斉度は、室の最小照度を平均照度で除した値である（最小照度を最大照度で除した値を均斉度としている場合もある）。

表3.1.2に推奨照度比を示す。昼光照明で片側に側窓がある場合、窓に近いところと室の奥では照度が異なるが、表からその照度比は1/10以上にする必要があることがわかる。

表3.1.1　照度基準（JIS Z 9110-1979）

区分 照度(lx)	事務所	住宅	
2000 1500 1000	事務室a	手芸	勉強 読書
750	事務室b 会議室	軽読書 化粧	
500	応接室		食事 炊事 洗面
300		エレベーター	団らん、遊び 洗濯
200		廊下洗面所	床の間 飾棚
150	宿直室	全般照明 （子ども室、浴室、玄関）	
100			全般照明 （食堂、台所、トイレ）
75	非常階段	全般照明 （居間、廊下、階段）	
50			全般照明 （納戸）
30		全般照明 （寝室）	
20 10 5		屋外通路	
2 1		深夜灯、防犯灯	
備考	細かい視作業の場合、事務室はaを使用。	全般照明と局部照明を併用。 居間、寝室は調光。	

7 加齢の影響

図3.1.11に示すように、人の視力は10歳代後半でピークとなり、20〜50歳まではほとんど同じである。ほぼ50歳から視力の低下がはじまり、加齢により急激に低下する。生活において重要な視力は、30cm程度の位置にある細かいものを見る近点視力である。老眼（老視）の症状が40歳前後から表れてくるように、視覚においては40歳代から高齢者といえる。眼球の瞳孔や水晶体などの加齢に

表3.1.2　推奨照度比

条件（いずれも水平面照度）	推奨照度比
全般照明時における最小照度と平均照度の比（均斉度）	6/10以上
隣り合う室と室、室と廊下間の平均照度の比（ただし、低い側の平均照度が200lx以上の場合はこの限りでない）	1/5以上 5以下
スタンドを使っているときのスタンドの最高照度と、スタンドを使っていないときの室内の平均照度の比	3以下
全般照明がないときの側窓からの採光による最小照度と最大照度の比	1/10以上

よる変質や機能低下などにより、視覚は変化する。

　目はものを見るとき水晶体に連結される毛様体の伸縮と水晶体の弾力性により焦点が合うようになっているが、年齢とともに毛様体の筋力が弱まるため焦点の調節機能が低下し、近距離が見えにくくなる（近点視力の低下）。これが老眼であり、眼鏡で矯正する必要がある。さらに、加齢により水晶体が白濁、黄変し、次第に視力が低下する。この進行した状態が白内障である。

　水晶体が白濁すると、眼球に入射した光が内部で散乱するため、ものが二重に見えたり、かすんだり、まぶしいなどの症状（グレア）が生じる。グレアは年齢とともに増加し、70歳の人は20歳の人に比べ2倍のグレアを感じるといわれている。

　高齢者は瞳孔による光量の調節能力が著しく低下し、特に暗順応において瞳孔が十分広がらないため、暗さに慣れるのに時間がかかる。この瞳孔による光量の調節と水晶体の透過率の低下が、目に入る光量を少なくするために、暗いところでは視力に影響し、見えにくくなる。

　網膜においても、錐体と桿体の視細胞の数が減少する。60歳の錐体の視細胞は20歳の約1/2になり、視細胞の数の変化は色の見え方の変化となって表れる。

　加齢に伴うこのような生理的機能の低下の結果として、視力、視対象と背景の輝度の差を識別する能力（輝度対比弁別力）、色の識別能力などが低下する。

　図3.1.12に示すように、人の目が順応している輝度が高いほど、視力はよくなるが、高齢になるほどその効果は小さい。

図3.1.11　視力と年齢

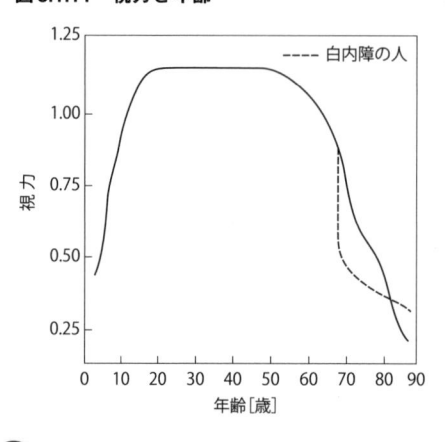

図3.1.12　視力と順応輝度

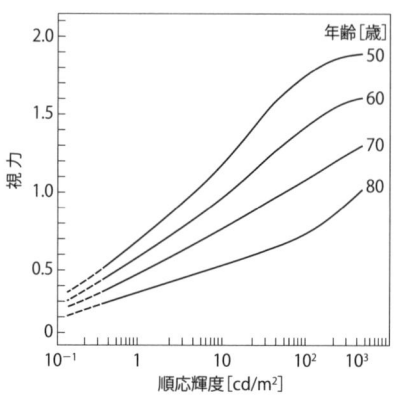

3-2 自然照明の計画

1. 昼光照明

　照明には照明の光源により、太陽の光を取り入れて室内を照明する**昼光照明**（採光）と人工光源による**人工照明**がある。

　住まいの照明は、日中は太陽の光を利用して人工照明は補助的に使用し、夜間は人工照明を使用する。

　図3.2.1に示すように太陽から直接到達する光を**直射日光**といい、大気で散乱されたり、雲を透過したり、また雲によって拡散・反射された光を**天空光**という。また、直射日光や天空光が建物や地面に反射した光を**地物反射光**という。直射日光と天空光を合わせて昼光というが、地物反射光を合わせていう場合もある。直射日光は変動が大きく、明るすぎてグレアを生じさせるため、なるべく遮る必要がある。照明として利用するのは、天空光である。

　昼光照明の特徴は、自然エネルギーであるため色の見え方が自然であり、明る

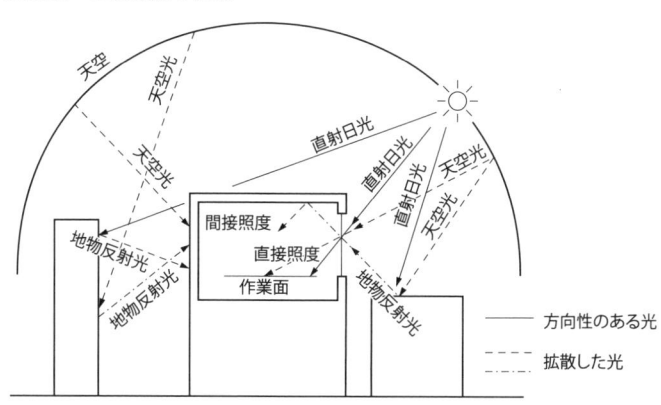

図3.2.1　昼光光源の種類

く、コストがかからない。しかし、天候や時刻、季節により明るさは変動する。昼光照明は、長時間の読書や作業をするための光として利用することは難しい。窓からの眺望をよくしたり、室内の全体的な明るさや開放感のために昼光を取り入れ、その変動に対しては建築や照明設備により対応する工夫が必要となる。窓を取り付ける方位、位置、形、内装材の色や反射性を検討することが重要である。

2. 昼光率の検討

1 室内の照度

図3.2.1に示すように窓から直接到達する光による照度を**直接照度**といい、窓から入った光が、室内の壁や天井などの表面で反射して到達する光の照度を**間接照度**という。直接照度と比べ間接照度の値は小さい。室内のある点における照度 E [lx] は、直接照度 E_d [lx] と間接照度 E_r [lx] の和である。

2 昼光率

昼光照明は一定ではなく、季節や時刻、天候などにより変動するため、ある時刻における特定の照度を室内の明るさの設計基準とすることはできない。昼光照明の設計では、室内において天空光をどれだけ利用できるかという比を表す**昼光率**を設計の指標としている。昼光率 D [%] は、**全天空照度** E_s [lx] と室内のある点における水平面の照度 E [lx] の比 $[E/E_s]$ を百分率 [%] で表したものである。

全天空照度は、図3.2.2の左図のように、周囲の障害物を全部取り除いたときの、直射日光を除いた天空光の水平面の照度である。

昼光率も照度と同様に**直接昼光率** D_d と**間接昼光率** D_r があり、室内のある点の

図3.2.2　全天空照度と昼光率

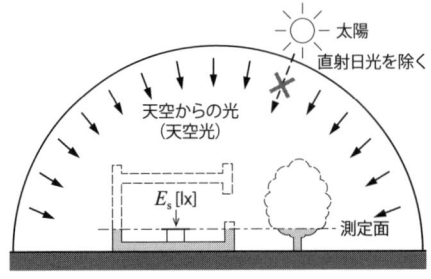

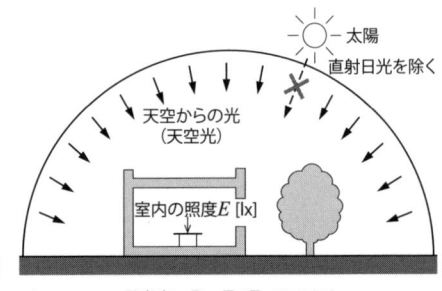

全天空照度 E_s [lx]　　　　　　　　　昼光率　$D = E/E_s \times 100$ [%]

昼光率 D [%] は $D = D_d + D_r$ となる。直接昼光率と間接昼光率は、それぞれ次式 (3.2.1)、(3.2.2) で求められる。

$$D_d = \frac{E_d}{E_s} \quad [\%] \quad (3.2.1)$$

$$D_r = \frac{E_r}{E_s} \quad [\%] \quad (3.2.2)$$

3 窓の立体角投射率

昼光率へ影響を及ぼす要因として、直接昼光率では窓形状（方位、大きさ、位置）および受照位置、間接昼光率では窓面への入射光束と室内の仕上げ面の反射率がある。ここでは直接昼光率に影響を及ぼす窓の立体角投射率について述べる。

窓面の輝度が一様であると仮定する。窓面からの明るさは、図3.2.3のように見かけの窓の大きさ（立体角）が同じであっても、窓の位置が水平に近くなるほど入射する光束は少なくなるため照度は小さくなる。この窓の位置による光束の変化を表す指標として、**立体角投射率** U が用いられる。図3.2.4に示すように、窓面積 S_w [m²] を受照点Pを中心とする半径 r [m] の球面に投影し、その面積を S'_w とする。さらに S'_w を水平面に投影した面積を S''_w とすると、立体角投射率は全天空の水平投影面積 πr^2 に対する比として、式 (3.2.3) で表せる。

$$U = \frac{S''_w}{\pi r^2} \times 100 \quad [\%] \quad (3.2.3)$$

さらに、直接昼光率に影響を与えるガラスの可視光の透過率を τ（タウ）、ガラスの透過率の劣化を表す保守率を m、窓枠などを除いたガラス面の有効窓面積比率を R とすると、直接昼光率 $D_d = \tau m R U$ で求められる。ガラスがない場合、直接昼光率 D_d と立体角投射率 U は一致する。

図3.2.3 立体角投射率と明るさ

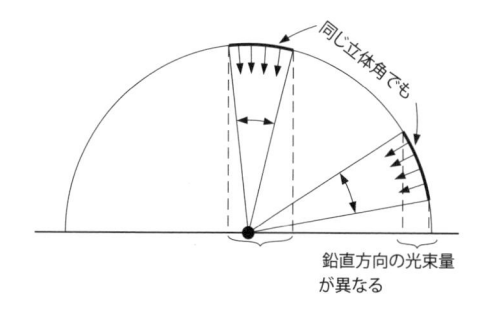

図3.2.4 立体角投射率

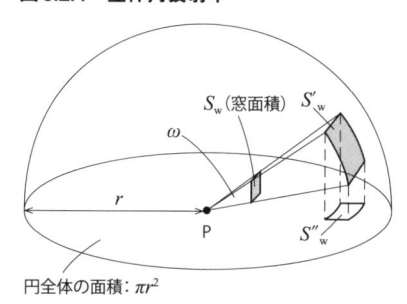

立体角投射率は、図を用いて求めるのが一般的である。窓の幅 b [m]、高さ h [m]、側窓から受照点までの距離を d [m] とすると、側窓と床面あるいは机上面が直交する位置関係にあるときは、図 3.2.5、3.2.6 を用いて求めることができる。

4 昼光率の設計指標

昼光率の設計に当たっては、表 3.2.1 に示す基準昼光率を目安とする。このと

図 3.2.5　窓（長方形光源）と受照面が垂直な場合の立体角投射率

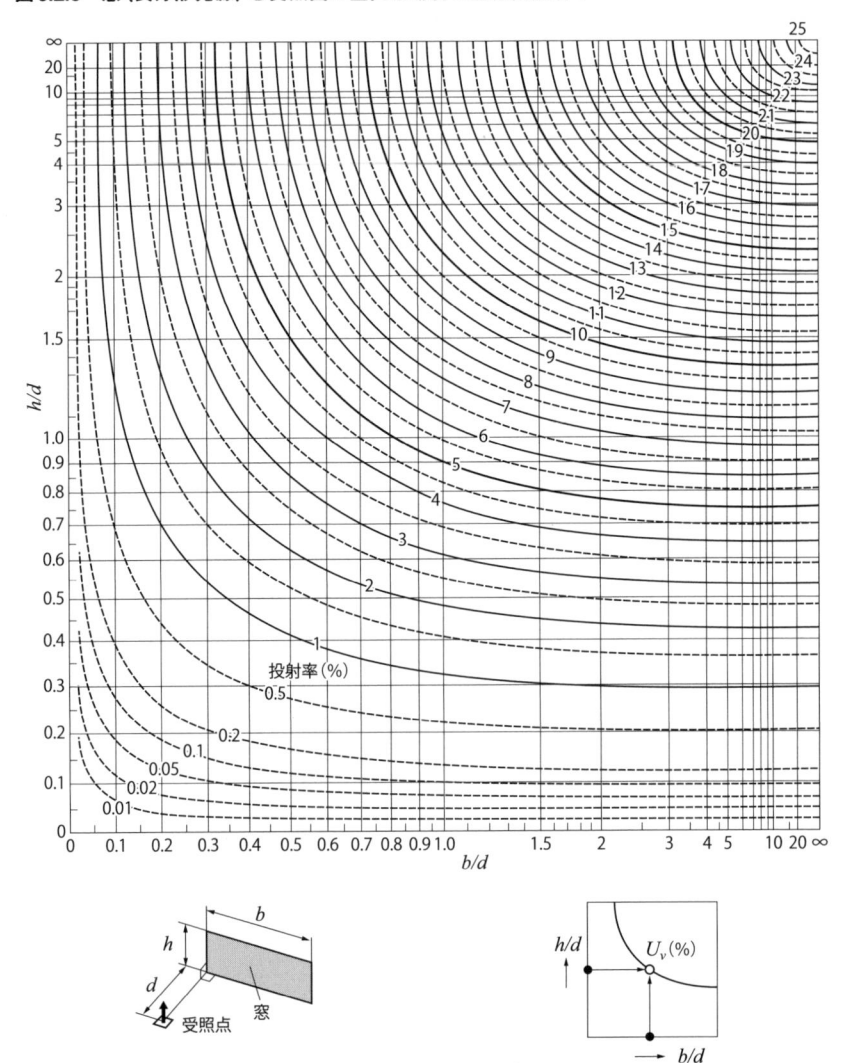

自然照明の計画　3-2

図3.2.6　受照点の位置の違いによる、立体角投射率の求め方

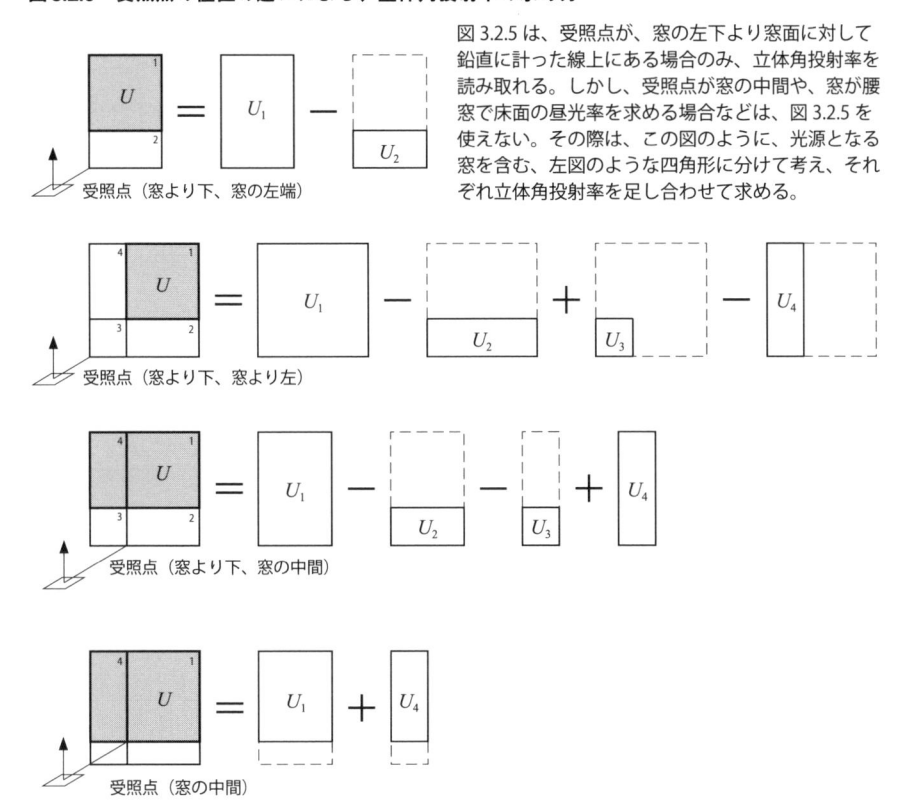

図3.2.5は、受照点が、窓の左下より窓面に対して鉛直に計った線上にある場合のみ、立体角投射率を読み取れる。しかし、受照点が窓の中間や、窓が腰窓で床面の昼光率を求める場合などは、図3.2.5を使えない。その際は、この図のように、光源となる窓を含む、左図のような四角形に分けて考え、それぞれ立体角投射率を足し合わせて求める。

表3.2.1　基準昼光率

段階	基準昼光率 [%]	視作業・行動のタイプ（例）	室空間の種別例	全天空照度が15000lxの場合の値 [lx]
1	5	長時間の精密な視作業（精密製図、精密工作）	設計・製図室（天窓・頂側窓による場合）	750
2	3	精密な視作業（一般製図）		450
3	2	長時間の普通の視作業（読書）	事務室一般	300
4	1.5	普通の視作業（板書、会議）		230
5	1	短時間の普通の視作業または軽度の視作業（短時間の読書）	住宅の居間・台所	150
6	0.75	短時間の軽度の視作業	事務所の廊下・階段	110
7	0.5	ごく短時間の軽度の視作業（接客、休憩、荷づくり）	住宅の応接室・玄関・トイレ、倉庫	75
8	0.3	短時間の移動（通常の歩行）	住宅の廊下・階段	45
9	0.2	停電の際などの非常用		30

表3.2.2 設計用全天空照度

条件	全天空照度 [lx]
特に明るい日(薄曇り、雲の多い晴天)	50000
明るい日	30000
普通の日(標準の状態)	15000
暗い日(最低の状態)	5000
非常に暗い日(雷雲、降雪中)	2000
快晴の青空	10000

きの全天空照度は、天候や時刻により変動するため表3.2.2の**設計用全天空照度**のなかの普通の日(標準の状態)に当たる15000lxを用いている。たとえば、住宅の居室の昼光率は表3.2.1より1%であるので、全天空照度を15000lx(標準の状態)とすると、そのときの照度は150lxとなる。

3. 窓からの採光計画

窓をどのように設けるかにより、室内の光の分布は異なってくる。採光計画においては、設計段階から開口位置や光の制御方法について考えておく必要がある。

1 窓

窓は採光、換気、通風などの機能が求められる。また、窓からの眺望や開放感などは心理的にも作用する。窓の大きさや数は、採光の量と質に影響する。窓が大きければ室内に入る光の量は多くなり、開放感も増す。

窓は、位置により、図3.2.7のように側窓、天窓(トップライト)、頂側窓に分けられる。

a. 側窓

壁に設けられた窓を側窓という。図3.2.7(a)に示すように片側一壁面からの採

図3.2.7 窓の分類

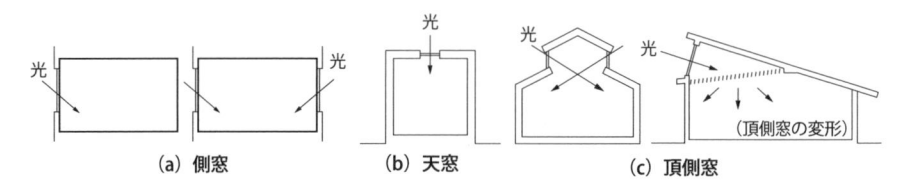

(a) 側窓　(b) 天窓　(c) 頂側窓 (頂側窓の変形)

光を片側採光、両側二壁面からの採光を両側採光という。片側1つの窓では、窓付近は明るいが、奥は暗くなり、照度が不均一となる。両側にあると照度分布はよくなり室全体が明るくなる。また、側窓の高さによる採光の効果を図3.2.8に示す。側窓は高い位置にあるほど明るさが増し、窓から離れた場所を明るくできる。一般には構造・施工、清掃・保守は容易であり、通風、眺望が得られる。ただし、窓の外の状況により採光や通風などが不十分となることがある。

b. 天窓（トップライト）

　屋根または天井面に設けられた窓をいう。構造・施工、清掃・保守が困難、通風、遮熱、直射日光の遮蔽が不利、眺望が得られないなどの短所がある。反面、まわりに家が密集している都市部では、窓が屋根または天井面にあるため、周囲の建物や樹木による影響が少なく有効である。図3.2.9に示すように同じ面積の

図3.2.8　側窓の高さによる効果

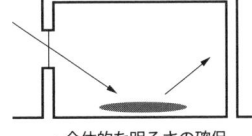

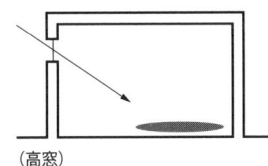

- 全体的な明るさの確保
- （高窓）・窓から遠いところを明るくする
- （底窓）・窓の近くだけを明るくする・床面からの反射光による上向きの光束が増す

図3.2.9　窓の位置による照度

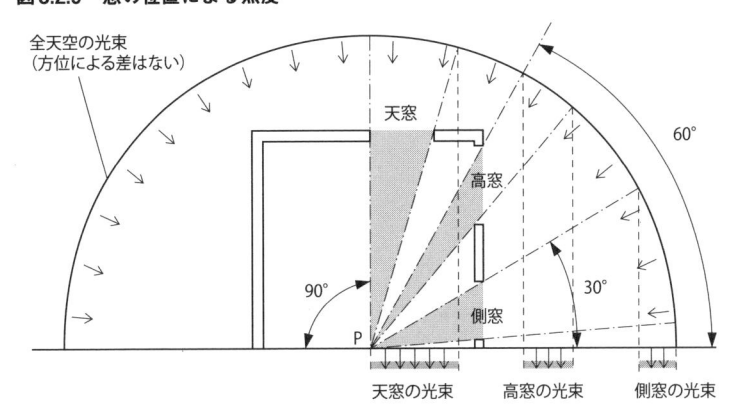

同じ面積の窓であれば、窓の位置が高いほどP点に入射する光束の鉛直成分は増え、部屋は明るくなる。
（光束の比は上図で、天窓：高窓：側窓＝1：0.5：0.4）

側窓より天窓は照度が高いが、天井面との輝度比によりグレアが生じやすい。

c. 頂側窓

採光は天井部分からであるが、窓が鉛直または鉛直に近い場合をいう。

❷ 窓からの日射を遮る工夫

作業面などの明視性を考えると、不適切な直射日光は遮る必要がある。その方法として、図3.2.10に示すように直射日光を遮り、天空光や拡散光などを利用することが考えられる。(a)のように窓の外側に庇やオーニング、ルーバーなどを取り付ける、(b)のようにカーテン、ブラインドなどを室内側に設ける、(c)のようにガラスブロックなどにより拡散光を導く、(d)のようにライトシェルフなどによる反射光を利用する、などの方法がある。

❸ 採光に必要な窓の面積

住宅の居室の採光に有効な窓の面積は、建築基準法により床面積の1/7以上とされている。また、窓が敷地境界に近接している場合は、窓面積が採光に有効な面積として見なされない場合がある。採光に有効な窓の面積は、採光補正係数を求め、窓の開口面積に乗じることにより求められる。採光補正係数は、表3.2.3に示すように住居系、工業系、商業系の各地域で異なっている。ここで、図3.2.11において d は庇などの突出部分から敷地境界までの水平距離であり、h は庇などの突出部分から窓中心部までの垂直距離である。

第1種低層住居専用地域にある図3.2.11に示すような住宅の居室の窓面積が、建築基準法で定められている採光に必要な面積を満足しているかを考えてみる。

採光補正係数は、表3.2.3より $d/h \times 6 - 1.4 = 1/1.5 \times 6 - 1.4 = 2.6$ と求められる。採光に有効な窓の面積＝開口部面積×採光補正係数＝$2.0 \times 1.2 \times 2.6 = 6.24 \mathrm{m}^2$ となる。

図3.2.10　直射日光を遮る工夫

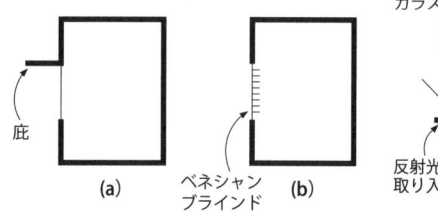

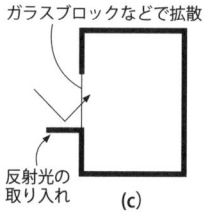

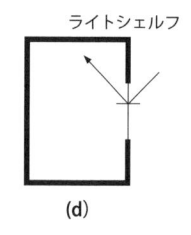

自然照明の計画   3-2

表3.2.3 採光に有効な窓の面積と採光補正係数

地域		採光補正係数	有効採光面積	
住居	第1種低層住居専用地域 第2種低層住居専用地域 第1種中高層住居専用地域 第2種中高層住居専用地域 第1種住居地域 第2種住居地域 準住居地域 田園住居地域	$d/h \times 6 - 1.4$	開口部の面積×採光補正係数	算定式には例外がある。たとえば、開口部が道路に面する場合で、採光補正係数が1.0未満になる場合は1.0にする。また採光補正係数は最大で3.0となり、天窓の場合3とする、など。
工業	準工業地域 工業地域 工業専用地域	$d/h \times 8 - 1.0$		
商業	近隣商業地域 商業地域	$d/h \times 10 - 1.0$		

図3.2.11 採光に有効な窓の面積を計算するための寸法のとり方

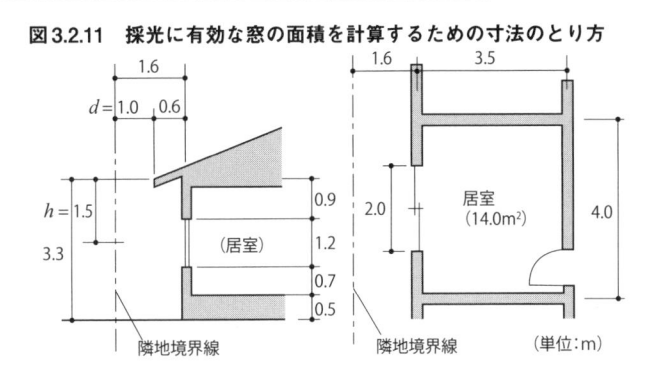

また、建築基準法で定められる必要な採光面積は、$14.0 \times 1/7 = 2.0 \mathrm{m}^2$ であるので、採光に有効な窓の面積 $= 6.24 \mathrm{m}^2 > 2.0 \mathrm{m}^2$ となり、窓面積は適切である。

4. 装置を用いた採光

1 ライトシェルフ

図3.2.12に示すように窓の外側と内側に庇を取り付けると、直射日光を遮ることができる。庇の上面で反射した光は天井面へ入射し、天井面が2次光源となって室内奥を明るくする。このような装置をライトシェルフという。ライトシェルフは窓付近の照度を下げ、室内奥の照度を上げるため室内の均斉度が改善される。

室内側の庇は、圧迫感を感じるなどの理由から取り付けない場合もある。このような場合には、上部の窓にブラインドなどを設置し、直射日光を遮る必要がある。

❷ 昼光照明装置

　昼光照明装置を使うと、採光部で取り込んだ昼光を室内に放射し、北側や地下の居室に光を取り入れることができる。図3.2.13は、南側壁面に付けた採光部の反射板で光を集め、高反射率の鏡面を施した光ダクトへ取り込み、北向きの暗い部屋へ昼光を取り入れている。このような光の反射を利用した装置のほか、プリズムにより光の屈折を利用した装置、集光レンズと光ファイバを用いた装置（図3.2.14）など、いろいろな昼光照明装置の開発が進められ、実用化されている。

図3.2.12　ライトシェルフ

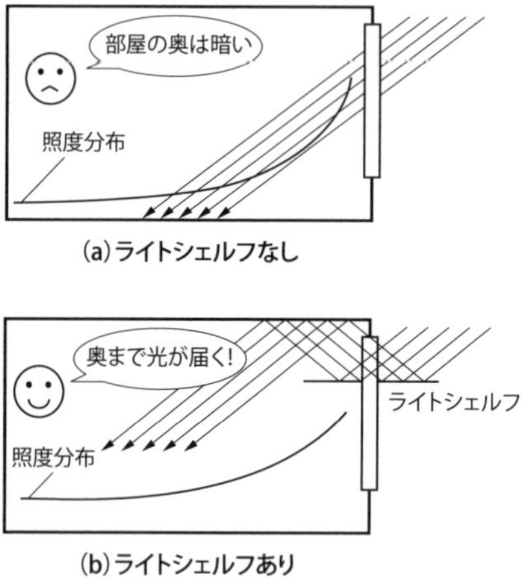

(a) ライトシェルフなし

(b) ライトシェルフあり

図3.2.14　集光レンズと光ファイバを用いた装置（写真提供：ラフォーレ・エンジニアリングシステム）

図3.2.13　光ダクトシステム

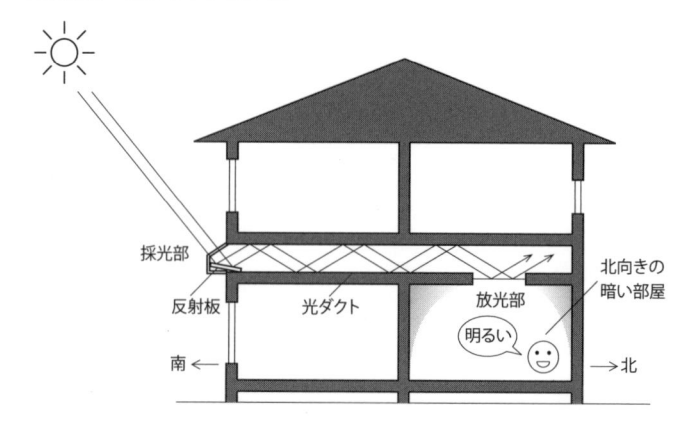

3-3 人工照明の計画

1. 光源の種類

　人工光源が光を発生する原理は、温度上昇に伴い光を放射する**熱放射**（温度放射）とそれ以外の放射現象である**ルミネセンス**の、大きく2つに分類できる。一般に家庭で使われる光源は、白熱電球と蛍光ランプである。白熱電球は熱放射、蛍光ランプはルミネセンスによる放電灯である。

　これまでの日本では、安全性や明視性のために、居室の天井にシーリングランプを取り付け、均一な明るさにすることが一般的で蛍光ランプが多く使用されてきた。また、欧米では主に白熱電球が用いられているが、省エネルギーの観点から蛍光ランプが見直されてきている。

　住まいにおける照明に必要な電力は、10～20 W/m²が目安となる。蛍光ランプ

図3.3.1　主な光源の形状

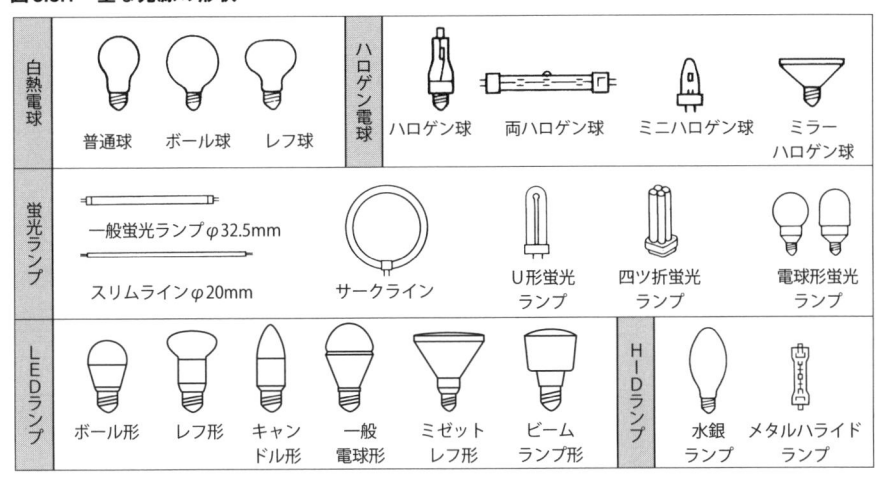

白熱電球	普通球	ボール球	レフ球	ハロゲン電球	ハロゲン球	両ハロゲン球	ミニハロゲン球	ミラーハロゲン球
蛍光ランプ	一般蛍光ランプφ32.5mm / スリムラインφ20mm		サークライン		U形蛍光ランプ	四ツ折蛍光ランプ		電球形蛍光ランプ
LEDランプ	ボール形	レフ形	キャンドル形	一般電球形	ミゼットレフ形	ビームランプ形	HIDランプ 水銀ランプ	メタルハライドランプ

を多く使用したほうが、消費電力は小さくなる。図3.3.1に主な光源の形状を示す。

1 白熱電球

　エジソンが発明した白熱電球は、ガラス内のフィラメントに電流が流れることにより発熱し発光する。直径1mm程度のものから撮影用の直径30cm程度のものまであり、一般照明、投光照明、装飾照明用など多種多様な用途に用いられている。白熱電球は演色性に優れているが、蛍光ランプに比べランプ効率が悪く寿命が短い。ランプ効率は全光束/消費電力[lm/W]で表され、白熱電球のランプ効率は約14lm/Wであり、定格寿命は1000hである。CO_2排出量を削減し、地球温暖化を防ぐために、2010年3月、一般白熱電球の製造を中止したメーカーもある。

2 ハロゲン電球

　ハロゲン電球はガラス内にハロゲンガスを封入することにより、フィラメントが蒸発しガラス球面への付着を防ぎ、白熱電球の寿命末期にガラス球面が黒くなる黒化現象がおこらないようにした電球である。白熱電球に比べ、黒化現象がおこらないので光束の低下が少なく、安定した照明効率が持続する。定格寿命は2000hで白熱電球より長い。ハロゲン電球は店舗や投光用照明などに使用される。

3 蛍光ランプ

　放電ランプは、気体、金属蒸気あるいはこれらの混合気体中の放電ルミネセンスによって発光するランプである。蛍光ランプは、ガラス管内にアルゴンガスと水銀蒸気が封入されており、ガラス管の内壁に発光体が塗布されている。この塗布された発光体の種類により、蛍光ランプの波長成分が決まる。蛍光ランプの点灯には、安定器が必要となる。

　蛍光ランプの特徴は、長寿命(定格寿命12000h)で、ランプ効率(直管形3波長型昼白色：約100lm/W)が高いことである。また、ものの色の見え方である演色性も改善され、演色性のよい蛍光ランプとしてはJIS(日本工業規格)の演色AAA（スリーエー）や3波長域発光形の蛍光ランプなどがある。演色性、ランプ効率および価格から、青(波長450nm)、緑(波長540nm)、赤(波長610nm)の3波長域にピークをもつ**3波長蛍光ランプ**が普及している。住まいでは白熱電球の代わりに電球形蛍光ランプやコンパクト型蛍光ランプを使用すると、CO_2を削減できる。

4 LEDランプ(発光ダイオードランプ)

　発光ダイオードLED(Light Emitting Diode)と呼ばれる、半導体の光る性質を

利用したランプである。これまでに赤、橙、黄、緑、青色が実用化され、白色も開発された。白色の実現化により、白熱電球や蛍光ランプに代わる照明ランプとして、LEDを光源とした住宅用の照明器具も製品化されている。フィラメントを加熱して光を出す白熱電球に対して、LEDは電気を直接光に変えるため、エネルギーの変換効率が大変よい。LEDの特長として、消費電力が少なく、長寿命、小型で軽量、点滅性能に優れ、可視光線以外の放射がほとんどないなどがあげられる。

5 HIDランプ

HIDランプとは、High Intensity Discharge lamp（高輝度放電ランプ）の略称で、高圧水銀ランプ、メタルハライドランプ、高圧ナトリウムランプの総称である。これらのランプは、高輝度、高効率、長寿命であるが、点灯および再点灯に数分の時間がかかる。商店街や天井の高い工場などで使用される。

最後に各電球の特性をまとめておく。白熱電球100W、ハロゲン電球100W、一般白色蛍光ランプ40W、LED一般電球形（昼白色相当）6.4Wの特性を表3.3.1に、一般型蛍光水銀ランプ100W、透明型メタルハライドランプ100W、高率型高圧ナトリウムランプ110Wの特性を表3.3.2に示す。

表3.3.1 主な光源の特性①

特性＼光源の種類	白熱電球	ハロゲン電球	蛍光ランプ（一般白色）	LEDランプ（一般電球形）
発光原理	温度放射	温度放射	ルミネセンス（低圧放電）	ルミネセンス（電界発光）
消費電力 [W]	100	100	40	6.4
全光束 [lm]	1520	1600	3100	520
効率 [lm/W]	15.2	16	78	81
始動時間	0	0〜3min（再始動時間 10 min）	2〜3s（予熱形）0（ラピッドスタート型）	0
寿命 [h]	1000	1500	12000	40000
演色性（平均演色評価数 Ra）	よい。赤みが多い（100）	よい（100）	比較的よい（白色64）。特に演色性を改善したものもある	昼白色相当（70）
色温度 [K]	2850	3000	4200（白色）	5000

表3.3.2　主な光源の特性②

光源の種類 特性	HIDランプ		
	蛍光水銀ランプ (一般型)	メタルハライドランプ (透明型)	高圧ナトリウムランプ (高率型)
発光原理	ルミネセンス (高圧放電)		
消費電力 [W]	100	100	110
全光束 [lm]	4200	9000	10600
効率 [lm/W]	42	90	96
始動時間	5min	5min	5min（再始動時間 1〜2min）
寿命 [h]	12000	9000	12000
演色性 (平均演色評価数 Ra)	あまりよくない (40)	よい (65)。高演色型は非常によい	高率型はよくない (25)。演色性を改善したものもある
色温度 [K]	3900	4000	2050

2. 色温度

1 色温度とは

　白熱電球の光は蛍光ランプと比べ赤く感じ、蛍光ランプの光は青く感じる。ランプが発光した色を**光色**といい、光源の種類により光色は異なる。光源の波長成分（分光分布）により光色は異なり、赤い成分が多いランプは赤みがかって見え、青い成分が多いと青みがかって見える。ランプの光色は黒体（外部から入射する光や電磁波などの熱放射を、あらゆる波長にわたって完全に吸収し、また放出できる物体のこと。物理の概念的物体で現実には存在しない）を熱したときの温度と光色の関係を基準とした**色温度**で表され、単位はK（ケルビン）である。

　黒体の放射する色は温度を高めていくと、黒色→暗褐色→赤色→黄色→白色→青白色へ変化する。自然光の光色が、温度 T_c [K]の黒体の放射する光色に等しいとき、温度 T_c [K]を光の色温度という。ただし、白熱電球を除く人工光源の分光分布は黒体の分光分布と一致しないため、見かけの光色と等しくなったときの黒体の温度を相関色温度 T_{cp} [K]で表し、色温度と同様に扱う。色温度が低いほど赤みを帯び、色温度が高くなると青みを帯びてくる。

2 昼光と人工光源の色温度

表3.3.3に自然光と人工光源の色温度を示す。太陽光は、時刻とともに色温度は変化する。日の出の太陽光の色温度がもっとも低く赤く感じ、太陽高度が高くなるにつれて太陽光の色温度は高くなり次第に白く感じるようになり、南中時の正午の太陽光の色温度がもっとも高くなる。昼間の照明には、正午の太陽光と似た光色の色温度が少し低い昼白色または白色蛍光ランプが適している。

昼光と同じ色に感じても、人工照明の波長成分は異なっていることが多い。波長成分を表したものが**分光分布図**である。昼光、白熱電球、白色蛍光ランプの分

表3.3.3 光源の色温度と光色の見え方

自然光	色温度[K]	人工光源（○:住宅で使われるランプ）	人工光源の光色の見え方
特に澄んだ北西の青空光	20000		涼しい（青みがかった白）
北天青空光	10000		
均一な曇天光	7000		
	6000	・6500　○昼光色蛍光ランプ ・5800　　透明水銀ランプ	
正午の太陽	5300		中間（白）
日の出2時間	5000	・5000　○LEDランプ（昼白色） ・5000　○昼白色蛍光ランプ	
日の出1時間	4000	・4200　○白色蛍光ランプ ・4000　　メタルハライドランプ ・3900　　蛍光水銀ランプ	
	3500	・3500　○温白色蛍光ランプ	
	3300		暖かい（赤みがかった白）
	3000	・3000　○電球色蛍光ランプ ・3000　　ハロゲン電球 ・2850　○白熱電球 ・2800　○LEDランプ（電球色）	
日の出／日の入	2000	・2050　　高圧ナトリウムランプ ・1920　　ろうそくの炎	

図3.3.2 昼光と人工光源の分光分布

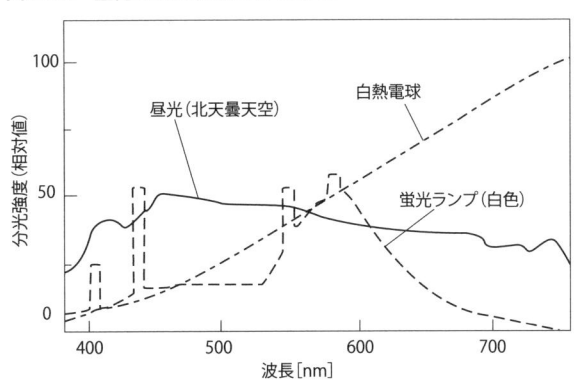

光分布を図3.3.2に示す。また、分光分布は照明によるものの色の見え方に影響する。

3. 演色性

1 演色性とは

　白熱電球と蛍光ランプで照らされたものは、光源によりその色の見え方は変わり、本来のものの色とは異なって見える。光源による色の見え方への影響を演色といい、その見え方を決める性質を**演色性**という。演色性は、光源の**分光分布**により左右される。図3.3.3に示すように太陽光はいろいろな波長成分を含んでいるため、演色性がよく自然に見える。オレンジ色のナトリウムランプは特定のいくつかの成分しかもっていないため、本来の色と異なって見える。

　JIS Z 8726では、演色性の試験方法を定めている。試験対象とする光源と等しい相関色温度の基準光源（自然光）を、定められた色の試験体に当てたときの色の見え方と、対象とする光源の光を試験体に当てたときの、色の見え方のずれを数値として計算し、演色性を評価する。演色評価数の計算に用いる試験色は15種類（$R_1 \sim R_{15}$）を規定し、$R_1 \sim R_8$の試験色の評価数の平均値を**平均演色評価数** R_a としている。平均演色評価数（R_a）は、基準光源におけるものの色の見え方を R_a100とし、この自然な見え方からのずれを表す。ずれがなければ R_a100となる。なお、試験色 $R_9 \sim R_{15}$ は彩度の高い赤、黄、緑、青（$R_9 \sim R_{12}$）色や白人の肌色（R_{13}）、木の葉の色（R_{14}）、日本人の肌色（R_{15}：JISのみの規格）の見え方など目的に応じて使われる。

2 光源の演色性

　一般に、エネルギー効率が低い白熱電球は演色性がよく、エネルギー効率が高い蛍光ランプは演色性が悪い。また、光源の演色性は

図3.3.3　演色性と色の見え方

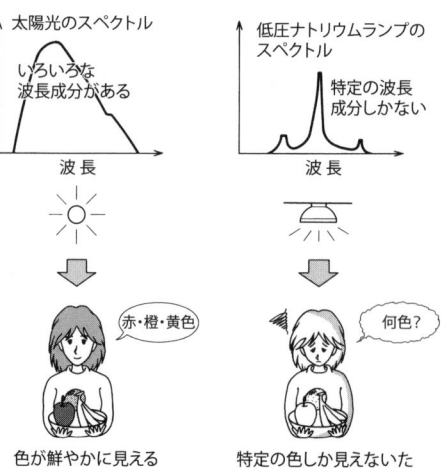

試験対象とする光源の相関色温度と等しい基準光源における評価であるため、比較する光源の色温度が異なると演色性は比較できない。たとえば、色温度2850Kの白熱電球R_a100と相関色温度5000Kの蛍光ランプR_a84では、白熱電球が演色性に優れているとはいえない。

　住宅においては、CIE（国際照明委員会）は、R_a85以上の光源を推奨している。白熱電球や3波長蛍光ランプが該当する。

　なお、演色性は客観的評価であり主観的評価が考慮されていないため、色の好みで良し悪しは変わることがある。また、演色効果は色温度や照度にも関係するため、演色性がよくても、暗いと色はくすんで見える。

4. 照明の手法

■1 全般照明と局部照明

　照明の手法には、図3.3.4に示すように主に、**全般照明**、**局部照明**、**局部的全般照明**の3つの手法がある。

a. 全般照明

　作業面を含め空間全体を一様に照明する方法である。空間全体が均一な照度で明るくなり活気があるが、室の雰囲気づくりには不向きである。また、空間全体が明るいため目への負担は少ないが、省エネルギーの面では不利となる。全般照明はシーリングライトや均等に配置したダウンライトなどによることが多い。

b. 局部照明

　食卓やキッチンのシンクなど作業面の必要な部分を明るくする方法である。ものを見やすくし、長時間の作業でも疲れないようにする。作業面と周辺の輝度比が大きいと、目が疲れやすい。局部照明は、全般照明と併用することが多く、全般照明と作業面への局部照明との照度比は1/10以上確保するようにする。局部照明はプライベートルームである寝室などの雰囲気を高める照明に適している。

c. 局部的全般照明

　ある特定の位置とまわりへの照明を兼ねた手法が、局部的全般照明である。たとえば、作業面だけでなく周囲にも明るさは必要であるため、作業面を中心に照明し、その周囲はやや暗くなるような照明である。全般照明に比べ省エネルギー

ではあるが、レイアウトの変更などに対して柔軟性に欠ける。図3.3.4の局部的全般照明は、大きな明るい壁面を照明するウォールウォッシャが全般照明を兼ねた例である。

❷ 配光分布による照明の分類

光源あるいは照明器具から出る光度分布を配光といい、一般に配光曲線は図3.3.5に示すように光度分布曲線で表される。照明器具は、ランプを中心として上方と下方の光束の比により、直接照明から間接照明まで図3.3.6のように分類される。

a. 直接照明

光束の90〜100％が、下向きに直接作業面に配光するような照明器具による照明である。水平面照度が得やすい。ダウンライト、金属シェードペンダントがこれに当たる。

b. 半直接照明

光束の60〜90％が、下向きに直接作業面に配光するような照明器具による照明である。

天井や壁面を少し明るくするため、直接照明に比べ生じる影は少しやわらかである。照明器具の輝度が高くならないように注意する必要がある。乳白ガラスペンダント（下面開放）がこれに当たる。

c. 全般拡散照明および直接・間接照明

光束の40〜60％が、下向きに配光するような照明器

図 3.3.5　配光曲線

図3.3.4　リビングダイニングルームの照明（全般照明と局部照明）

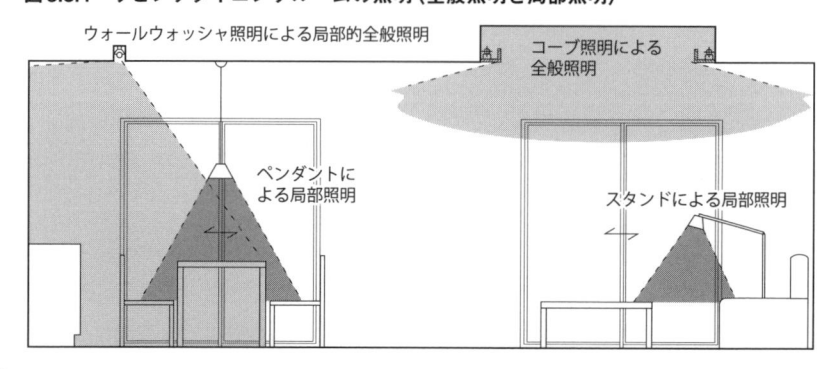

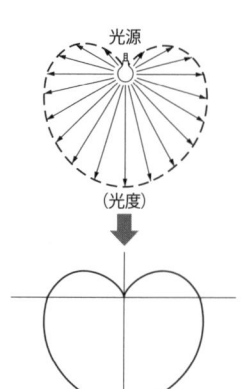

具による照明である。全般拡散照明は照明器具の輝度が高くならないように注意する必要がある。ガラスグローブペンダント、和紙ペンダントなどがこれに当たる。上・下面開放のペンダントは直接・間接照明であり、グレアが生じにくく目にやさしい。

d. 半間接照明

光束の10〜40％が、下向きに配光するような照明器具による照明である。乳白ガラスペンダント（上面開放）がこれに当たる。

e. 間接照明

光束の0〜10％が、下向きに配光するような照明器具による照明である。天井や壁面に光を反射させて上向きの配光をさせるため、天井は明るくなるが照明器具がシルエットになりやすい。また、天井や壁の反射率により照明効果が異なり、ものの立体表現が弱くなる。金属シェードペンダント（上面開放）、金属シェードスタンドがこれに当たる。

3 照明器具

照明器具を取り付け方法により分類すると、図3.3.7の通りである。住まいの照明は、室の用途やライフスタイルに合わせて市販の照明器具を選定する。

a. シーリングライト

天井直付け器具のことである。天井の高い位置から照らすため、全般照明に向いており、洋室、和室、浴室などの水回りおよび廊下など、広く使われる照明器具である。また、リビングや居室用のものは調光機能が付いているものもあり、リモコン操作できるタイプもある。

b. ペンダント

コード、チェーンあるいはワイヤで天井からつり下げるタイプの照明器具をい

図3.3.6　照明器具の配光

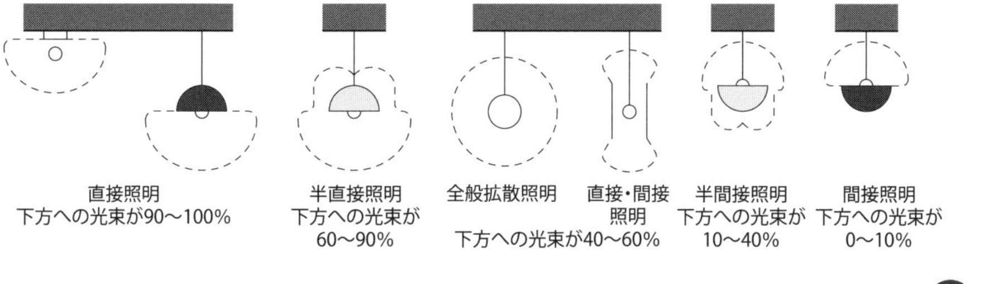

直接照明	半直接照明	全般拡散照明	直接・間接照明	半間接照明	間接照明
下方への光束が90〜100％	下方への光束が60〜90％	下方への光束が40〜60％		下方への光束が10〜40％	下方への光束が0〜10％

う。天井の中央につり下げて全般照明として使用する場合と、部分的にダイニングテーブルを照らす局部照明がある。シェードやカバーは、プラスチック、木、ガラス、金属、藤、和紙、布などいろいろな素材がある。器具の高さ調節、照明範囲や机上面の明るさを調節できるものなどがある。

c. シャンデリア

装飾的なもてなしの空間に適した照明器具である。クリスタルガラスを用いた豪華なものやモダンでシンプルなものもある。天井高や室の広さに合わせて選ぶことができる。室全体を効果的に照らすものもあり、天井直付けとペンダントタイプのものがある。空間に浮かぶ明かりの美しさと雰囲気をつくり出すことができる。

d. ダウンライト

開口径が小さい照明器具を天井に埋め込み直接下方を照らす器具をいう。器具が表に出ないため空間がすっきりしてまとめやすい。器具の外径や高さによっては使用できない場合もあるので注意する必要がある。全般照明とスポットライトタイプがある。全般照明タイプは、反射鏡やバッフルにより照明効率を高めているが、ランプや配光の選択によりくつろいだ雰囲気をつくり出すこともできる。また、アジャスタブルダウンライトなどのスポットライトタイプは、固定取り付けであるが光の照射角度の調整ができる器具である。ダウンライトの選定に当たっては、照明効果や内装材などの視覚効果についても検討が必要である。

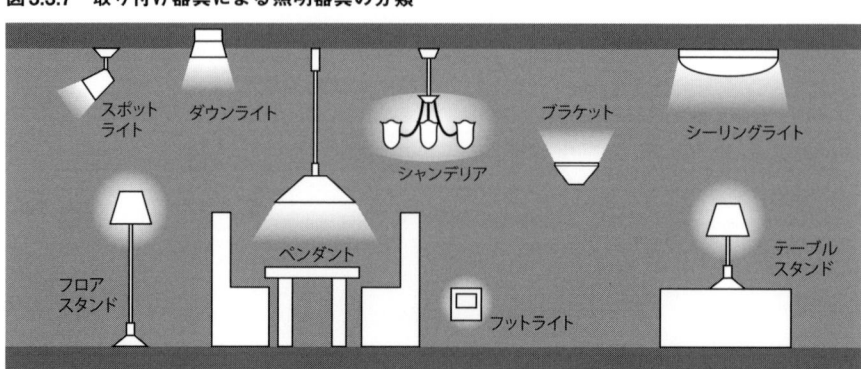

図3.3.7　取り付け器具による照明器具の分類

e. ブラケット

壁直付けの照明器具であり、照度よりも空間の雰囲気づくりやアクセントとして用いられることが多い。シャンデリア電球を用いた装飾用ランプ露出型、天井面に光を当てる間接照明タイプの皿形、洗面所や浴室、玄関などには防滴、防湿タイプのグローブ形がある。器具の選定に当たっては、廊下などでは横から器具を見るようになるので、その器具の出幅に注意し、階段のように上から照明器具を見下ろすような場合には、ランプが直接見えないようにする必要がある。

f. フットライト

足元灯の多くは壁に埋め込まれ、床面をやわらかな光で照明するタイプが多い。

g. スタンド

床に置くフロアスタンドと机などに置かれるテーブルスタンドがある。主に4つの型があり、目的に合わせて選ぶ。やわらかく拡散する光を放つグローブ形は、乳白色のガラスまたはプラスチック製が多い。シェード形は、布またはプラスチック製が多い。勉強机を効率よく照らすリフレクタ型は、灯具が反射板または反射鏡になっている。トーチ形は、主に天井に向けて間接照明を行う高さ1.6m前後の照明器具である。

4 建築化照明

照明器具を天井や壁などに組み込み、建築と一体化させた照明を**建築化照明**という。間接照明と直接照明があり、その例を図3.3.8に示す。間接照明として、

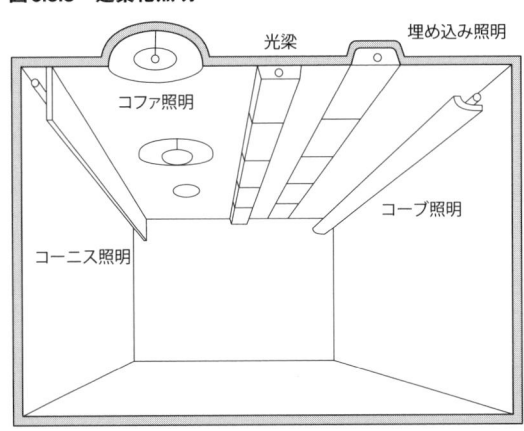

図3.3.8 建築化照明

光を天井に反射させて折り上げ天井面などを均一に明るくする**コーブ照明**、天井からの光で壁を照らし出すことにより空間に奥行き感を出す**コーニス照明**、くりぬいた天井に光を反射させる**コファ照明**がある。直接照明には光梁と埋め込み照明がある。また、光天井、壁、床のように透過光で面自体を光らせる照明もある。

建築化照明は、やわらかい光により空間の雰囲気を演出できる。住宅には、主にコーブ照明やコーニス照明が用いられ、天井や壁面の仕上げ材の質感が効果的に強調される。

5. 高齢者の光環境

高齢者は加齢により視力が低下する。明るいところほど視力は向上するが、不必要に照度を上げるとグレアによって見にくくなる。暗いところで見にくくなるなど視覚機能の衰えに加え、他の身体的機能も衰えてくる。したがって、高齢者の光環境においては、安全性なども考慮して、質と量を確保する必要がある。加齢による衰えは個人により異なるため、住まいにおいては住まい手に応じた対策を講じる必要がある。ここでは、一般的な高齢者の光環境計画について述べる。

1 照度計画

まず、明るさを確保する必要がある。JIS Z 9110-1979「照度基準」をもとに作成された住まいにおける高齢者の作業別の推奨照度を、図3.3.9に示す。読書や細かい作業では通常の2倍、深夜の廊下は5倍というように行為や場所により、適正な明るさは変わる。また、室内全体を照らす全般照明では1.5倍程度とし、明るすぎないように注意する必要がある。読書や視作業をするような場合は、必要な場所にテーブルスタンドを併用することにより、作業性の向上だけでなく心理的・生理的にもよい影響を与え、演出効果も生まれる。また、明るさが必要な場所では、明るく見えるように内装材の反射率が高い明るい色を使用することも必要である。ただし、明るさを確保するために照度を上げると、グレアなどが生じ照明の質を低下させてしまう。室内での生活時間が長い高齢者には、グレアの防止、光色と演色性の改善などにより光環境の質も向上させる必要がある。

2 視環境への配慮

身体機能が低下している高齢者が、安全に移動しやすいような視環境にする必

要がある。特に、事故の発生しやすい廊下、階段などの移動空間、段差部分における照明は重要である。高齢者は順応に対する適応能力が著しく低下するため、移動空間の連続性を考慮し、居室と廊下あるいは居室間の照度比は最大10：1、できれば3：1以内にする。また、廊下には足元灯を、寝室には常夜灯を設置し夜間の移動をスムーズに行えるようにする。

また、安心して暮らせるように、災害時の避難や防犯に対する不安感を低減する必要がある。そのためには、住まいの内外の視環境を整えることが重要であり、日常の生活を充実させることにつながる。

照明器具を選択するに当たっては、操作性に加え清掃やランプ交換などの維持管理を考慮する。色の弁別能力の低下した高齢者には、3波長蛍光ランプのような演色性の高いランプは、白熱電球に比べ発熱も少なく、効率もよく、寿命も長く、メンテナンスの点からも推奨できる。

図3.3.9　高齢者の照度基準

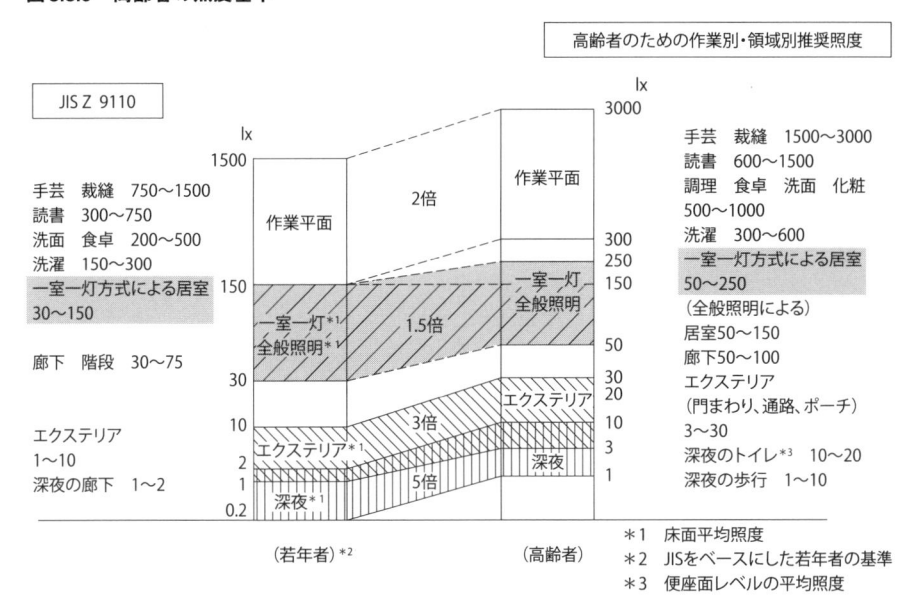

高齢者のための作業別・領域別推奨照度

JIS Z 9110

手芸　裁縫　750〜1500
読書　300〜750
洗面　食卓　200〜500
洗濯　150〜300
一室一灯方式による居室　30〜150
廊下　階段　30〜75
エクステリア　1〜10
深夜の廊下　1〜2

手芸　裁縫　1500〜3000
読書　600〜1500
調理　食卓　洗面　化粧　500〜1000
洗濯　300〜600
一室一灯方式による居室　50〜250
（全般照明による）
居室50〜150
廊下50〜100
エクステリア
（門まわり、通路、ポーチ）
3〜30
深夜のトイレ*3　10〜20
深夜の歩行　1〜10

（若年者）*2　　（高齢者）

*1　床面平均照度
*2　JISをベースにした若年者の基準
*3　便座面レベルの平均照度

3-4 色彩の計画

1. 色の見え方と表示

1 色の見え方

人の目は波長380〜780nmの電磁波(**可視光線**)を光として知覚し、波長の違いは色の見え方の違いとして認識される。色には、電球のような光源から発生する**光源色**、光源からの光が物体に反射したときの**表面色**、ステンドグラスのように光が透過したときの**透過色**があり、表面色と透過色は**物体色**といわれる。

色の波長ごとの光の強さを測定することにより、その色がどのような波長成分をもっているか分光分布により見ることができる。表面色の場合、分光分布は図3.4.1のように横軸に波長をとり、縦軸は標準白色の反射光の強さに対する各波長の反射率[％]で表される。太陽光が均等に全波長において反射率が高いと白く見え(図3.4.1a)、反射率が低いと色がくすんで灰色に見える(b)。また、全波長においてほとんど吸収されると黒に見える(c)。長波長(赤)の反射率が高く他の波長は吸収されると赤く見え、赤だけ少し反射し他の波長が吸収されると赤みの灰色に見える。

図3.4.1 色の見え方

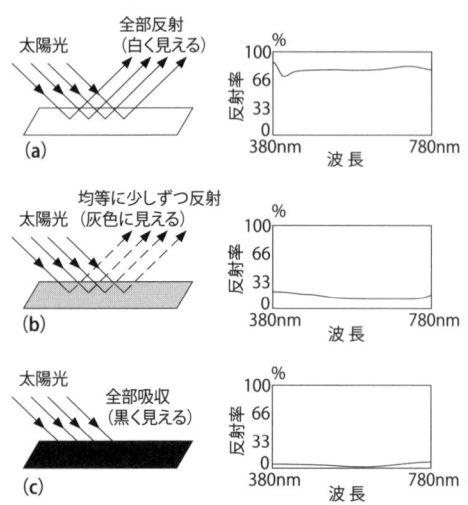

2 色の3属性

表面色の色合い、明るさ、冴えなどの色の性質を表す要因とし

て、**色相**、**明度**、**彩度**の色の3属性がある。色相は赤、青などの色の違いである（図3.4.2）。図3.4.3は明度と彩度の関係を表したものである。明度は明るい灰色、暗い灰色のような色の明るさの感覚であり、光の反射率と相関があるため白っぽいほど明度は高くなる。彩度はくすんだ、冴えたなど色の鮮やかさであり、純色に近づくほど彩度は高くなる。色は色相、明度、彩度の3属性をもつ**有彩色**と白、灰色、黒のような明度のみの**無彩色**に分けられる。

また、色の3属性の明度と彩度を合わせた概念をトーンといい、色の見え方の印象を「明るい」「にぶい」「鮮やか」「暗い」などの形容詞で表現できる。

3 色名

JIS Z 8102-2001「物体色の色名」に基づき、図3.4.4に示すような、赤、黄赤、黄、黄緑、緑、青緑、青、青紫、紫、赤紫の有彩色10色相に無彩色の基本色名である白、灰色、黒を加えて**基本色名**としている。この基本色名に色相に関する形容詞「赤みの、黄みの、緑みの、青みの、紫みの」と、明度・彩度（トーン）に関する形容詞「明るい、暗い、ごく暗い、うすい、ごくうすい、くすんだ、あざやかな、こい」を組み合わせた色の表現を**系統色名**という（図3.4.5）。また、系統色名に比べ色のイメージを伝えやすく、普段使っているピンク色、オレンジ色、れんが色という色名は**慣用色名**という。JIS Z 8102-2001に慣用色名として269色が規定されている。表3.4.1に慣用色名と対応する系統色名および代表的な色相・明度・彩度による色記号の例を示す。

4 混色

混色とは2つ以上の色を混ぜ合わせることであり、図3.4.6のように**加法混色**と

図3.4.2　色相

赤、青、黄、緑などの色の種類を「色相」という

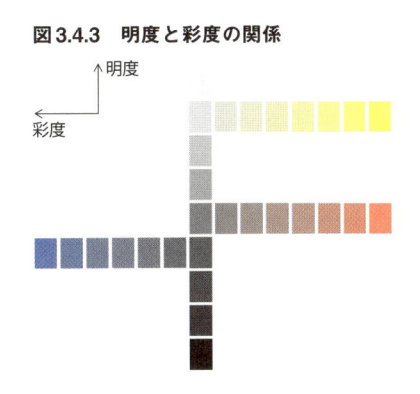

図3.4.3　明度と彩度の関係

3章　住まいと光

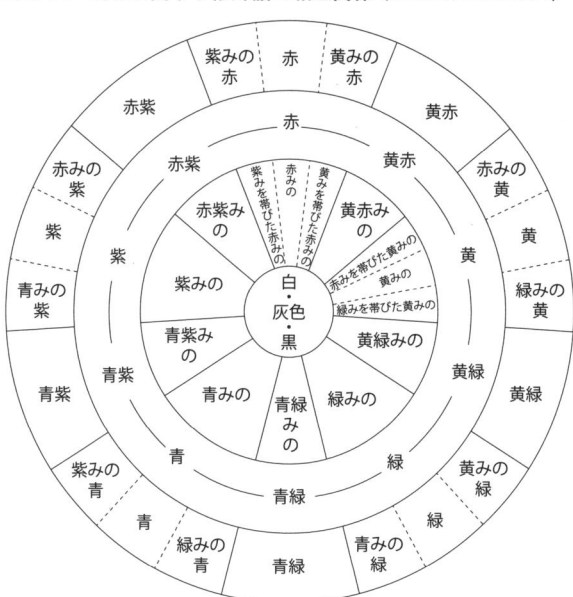

図3.4.4　色相に関する修飾語の相互関係（JIS Z 8102-2001）

（外側から）
- 紫みの赤／赤／黄みの赤
- 赤紫／黄赤
- 赤みの紫／赤みの黄
- 紫／黄
- 青みの紫／緑みの黄
- 青紫／黄緑
- 紫みの青／黄みの緑
- 青／緑
- 緑みの青／青みの緑
- 青緑

（中間）
- 赤紫みの／黄赤みの
- 紫みの／黄みの
- 青紫みの／黄緑みの
- 青みの／緑みの

（中央）
- 赤紫を帯びた赤み／黄赤を帯びた赤み
- 紫を帯びた赤み／黄みを帯びた赤み
- 赤みを帯びた黄み／黄みを帯びた緑み
- 緑みを帯びた黄み

（中心）白・灰色・黒

図3.4.5　無彩色の明度および有彩色の明度と彩度の相互関係（JIS Z 8102-2001）

無彩色		有彩色		
無彩色	色みを帯びた無彩色			
白 Wt	△みの白（注1） △－Wt	ごくうすい～（注2） vp－～		
うすい灰色 plGy	△みの薄い灰色 △－plGy		うすい～ pl－～	
明るい灰色 ltGy	△みの明るい灰色 △－ltGy	明るい灰みの～ lg－～	柔らかい～ sf－～	明るい～ lt－～
中位の灰色 mdGy	△みの中位の灰色 △－mdGy	灰みの～ mg－～	くすんだ～ dl－～	つよい～　あざやかな～ st－～　vv－～
暗い灰色 dkGy	△みの暗い灰色 △－dkGy	暗い灰みの～ dg－～	暗い～ dk－～	こい～ dp－～
黒 Bk	△みの黒 △－Bk	ごく暗い～ vd－～		

明度 ↑　　彩度 →

注1：色みを帯びた無彩色の△印は基本色名を表す。たとえば「赤みの白」のようになる。
注2：有彩色において～印は基本色名を表す。たとえば「ごくうすい緑」「vp－G」のようになる。

表3.4.1 慣用色名(JIS Z 8102-2001)

慣用色名	対応する系統色名	代表的な色記号
桜色	ごくうすい紫みの赤	10RP 9 / 2.5
れんが色	暗い黄赤	10R 4 / 7
水色	うすい緑みの青	6B 8 / 4
ピンク	やわらかい赤	2.5R 7 / 7
アプリコット	やわらかい黄赤	6YR 7 / 6
オレンジ	あざやかな黄赤	5YR 6.5 / 13
パープル	あざやかな紫	7.5P 5 / 12

図3.4.6 加法混色と減法混色

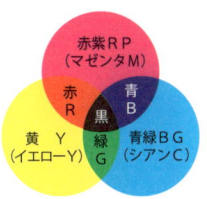

(a) 加法混色(色光の混色) 全部混ざると白くなる
(b) 減法混色(色材の混色) 全部混ざると黒くなる

減法混色がある。色光の色を重ね合わせる混色を加法混色といい、混ぜ合わせる光が増すほど白色に近づく。この3原色は、赤(R)、緑(G)、青(B)である。また、絵具などの色材の色素を重ね合わせた混色は、減法混色といわれる。この3原色は青緑(シアン)、赤紫(マゼンタ)、黄(イエロー)であり、混色により明度が低下する。

5 表色系

多くの色が使用されるようになると、系統色名や慣用色名では正確に色を識別、指定、伝達することが困難になり、色を再現できる表示方法が必要となる。色を定量的に表現するシステムを表色系といい、数字や記号により色を表示することが可能になる。表色系には、色の見え方の表示を目的として標準となる色票集と試料の色を比較して表示記号を求める**顕色系**と、加法混色をもとに色を定量的に表示する**混色系**がある。顕色系の代表的な表色系は**マンセル表色系**であり、表面色の色選定、指定、比較などに適した方法である。混色系の代表的な表色系は**XYZ表色系**であり、色の特定のみならず、物理計算、混色計算などが可能である。また、光源色や物体の表面色および透明色にも使用できる。

6 マンセル表色系

アメリカの画家で、色彩の教育者であったA.H.マンセルが色の3属性である色相、明度、彩度に基づき色表示の体系をつくった。現在使用されているマンセル表色系は、その後改良された修正マンセル表色系である。JIS Z 8102-2001の色の表示方法も、マンセル表色系に準拠している。

マンセル表色系では、色相をヒュー(H)、明度をバリュー(V)、彩度をクロマ(C)と呼ぶ。色相(H)は、赤(R)・黄(Y)・緑(G)・青(B)・紫(P)の5色相の間

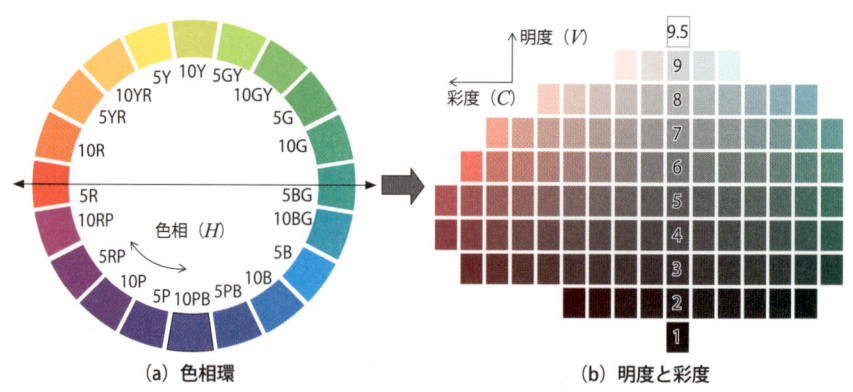

図 3.4.7 マンセル表色系の色相環と明度と彩度

(a) 色相環

(b) 明度と彩度

図 3.4.8 マンセル色立体

に黄赤（YR）・黄緑（GY）・青緑（BG）・青紫（PB）・赤紫（RP）の中間色相を入れた10色相としている。さらに各色相を10分割した100色相が多く使われる。各色相の代表色は5R、5BGのように5番目の色である。色相を図3.4.7（a）のように環で表したものを**色相環**という。この環において、180°の位置にある色は**補色**の関係にある。図3.4.7（a）は各色相の5番目と10番目の色でつくった20色相の色相環である。（b）は、色相環の5Rと5BGにおける、明度と彩度の関係を表している。

マンセル表色系においては、（b）に示すように明度（V）は、無彩色軸において理想的な黒 $V=0$ から理想的な白（反射率100 %）$V=10$ までの間を明度の知覚の差が、感覚的に等しくなるように分割して数字で表す（$V=0$ と $V=10$ は理想的な色であり、図では $V=1$ から $V=9.5$ の表現としている）。彩度（C）は、無彩色の $C=0$ から離れた距離で表され、離れるほど彩度は高くなり、彩度の知覚の差が感覚的に等しくなるように分割され、数字で表される。もっとも高い彩度は明度と色相により異なる。図3.4.8は、この色相、明度、彩度の関係を立体的に表したマンセル色立体の概念図である。3次元で表したマンセル色立体は、色

図3.4.9　xy色度図 (JIS Z 8110-1995)

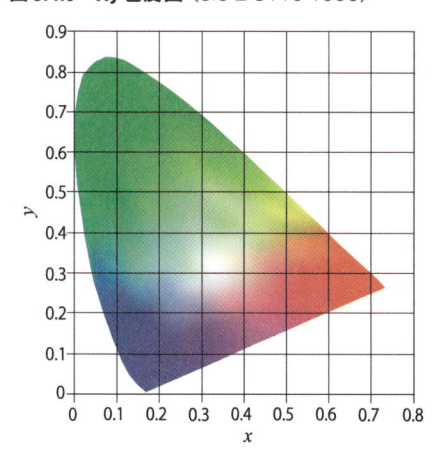

相と明度により彩度の最大値が異なるため、図のように凹凸のある形となる。

色を表すマンセル記号は、有彩色は H V/Cで、無彩色は無彩色を表す Nを用いて NVと表される。たとえば、5PB7/4は $H = 5PB$、$V = 7$、$C = 4$ のうすい青紫であり、$N 9.5$ は白を表す。

7 *XYZ* 表色系

CIE（国際照明委員会）により制定された表色系である。実在する3原色 R（赤）、G（緑）、B（青）を用いた RGB 表色系をもとに実在しない3原色 X、Y、Z に変換した表色系である。

通常、$x = X/(X + Y + Z)$、$y = Y/(X + Y + Z)$ で表される色度座標（図3.4.9）と Y が色の表示に用いられる。x、y は明るさを無視して色みの違いのみを表し、Y は色の明るさを表す。白は色度図の $(x, y) = (0.33, 0.33)$ に位置し、この位置に近づくほど色みは薄れ、周辺部へ近づくほど純度は増し鮮やかになる。2つの色の加法混色の結果は、色度図上の2つの色の色度点を結んだ直線上に表示される。

2. 色彩の心理的効果

1 温度感

暖かく感じる色を**暖色**、涼しさや冷たさを感じる色を**寒色**という。図3.4.10に示すように長波長の色相の赤紫・赤・黄赤・黄は暖色であり、短波長の緑・青

図3.4.10　暖色と寒色

暖色　　中性色　　寒色

図3.4.11　進出色と後退色

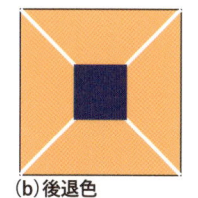

(a)進出色　　(b)後退色

緑・青・青紫は寒色である。どちらにも属さない黄緑や紫は、**中性色**である。

2 距離、大きさ感

同じ位置にあっても、近くに見える色と遠くに見える色がある。暖色系や明度が高い色は、近くに見えるため**進出色**といい、反対に寒色系や明度の低い色は沈んで遠くに見えるので**後退色**という。また、同じ大きさのものでも進出色は大きく感じるため**膨張色**となり、後退色は小さく感じるので**収縮色**となる（図3.4.11）。

3 重さ感

色により、軽く感じる色と重く感じる色がある。明度が低いほど重い印象を受け、明度が高いほど軽い印象を受ける。寒色は暖色よりも重く感じる（図3.4.12）。

4 色の対比と同化

a. 対比

2つの色が並ぶと互いに影響し合い、色の違いが強調されて見えることを対比という。同じ明度の灰色の背景が白と黒であるとき、白が背景の灰色は黒が背景の灰色よりも暗く感じる（図3.4.13）。このような対比を**明度対比**といい、彩度が強調される彩度対比（図3.4.14）、色相による**色相対比**、補色関係の色の彩度が高まって見える**補色対比**（図3.4.15）がある。

b. 同化

同化は、ある色が他の色に囲まれたり、挟まれているとき、まわりの色に近づ

図3.4.12 色の重量感

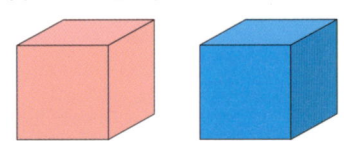

暖色・明度の高い左の箱と、寒色・明度の低い右の箱では、左のほうが軽く見える。

図3.4.13 明度対比

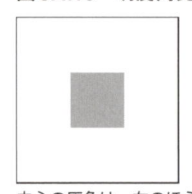

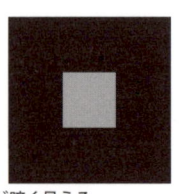

中心の灰色は、左のほうが暗く見える。

図3.4.14 彩度対比

中心の青は右のほうが鮮やかに見える

図3.4.15 補色対比

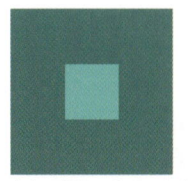

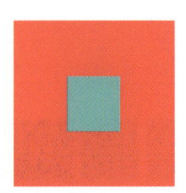

中心の緑は、右のほうが鮮やかに見える

図3.4.16 色の同化

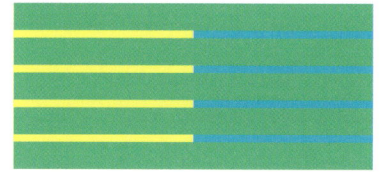

背景の緑は、左は黄色がかって、右は、青みがかって見える

図3.4.17 視認性

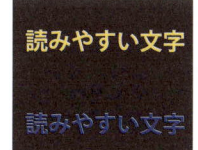

図3.4.18 誘目性

いて見える現象であり、色の対比とは逆の現象となる。図3.4.16のように左の黄色のストライプの背景の緑は黄色がかって見え、右の水色のストライプの背景の緑は青緑がかって見える。ストライプが密なときや模様が細かいときに同化現象は現れ、ストライプの間隔が大きくなると対比がおきるといわれている。

5 色の面積効果

面積の大小が色の見え方の明度や彩度に影響し、面積の大きいほうが小さい面積よりもより鮮やかに明るく見える。建物の外壁の色を小さなサンプルで選ぶと、でき上がった建物は予想以上に明るく派手な感じになる。人の目で色を測る視感測色では、試料の大きさが色の見え方に影響を及ぼすので、観察試料と比較用の試料の大きさを合わせると、大きさの影響がなくなる。

6 視認性

意識して見たものが、認識されやすい性質を**視認性**という。見ている対象（図）と地（背景）の色の色相、明度、彩度の差が大きいほど視認性は高くなり、特に明度差の影響が大きい。明度差が小さいと色相が異なっていても見えにくくなる。これをリープマン効果という。地が黒の場合、視認性がもっとも高いのは黄であり、青や紫は視認性が低い（図3.4.17）。

7 誘目性

特に意識して見なくても、目を引きやすい性質が**誘目性**である。一般に無彩色より有彩色が、彩度が低い色より高い色が、寒色より暖色が、誘目性は高い。もっとも高いのは赤や橙であり、次いで青、もっとも低いのは緑である（図3.4.18）。

8 記憶色

桜は淡いピンク、空は青いなどのように特定のものと結び付けて記憶された色をいう。記憶色は実際の色より明度、彩度ともに高くなる傾向がある。

9 色彩調和

身のまわりの色彩は、ほとんどの場合複数の色からなっている。色彩が複数になると、組み合わせによる調和・不調和が生じる。一般に調和しやすい組み合わせの考え方として、①同系・類似：色相、明度、彩度が同じか類似している配色、②対照：色相、明度、彩度が対比をもった配色、③親しみ：見慣れた配色、④秩序：色相環において正3角形、正4角形などのように色立体上で幾何学的な位置関係にある配色の4つがあげられる。

3. 色彩計画

1 建物・室内の配色

色彩計画は色彩調和の考えに基づき行う必要がある。

配色には、**基調色**（ベースカラー）、**配合色**（アソートカラー）、**強調色**（アクセントカラー）の考え方があり、この順に色彩を決定する。基調色（ベースカラー）

表3.4.2　幾何学的形状、安全色および対比色の一般的な意味 (JIS Z 9101-2005)

幾何学的形状		意味	安全色	対比色	図記号の色	使用例
円および斜線	例	禁止	赤	白	黒	・禁煙 ・立入禁止 ・飲料不適
円	例	指示	青	白	白	・保護具着用 ・保護めがね着用 ・電源プラグをコンセントから抜け
正三角形	例	警告	黄	黒	黒	・高温注意 ・酸危険 ・高電圧危険
正方形	長方形（例）	安全状態	緑	白	白	・救護室 ・非常口 ・避難場所
正方形	長方形（例）	防火	赤	白	白	・火災警報器 ・消防器具 ・消火器
正方形（例）	長方形	補助情報	白または安全色	黒または適切な安全標識の対比色	適切な安全標識の図記号色	図記号によって与えられるメッセージを適切に反映するもの

は、建物の外装においては外壁であり、室内においては壁、床、天井の色彩である。面積が大きいため、建物や室全体の雰囲気を決める。室内においては、高明度の無彩色や低彩度色が使われる。配合色（アソートカラー）は、基調色の次に面積が大きい。外装においては屋根やサッシなどがこれに当たり、室内ではカーテンや家具の色彩である。配合色は外装や室内空間に変化をもたらす。全体の統一感を考える場合は同系・類似配色とし、変化を求める場合は対照配色とする。強調色（アクセントカラー）は、外装では玄関扉、手すり、バルコニーなどであり、室内では照明やインテリア小物など小さい面積を強調することにより、全体を引き締める。一般に、基調色・配合色に対して対照効果があるように選定する。

2 安全色

事故や災害の防止あるいは安全と健康を守るために、色と標識の形状がJIS Z 9101-2005「安全色及び安全標識－産業環境及び案内用安全標識のデザイン通則」により表3.4.2のように規定されている。

3 高齢者の色彩計画

目は、紫外線を長い間浴びると水晶体のタンパク質がアミノ酸に分解され、黄色の色素に変わり水晶体は黄変していく。この現象は50歳代ではじまり、白内障化が進行していく。その結果、500nm以下の青い光の透過率が著しく低下し、これに白濁化が進むと白内障となる。

高齢者は、水晶体の黄変により、黄色フィルタを通して見たように色を感じるといわれることがある。しかし、網膜に入る光の分光分布は加齢により変化するが、黄変以前の色の見え方とほぼ同じ状態といわれている。白内障などによる病変がある場合には、色の見え方も変化し、個人差における対応も必要となる。

高齢者の色の弁別能力は低下し、低明度や低彩度の色の判断は難しいようである。ごくわずかな色の違いや輝度差が小さいデザインは高齢者には見にくいと考えられる。また、色の鮮やかさも低下して見えるといわれている。

高齢者が長い時間を過ごす居室のインテリアは、明るさ感を出すようにする。明るさ感は照明だけでなく、インテリアの色彩も重要となる。また、床の色が濃い場合には、内装材の反射率が高い明るい色にするように配慮する。

まとめと演習問題

以下の問題に答えなさい。〔　〕のあるものは空欄を埋め、または正しいものを選びなさい。

問1 明るいところと暗いところでは、視感度が異なる。〔　①　〕と暗所視の最大となる視感度の波長は、それぞれ、555 nm、507 nm であり、このずれを〔　②　〕という。

問2 〔　①　〕は光源の光の強さを、〔　②　〕は受照面の明るさを、〔　③　〕はある方向から見たときの面の輝きを表す指標であり、単位はそれぞれ〔　④　〕、〔　⑤　〕、〔　⑥　〕である。

問3 見ている対象がはっきり見えることを〔　①　〕といい、明視条件として〔　②　〕、〔　③　〕、時間、明るさの4つがある。

問4 住宅の居室の採光に有効な窓の面積は建築基準法により居室床面積の〔　①　〕以上とされている。採光に有効な窓の面積は、〔　②　〕を求め、窓の開口面積に乗じることにより求められる。

問5 人工光源が発光した色は光色といい、人工光源の光色は〔　①　〕または相関色温度で表される。〔　①　〕が低いほど光色は②〔赤み、青み〕を帯び、〔　①　〕が高くなると③〔赤み、青み〕を帯びてくる。

問6 人工光源による色の見え方は〔　①　〕で表される。〔　①　〕の評価は〔　②　〕R_aで表され、基準光源（自然光）における色の見え方R_a100とのずれを表している。

問7 色の3属性は〔　①　〕、〔　②　〕、〔　③　〕であり、色にはこの3つの属性をもつ有彩色と〔　②　〕のみの〔　④　〕がある。

問8 表色系には顕色系と混色系がある。顕色系の代表的な表色系は〔　①　〕であり、混色系の代表的な表色系は〔　②　〕である。

4章

住まいと空気

本章の構成とねらい

4-1 住まいと換気
室内の空気は目に見えないが、二酸化炭素やさまざまな物質で汚れている。人の健康のためには定期的な換気をし、新鮮な空気を取り入れることが必要である。また内装材や家具などから有害物質が発生するシックハウス問題や、健康を守るための基準も学ぶ。

4-2 換気の種類
開口部の面積や形、位置によって、換気の効率は変わる。換気方法には自然換気と機械換気がある。それぞれの特徴を理解する。また、室内に充分風を通すよう、通風計画についても学ぶ。

4章 住まいと空気

4-1 住まいと換気

1. 住まいの空気と汚染物質

空気は人間が生きていくうえで必要不可欠である。健康で快適な生活を送るためには、住まいの空気は清浄でなければならない。空気には窒素（N_2）、酸素（O_2）、水蒸気やさらに人間の活動などによって発生する汚染物質が含まれる。図4.1.1に示すように、①人間、②燃焼器具、③建築内装仕上げ材・家具、④その他室内へ流入してくる物質や室内で発生する物質などが汚染源となる。住まいの汚染物質を発生源ごとにまとめたものが表4.1.1である。

汚染物質は、ガス状汚染物質と粒子状汚染物質に分けられる。

1 ガス状汚染物質

ガス状汚染物質は表4.1.2に示すように二酸化炭素（CO_2）や一酸化炭素（CO）な

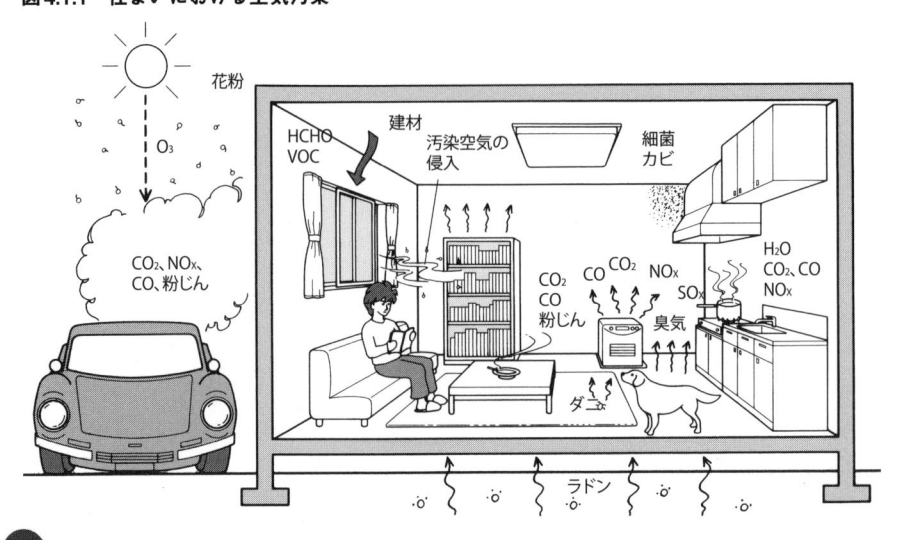

図4.1.1　住まいにおける空気汚染

表4.1.1　住まいにおける発生源ごとの空気汚染物質

発生源	汚染物質の例
人体	体臭、CO_2、アンモニア、水蒸気、細菌、フケ
人の活動	粉じん、繊維、細菌
タバコの煙	粉じん（タール、ニコチン、その他）、CO、CO_2、アンモニア、NO、NO_2、炭化水素類、各種の発がん性物質
燃焼機器	CO、CO_2、NO、NO_2、SO_2、炭化水素類、煤煙、ホルムアルデヒド
建材	ホルムアルデヒド、トルエン、キシレン、ガラス繊維
その他	浮遊粉じん、ダニ、カビ、砂ぼこり

表4.1.2　住まいにおけるガス状汚染物質

汚染物質の名称	化学式	影響	発生源
二酸化炭素	CO_2	高濃度でない限り直接的には害はない	人体、タバコの煙、燃焼機器
一酸化炭素	CO	人体に対して激烈な害を与える	タバコの煙、燃焼機器
亜硫酸ガス（二酸化いおう）	SO_2	人体に害を与え、ぜんそくの原因となる	燃焼機器
窒素酸化物　一酸化窒素	NO	人体に対する直接的な害はまだ不明。酸素と結合して NO_2 になるので、間接的に害を与える	タバコの煙、燃焼機器
二酸化窒素	NO_2	気管や肺に刺激を与え、大きな害がある	
ホルムアルデヒド	HCHO	シックハウス症候群	建材、家具、燃焼機器
臭気		居住内にある悪臭は、健康上はたいした害はないが不快感を与える	生ゴミ、排泄物、ペット、調理

どであり、このほかに建材からの揮発性有機化合物（VOC）がある。

a. 二酸化炭素（CO_2）

　人間の呼吸や燃焼器具から発生する。空気中の濃度が1％程度以下では人体への影響はほとんどない。1〜2％で不快感がおこり、3〜4％で脈拍、血圧の上昇や頭痛、めまい、動悸などの症状が表れる。10％程度以上になると数分で意識がなくなり死亡する。二酸化炭素濃度の上昇は人間の呼吸によって空気が汚れていることを示すものと考えられ、二酸化炭素濃度は空気汚染の指標とされている。

b. 一酸化炭素（CO）

　空気中の酸素不足による燃焼器具の不完全燃焼により、一酸化炭素は発生する。一酸化炭素を吸うと血液中のヘモグロビンに結び付き、血液内の酸素を運ぶ能力が低下し、酸素を体内に取り入れることができなくなり、一酸化炭素中毒を引きおこす。無色無臭のため、気づかずに死に至ることもある。最近のファンヒ

ーターは酸欠状態になると自然消火されるが、開放型のストーブを使用する場合には、十分気をつける必要がある。

c. 窒素酸化物（NO_x）

窒素酸化物は一酸化窒素（NO）と二酸化窒素（NO_2）が主なものである。高温燃焼により、燃料中の窒素分や空気中の窒素が酸素と結合して窒素酸化物が発生する。不安定な一酸化窒素は酸素と結び付き二酸化窒素となる。二酸化窒素は有害であり、呼吸器に影響を及ぼす。発生源としては、屋外では自動車エンジンやボイラなど、室内ではガス調理器やストーブなどの燃焼器具である。室内の燃焼器具からの排ガスは、換気扇などにより排気する必要がある。

d. ホルムアルデヒド（HCHO）

無色で強い刺激臭のある気体で、水に溶けやすい。ホルムアルデヒドの水溶液はホルマリンと呼ばれ、殺菌作用があり消毒用や防腐剤として用いられてきた。ホルムアルデヒドは、住宅建材や家具の接着剤の原料として使用されたが、温度や湿度が高いと揮発しや

表4.1.3　ホルムアルデヒドの濃度と人体への影響

濃度［ppm］		影響
推定中央値	報告値	
0.08	0.05～1	におい検知閾値
0.4	0.08～1.6	目への刺激閾値
0.5	0.08～2.6	のどの炎症閾値
2.6	2～3	鼻・目への刺激
4.6	4～5	催涙（30分間なら耐えられる）
15	10～21	強い催涙（1時間しか耐えられない）
31	31～50	生命の危険、浮腫、炎症、肺炎
104	50～104	死亡

表4.1.4　住まいにおける粒子状汚染物質

種類	粒子の大きさ（直径）［μm］	発生の経緯	発生源
砂ぼこり	1～100	外から入る	
すす	0.01～10	煙突やたき火による煙が室外から入るもので小さな炭素粒が多い。室内で焼肉など調理のときに生ずる煙によるものもある	調理
タバコの煙	0.01～0.3	室内の喫煙によるもの。炭素の小粒子やタールの粒子よりなる	喫煙
綿ぼこり	繊維状 直径1～5 長さ10～100	布団の上げ下ろしや衣服などから発生する	衣服、布団
細菌	0.3～5	室外から入るものと室内で発生するものとがある	
アレルゲン 花粉 ダニ、カビ、ペットの毛	10～30	主として室外から入る 室内で発生する	スギ、ブタクサ等

すいため、室内の人間が、呼吸困難、頭痛、めまい、皮膚への刺激、吐き気などの諸症状をおこすと指摘されている。ホルムアルデヒドによる人体への影響を表4.1.3に示す。

e. 臭気

快適なプラスイメージのにおいは「匂い」「香り」であり、不快なマイナスイメージのにおいは「臭い」「臭気」である。臭気は食欲の減退や作業能率の低下につながる。住まいの臭気の原因は、体臭、タバコの煙、調理、生ゴミ、排泄物、排水口、ペットなどである。臭気の発生を少なくする工夫や発生した臭気が拡散する前に、局所的に換気するなどの対策が重要である。

❷ 粒子状汚染物質

次に、住まいにおける主な粒子状汚染物質を表4.1.4に示す。

a. 浮遊粉じん

一般に液体状または固体粒子を浮遊粉じん（浮遊粒子状物質）という。砂ぼこり、燃焼排気、タバコなどさまざまなものが発生源となる。肺に吸い込まれて沈着しやすい粉じんの大きさは、$1 \sim 10\mu m$（$1\mu m = 10^{-3}mm$）程度の粒子である。粉じんの発生の多い工場などではじん肺という呼吸器系の病気になることがあるが、住まいなどではその心配はほとんどない。

b. アレルゲン

ある物質に対して過敏な人が、その物質を吸い込んだり、接触することによりぜんそく、くしゃみ、目・鼻・皮膚などの炎症反応をおこさせる物質をアレルゲンといい、ダニ、カビ、ソバがら、動物の毛、花粉などがある。ダニは気管支ぜんそくだけでなく、アトピー性皮膚炎やアレルギー性鼻炎に関係するといわれている。花粉症は春先のスギ花粉によるものが多い。細菌は皮膚や呼吸などにより体内に入り、アレルギー性疾患などをおこす。

2. 換気

❶ 換気の目的

窓を閉め切った室内で作業を行うと、人間の呼吸から発生する二酸化炭素などの汚染物質により室内の空気が汚染される。健康面や快適性から、これらの汚染

物質を排出して新鮮な外気を取り入れる必要がある。この空気の入れ替えを**換気**という。換気の目的は、汚染物質で汚れた室内の空気を新鮮な空気と交換して、室内の空気を清浄に保つことである。具体的には次の通りである。

①人間に必要な酸素を供給する。
②人間から排出される汚染物質を許容値以下にする。
③人間以外からの有害汚染物質を排出する。
④燃焼器具に必要な酸素を供給する。
⑤台所、トイレ、浴室などで発生する熱、煙、水蒸気、臭気などを排出する。

また、近年住まいの高気密・高断熱化により、換気不足が原因となる**結露**、カビ、ダニの発生などが問題となっている。このことからも、換気は重要である。

2 法律による規定

2003年7月の改正建築基準法に「居室における化学物質の発散に対する衛生上の措置」が定められる以前は、一般に住まいの換気は窓や開口部によっており、建築基準法では「居室には換気のための窓その他の開口部を設け、その換気に有効な部分の面積は、その居室の床面積に対して、20分の1以上としなければならない」として、1/20以上の面積が確保できていれば換気設備は必要なかった。2003年7月の建築基準法の改正に伴い、住まいなどの居室においては0.5回/h以上、その他の居室では0.3回/h以上の24時間機械換気が原則義務付けられた。また、大規模な中央管理方式（各居室に供給される空気を中央管理室などで集中的に制御する方式）の空気調和設備によって、建物の室内の空気質を快適なレベルに維持するための基準値が、建築基準法で規定されている。さらに、延べ面積3000 m^2 以上の共同住宅や病院などの特定建築物には、建築物環境衛生管理基準（**ビル管理法**）が適用され、その基準値は建築基準法と同じである。これらの基準値を表4.1.5に示す。

表4.1.5　建築基準法・ビル管理法における空気質規定

対象汚染物質	許容濃度
二酸化炭素	1000 ppm 以下
一酸化炭素	10 ppm 以下
浮遊粉じん（粒径10μm（= 10^{-5} m）以下のものをいう）	空気 1 m^3 に 0.15 mg 以下
ホルムアルデヒド	空気 1 m^3 に 0.1 mg 以下

住まいと換気 4-1

③ 必要換気量の検討

　換気量とは換気によって1時間当たりに室内へ導入した外気の量であり、一般に[m³/h]で表される。また、室内の空気が1時間当たり何回入れ替わるかを表したものが**換気回数**[回/h]であり、換気量を室容積で割った値である。たとえば、換気回数0.5回/hは室容積の半分の空気が1時間に入れ替わったことになる。住まいにおいて、健康で安全に生活するためには、表4.1.5に示した室内の空気の汚染物質を、許容濃度以下に保つ必要がある。このときの換気量を**必要換気量**という。

１ 必要換気量の求め方

　室内で発生するある汚染物質の許容濃度から、必要換気量の求め方を説明する。図4.1.2に示すように室内で発生するある汚染物質の許容濃度を C_i、室内へ流入する外気に含まれるその濃度を C_o、室内で発生する汚染物質の1時間当たりの発生量を M、必要換気量を Q とする。必要換気量 Q [m³/h]は、次式で求められる。

$$Q = \frac{M}{C_i - C_o} \quad [\text{m}^3/\text{h}] \quad (4.1.1)$$

　ここで、M がガス状物質の場合の単位は[m³/h]であり、粒子状物質の場合は[mg/h]である。また、C_i、C_o がガス状物質の場合は[％]、[ppm]の比率を使う。％、ppmは室容積[m³]に対するガス状物質の容積[m³]の比を 10^2 あるいは 10^6

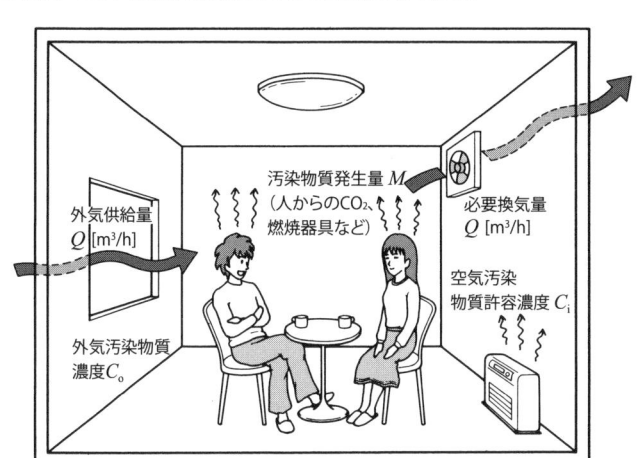

図4.1.2　室内の汚染物質発生量 M と換気量 Q の関係

（図：室内で人が座っており、汚染物質発生量 M（人からのCO₂、燃焼器具など）、必要換気量 Q [m³/h]、空気汚染物質許容濃度 C_i、外気供給量 Q [m³/h]、外気汚染物質濃度 C_o が示されている）

倍したものである。したがって、式に代入する場合はもとの比に戻した数値を使う必要があるため、10^{-2}または10^{-6}倍した数値を用いることになる。粒子状物質の場合のC_i、C_oの単位は[mg/m^3]、[μg/m^3]である。

必要換気量は、人間から発生する汚染物質に対しては1人当たりの必要換気量[m^3/(h·人)]として計算される場合が多い。

2 二酸化炭素の許容濃度からの必要換気量の計算例

一般に、室内の空気の良し悪しは、室内の二酸化炭素の濃度によって評価される。人体から発生する汚染物質の濃度が、人体から発生する二酸化炭素の発生量に比例するからである。一般居室では二酸化炭素の許容濃度は表4.1.5で示した0.1％（1000 ppm）以下であれば健康に影響はないとされている。

a. 静かに座っている場合の必要換気量

表4.1.6に示す、成人が静かに座っているときの二酸化炭素発生量は1人当たり$M = 0.015$m^3/hである。室内の二酸化炭素の許容濃度は$C_i = 0.1\%\ (=0.1 \times 10^{-2})$である。外気の二酸化炭素濃度を$C_o = 0.03\%\ (=0.03 \times 10^{-2})$とすると、必要換気量$Q$[m^3/h]は、

$$Q = \frac{0.015}{(0.001 - 0.0003)} = 21.4 \quad [\mathrm{m^3/h}] \qquad (4.1.2)$$

となる。建築基準法では20m^3/(h·人)として採用されている。複数の人が部屋にいる場合は、人数倍とする。

b. 事務作業をしている場合の必要換気量

事務などの軽作業時の二酸化炭素発生量は1人当たり$M = 0.020$m^3/hとすると、必要換気量Q[m^3/h]は、

$$Q = \frac{0.02}{(0.001 - 0.0003)} = 28.6 \quad [\mathrm{m^3/h}] \qquad (4.1.3)$$

一般に換気設計をするときは、1人当たりの必要換気量は30 m^3/hとされている。また、在室者への酸素の供給と体臭を感じさせない条件での必要換気量は、

表4.1.6 人体から放出されるもの

汚染物	汚染物質発生量（作業状態別）			
	静かに座っている	事務などの軽作業をしている	ゆっくり歩いている	早足
O_2消費量	0.017 m^3/h	0.020 m^3/h	0.025 m^3/h	0.040 m^3/h
CO_2	0.015 m^3/h	0.020 m^3/h	0.023 m^3/h	0.042 m^3/h
H_2O（水蒸気）	40 g/h	60 g/h	80 g/h	200 g/h

1人当たり30 m³/h程度と考えられている。

3 酸素の許容濃度からの必要換気量の計算

室内空気の換気をしないと、空気中に含まれる酸素濃度は減少し、酸素不足となる。ここで、室内で軽作業をしているときの必要換気量を酸素濃度から求めてみる。表4.1.6より室内で事務などの軽作業をしているときの酸素消費量は、1人当たり M = 0.020 m³/hである。空気中に含まれる酸素濃度は通常 C_i = 21%（= 21×10^{-2}）であり、C_o = 19%（= 19×10^{-2}）まで低下しても健康面に影響はないとする。必要換気量 Q[m³/h]は、

$$Q = \frac{0.02}{(0.21 - 0.19)} = 1.0 \quad [\mathrm{m^3/h}] \qquad (4.1.4)$$

となる。**2 b.** で述べたように二酸化炭素の必要換気量の1/30以下であるので、二酸化炭素の許容濃度からの換気量の検討をしていれば、酸素濃度から室内の換気量を検討する必要がないことがわかる。

4 燃焼器具使用時の必要換気量

ガスコンロなどの燃焼器具を使用する室では、燃焼に伴い二酸化炭素などの発生量が増加するので、室内の人間による二酸化炭素濃度の基準値を用いることはできない。必要換気量は室の用途や汚染物質の発生状況などにより異なる。

燃焼器具は図4.1.3に示す3種類に分類できる。

a. 開放型燃焼器具

燃焼に必要な空気として室内空気を使い、燃焼廃ガスも室内に排出するため換気が必要である。ガスコンロ、オーブン、開放型ファンヒーターなどがこれに当

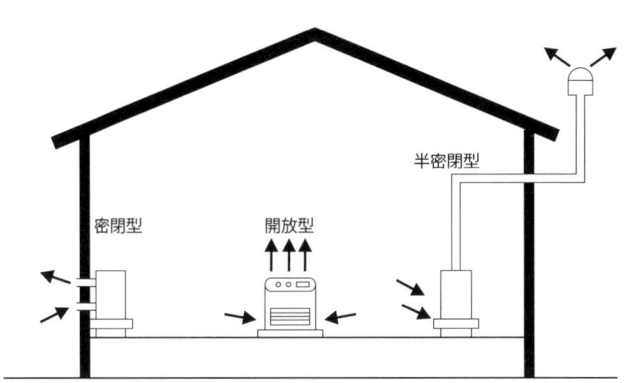

図4.1.3 燃焼器具の種類

たる。

開放型燃焼器具を使用する場合は、室内の酸素が燃焼により消費され、燃焼廃ガスが室内に排気されるため、廃ガスの屋外への排出と燃焼用酸素の供給のために、換気に気をつける必要がある。換気の悪い室内で開放型燃焼器具を使用すると酸素濃度が低下し、19％以下になると燃焼器具からの一酸化炭素発生率が急激に増加し、人体に危険な状態となる。

b. 密閉型燃焼器具

燃焼に必要な空気を屋外から取り入れ、燃焼廃ガスも屋外へ排出する。空気の汚染もなく衛生的である。FF型（強制給排気）ストーブ、BF型（外気直接給排気）風呂釜などがこれに当たる。

c. 半密閉型燃焼器具

燃焼に必要な空気として室内空気を使い、燃焼廃ガスは排気筒により屋外へ放出する。煙突で排気する風呂釜、暖房用機器などがこれに当たる。

図4.1.4　フードの形状別の有効換気量（換気設備（機械換気設備）の基準、法28条3項、令20条の3、昭45建告1826号）

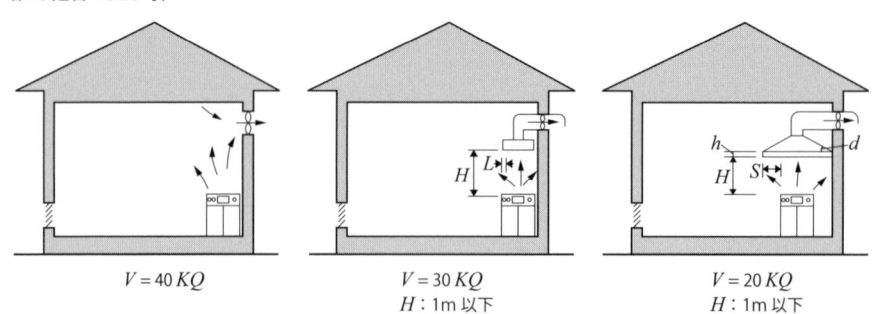

$V = 40KQ$

$V = 30KQ$
H：1m 以下
L：H/10 以上

$V = 20KQ$
H：1m 以下
h：5cm 以上
S：H/2 以下
d：10°以上

V：換気扇等の有効換気量[m³/h]
K：燃料の単位燃焼量当たりの理論廃ガス量[m³/kWh]
Q：火を使用する設備または器具の実況に応じた燃料消費量[kWまたはkg/h]

（a）排気フードなし　　（b）排気フードⅠ型　　（c）排気フードⅡ型

表4.1.7　燃料の単位燃焼量当たりの理論廃ガス量 K（昭和45年建設省告示第1826号）

燃料の種類		理論廃ガス量
燃料の名称	発熱量	
都市ガス		0.93m³/kWh
LPガス（プロパンガス）	50.2MJ/kg	0.93m³/kWh
灯　油	43.1MJ/kg	12.1m³/kg

5 火気使用室の換気の基準

建築基準法では、火気使用室の換気設備について規定している。台所などで使用する機械換気設備の換気の基準では、表4.1.7に示すように、燃料別に定められている理論廃ガス量Kを用いた、有効換気量Vを使用する。換気扇の形状、フードのある、なしなどから、Vは異なる。図4.1.4に示すようにVは、排気フードなしの場合は燃料消費量に対する理論廃ガス量の40倍、排気フードⅠ型では30倍、Ⅱ型では20倍を換気扇などの有効換気量としている。このように廃ガスを室内へ排気する燃焼器具を使用する台所などでは、廃ガスの屋外への排出と、燃焼のための酸素の十分な供給のために一般居室に比べ換気量が大きくなる。建築基準法では、不完全燃焼をおこさないように室内酸素濃度を20.5％以上と定めている。

6 空気齢による換気性能の評価

これまでの必要換気量は、給気口から入ってきた新鮮空気と室内の汚染物質が瞬時に一様に拡散し完全に混ざり合い、汚染濃度は室内のどの点においても同じであるという仮定に基づいている。しかし、実際には給気口付近の空気の汚染は少なく、排気口近くでは汚染物質が集まり汚染が進んだ状態となる。室内の汚染物質の分布状態は一様でないため、換気の効率を知る必要がある。その指標の1つとして**空気齢**がある。図4.1.5に示すように、室内に流入した新鮮空気が、室内のある点Pに到達するまでの時間を空気齢という。点Pに達する経路はさまざまであるので時間は平均時間である。空気齢が小さいほど点Pに供給される空気の汚染度は小さく新鮮といえる。また、点Pから排気口に到達するまでの時間

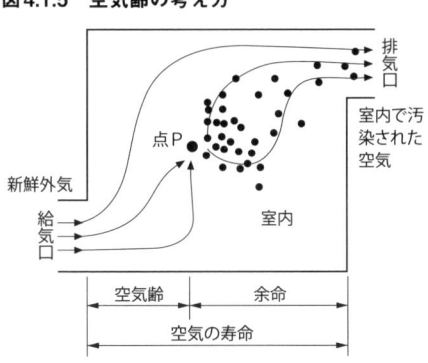

図4.1.5 空気齢の考え方

を**余命**という。点Pが汚染物質の発生源であるとき、余命が小さければ早く汚染物質を排出できる。空気齢と余命の和を空気の寿命という。

4. シックハウス対策

新築、改築後の住まいにおいて、建築材料や家具などから発散される**揮発性有機化合物**(ホルムアルデヒド、トルエン、キシレンなど)が原因の室内空気汚染により、めまいや吐き気、頭痛、のどの痛みなどの症状をおこす**シックハウス症候群**と呼ばれる健康被害が問題となった。2003年7月に改正された建築基準法にシックハウス対策に関わる規制が導入された。ホルムアルデヒドに関する建築材料および換気設備の規制(ホルムアルデヒド対策)とシロアリ駆除剤であるクロルピリホスの使用禁止である。

ホルムアルデヒド対策では、図4.1.6に示すように、①内装仕上げの制限、②換気設備の設置の義務付け、③天井裏などの制限について規定された。

■1 内装仕上げの制限

建築基準法では、告示により17品目の建材を内装仕上げ制限の対象と定め、JAS(日本農林規格)、JISは建築基準法の改正に伴い整備された。JAS、JISに該当しない建材などは、国土交通大臣の認定により、JAS、JISの規格品と同等に扱うことができる。ホルムアルデヒドの発散速度による区分とJAS、JISの対応を表4.1.8に示す。第1種ホルムアルデヒド発散建築材料の居室内装での使用が禁止され、第2種、第3種ホルムアルデヒド発散建築材料は使用面積を制限される。ホルムアルデヒドの発散速度とは、1時間に$1m^2$の建材から発散されるホルムアルデヒド放出量である。

なお、ホルムアルデヒド以外の化学物質についてもシックハウス症候群による健康被害を防止するために、厚生労働省では表4.1.9の通り濃度指針値を示している。

■2 換気設備の設置の義務付け

ホルムアルデヒドを発散する建材を使用しない場合でも、家具などからの発散があるため、送風機や排風機などの機械力を利用した**機械換気**の設置が義務付けられた。原則として住宅などの居室においては換気回数0.5回/h以上、住宅など

住まいと換気　4-1

図4.1.6　シックハウス対策

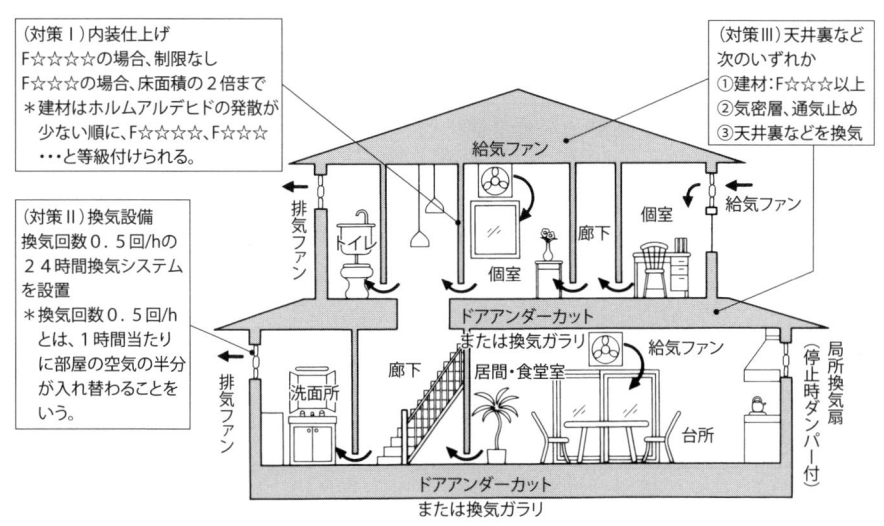

（対策Ⅰ）内装仕上げ
F☆☆☆☆の場合、制限なし
F☆☆☆の場合、床面積の2倍まで
＊建材はホルムアルデヒドの発散が少ない順に、F☆☆☆☆、F☆☆☆・・・と等級付けられる。

（対策Ⅲ）天井裏など次のいずれか
①建材：F☆☆☆以上
②気密層、通気止め
③天井裏などを換気

（対策Ⅱ）換気設備
換気回数0.5回/hの24時間換気システムを設置
＊換気回数0.5回/hとは、1時間当たりに部屋の空気の半分が入れ替わることをいう。

表4.1.8　ホルムアルデヒドに関する建築材料の区分

ホルムアルデヒドの発散速度 [mg/(m²·h)]	告示で定める建築材料 名称	JAS、JIS	内装仕上げの制限
0.005 以下		F☆☆☆☆	使用制限なし
0.005 超 0.02 以下	第3種ホルムアルデヒド発散建築材料	F☆☆☆	使用面積を制限
0.02 超 0.12 以下	第2種ホルムアルデヒド発散建築材料	F☆☆	使用面積を制限
0.12 超	第1種ホルムアルデヒド発散建築材料	無等級	使用禁止

表4.1.9　厚生労働省による化学物質の濃度指針値

化学物質名	室内濃度指針値 重量濃度	室内濃度指針値 体積濃度[注1]	化学物質名	室内濃度指針値 重量濃度	室内濃度指針値 体積濃度[注1]
ホルムアルデヒド	0.1 mg/m³	0.08 ppm	フタル酸ジ-n-ブチル	0.22 mg/m³	0.02 ppm
アセトアルデヒド	0.048 mg/m³	0.03 ppm	テトラデカン	0.33 mg/m³	0.04 ppm
トルエン	0.26 mg/m³	0.07 ppm	フタル酸ジ-2-エチルヘキシル	0.12 mg/m³	7.6 ppb[注2]
キシレン	0.87 mg/m³	0.20 ppm			
エチルベンゼン	3.8 mg/m³	0.88 ppm	ダイアジノン	0.00029 mg/m³	0.02 ppb
スチレン	0.22 mg/m³	0.05 ppm	フェノブカルブ	0.33 mg/m³	3.8 ppb
パラジクロロベンゼン	0.24 mg/m³	0.04 ppm	クロルピリホス	0.001 mg/m³	0.07 ppb

注1：25℃換算
注2：ppbは10億分の1。×10⁻⁹のこと。

の居室以外の居室では換気回数0.3回/h以上の換気が必要となる。なお、住宅などの居室とは、住宅の居室、下宿の宿泊室、寄宿舎の寝室、家具などの物品を販売する店舗の売場である。

❸ シックハウス対策の対象となる居室

建築基準法で、シックハウス対策の対象となる住宅のスペースは、以下のように定められている。

① 建築基準法第2条第4号に定められている居室。住居においては、居間、食事室、台所、寝室、子ども室、書斎など。

② 建築基準法第2条第4号で居室と見なされない廊下や階段、トイレ、洗面所、浴室などにおいても、換気計画で換気経路になる場合は居室と見なされる。

③ 上記①の居室に付属する押入れ・収納スペースも、換気計画において給気経路になる場合は居室と見なされる。ただし、排気のみの場合は天井裏となる。

❹ 天井裏などの制限

天井裏など(天井裏、小屋裏、床裏、壁、物置その他これらに類する建築部分、居室の収納スペースも含む)は、下地材をホルムアルデヒドの発散量の少ない建材とするか、機械換気設備により天井裏なども換気できる構造とする。

4-2 換気の種類

1. 換気方法の種類

　換気は、空気が圧力の高いほうから低いほうへ流れる圧力差を利用している。この圧力差を生じさせる駆動力により、換気方法は、図4.2.1に示すように自然の力を利用した**自然換気**と機械による**機械換気**（強制換気）に分類できる。自然換気は、室内外の温度差による**温度差換気**（**重力換気**）と自然の風による**風力換気**がある。機械換気は外気取り入れ側（給気側）および排気側の送風機、排風機の組み合わせにより3種類に分類される。また、換気は図4.2.1のように室内の換気範囲により**全体換気**と**局所換気**に分類できる。

■ 換気の原理

　図4.2.2に示すように面積 A [m^2] の開口部の前後で圧力差 ΔP（デルタピー）[Pa：パスカル] が生じたとき、空気は開口を通り移動する。空気の密度を ρ（ロー）[kg

図4.2.1　換気方法の種類

●駆動力による分類
- 自然換気
  - 温度差換気（重力換気）
  - 風力換気
- 機械換気
  - 第1種機械換気
  - 第2種機械換気
  - 第3種機械換気

●換気範囲による分類
- 全体換気
- 局所換気

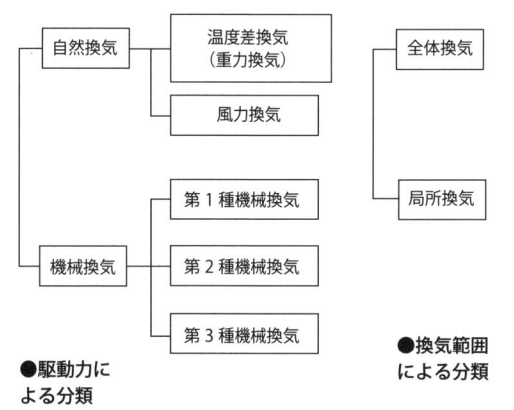

図4.2.2　開口部の圧力差と流量

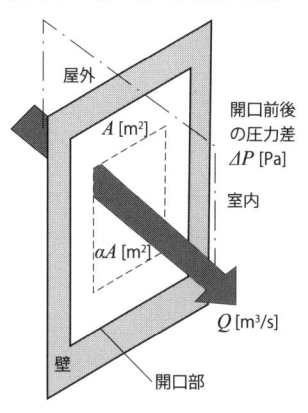

/m³]、開口部の抵抗によって決まる**流量係数**をα(アルファ)、流速をv[m/s]とすると、開口部を通過する空気の流量Q[m³/s]は、次式で求められる。

$$Q = \alpha A v = \alpha A \sqrt{\frac{2}{\rho} \Delta P} \quad [\text{m}^3/\text{s}] \quad (4.2.1)$$

流量係数αは、図4.2.3に示すように開口部の形状やルーバーの開け方により異なり、通常の窓で0.6～0.7、形状がなめらかに変化するベルマウスは約1.0である。また、αAは**有効開口面積**または**実効面積**といい、空気が通過する際の実質的な面積を表している。

複数の開口があるときのαAは、合成することにより1つの開口と見なして扱うことができる。合成には図4.2.4に示す通り開口1、2を通過する空気の流量が

図4.2.3 開口部の形状と流量係数 α

通常の窓	ベルマウス	ルーバー
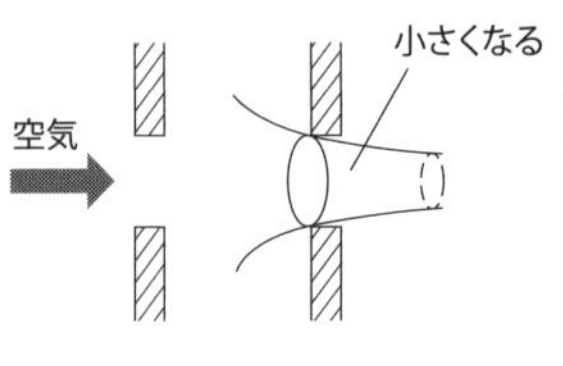 空気 → 小さくなる	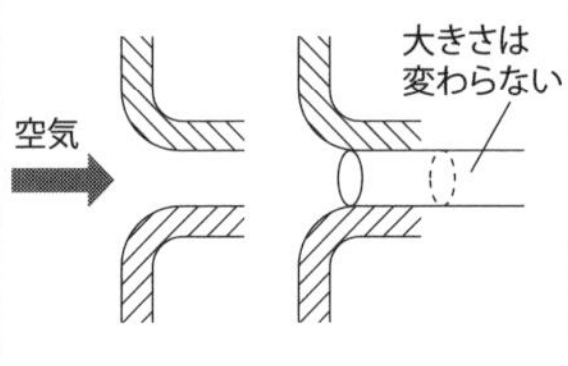 空気 → 大きさは変わらない	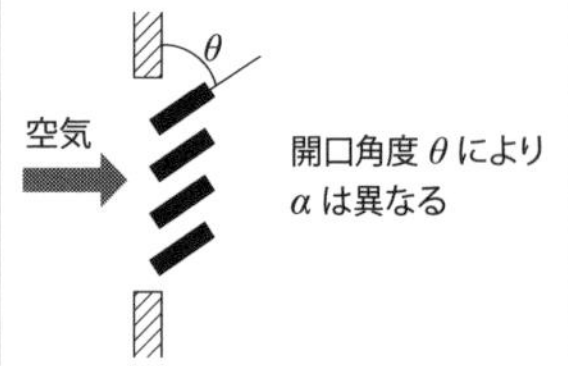 空気 → 開口角度θによりαは異なる
$\alpha = 0.6 \sim 0.7$	$\alpha = $約1.0	$\theta=90°, \alpha=0.70$　$\theta=50°, \alpha=0.42$ $\theta=70°, \alpha=0.58$　$\theta=30°, \alpha=0.23$

図4.2.4 直列結合と並列結合

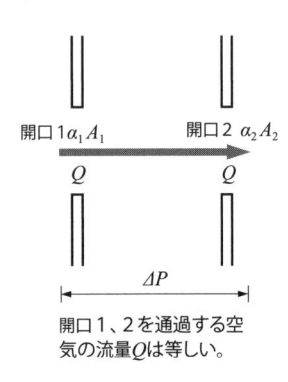

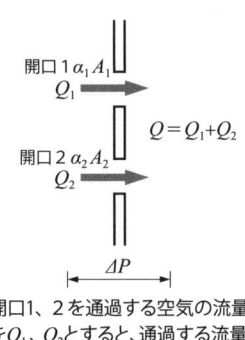

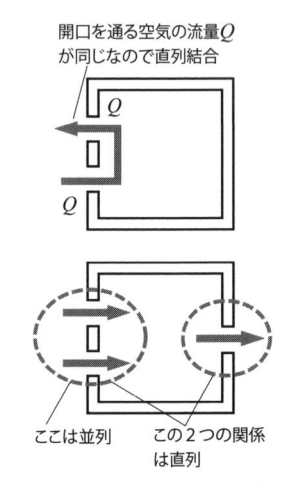

(a) 直列結合
開口1 $\alpha_1 A_1$　開口2 $\alpha_2 A_2$
Q　Q
ΔP
開口1、2を通過する空気の流量Qは等しい。

(b) 並列結合
開口1 $\alpha_1 A_1$　Q_1
開口2 $\alpha_2 A_2$　Q_2
$Q = Q_1 + Q_2$
ΔP
開口1、2を通過する空気の流量をQ_1、Q_2とすると、通過する流量の合計は$Q = Q_1 + Q_2$である。

開口を通る空気の流量Qが同じなので直列結合
Q
Q
ここは並列　この2つの関係は直列

等しいとして導く直列結合 (a) と開口1、2の前後の圧力差 ΔP が等しいとして導く並列結合 (b) がある。合成した αA は、それぞれ次式となる。

①直列結合の合成： $\alpha A = \dfrac{1}{\sqrt{(\dfrac{1}{\alpha_1 A_1})^2 + (\dfrac{1}{\alpha_2 A_2})^2}}$ 　[m^2]　　(4.2.2)

②並列結合の合成： $\alpha A = \alpha_1 A_1 + \alpha_2 A_2$ 　[m^2]　　(4.2.3)

2 自然換気

　自然換気は、室内外の温度差や風力を利用するため、室内外の温度差が小さくなる春や秋には温度差による換気、あるいは風がないときの風力換気は期待できない。自然換気は、省エネルギーではあるが、一定の換気量を常時確保することは難しい。

a. 温度差換気（重力換気）

　空気は温度が高いほど密度は小さく軽くなり、温度が低いほど密度は大きく重くなる。室内外の温度差による空気の密度差が、圧力差を生じさせ、室内から室外へ、あるいは室外から室内へ空気が流れる。図4.2.5に示すように冬の暖房時を考えてみる。室外の空気は室内の空気より温度が低く、密度が大きいため、室内の下方では、室外の圧力が室内よりも大きくなる。また、室内の上方では外気より圧力が高くなる。この圧力差により外壁の上下に開口部があると、下部の開

図4.2.5　暖房時の室内外の圧力差分布

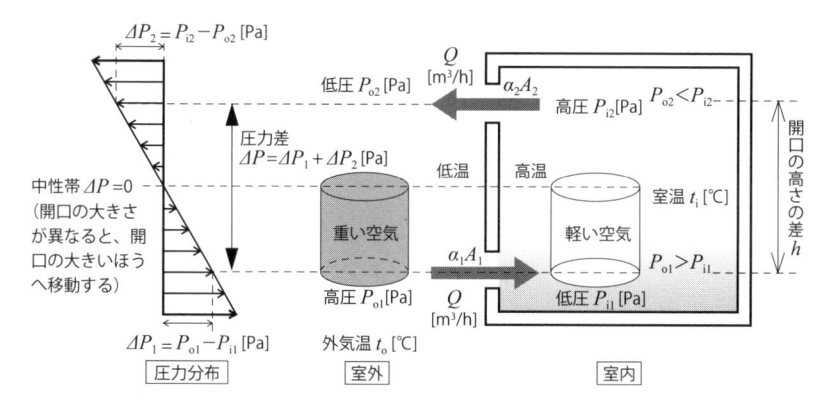

P_{i1}：室内の下方の空気の圧力　　A_1：下方の開口部（窓）の面積
P_{i2}：室内の上方の空気の圧力　　A_2：上方の開口部（窓）の面積
P_{o1}：室外の下方の空気の圧力　　α_1：下方の開口部の流量係数
P_{o2}：室外の上方の空気の圧力　　α_2：上方の開口部の流量係数

口から空気は室内に流入し上部の開口から室外へ流出する。夏の冷房時には逆となり、上部の開口から暑い空気が入り、下部の開口から室外へ空気は流出する。室内外の圧力が等しく圧力差が0となる場所を**中性帯**といい、この位置では換気はおこらない。室内外の温度差、上下開口部間の距離（図4.2.6）、開口部の面積が大きいほど換気量は多い。また、上部の開口が大きい（$αA$が大きい）場合は、中性帯が図4.2.7のように開口の大きいほうへ近づく。

開口を通過する風量（換気量）$Q\,[\mathrm{m^3/s}]$ は、図4.2.5に示すように室温を $t_i\,[°\mathrm{C}]$、外気温を $t_o\,[°\mathrm{C}]$、開口の高さの差を $h\,[\mathrm{m}]$、重力加速度を $g\,[\mathrm{m/s^2}]$ とすると、次式で表せる。

$$Q = αA\sqrt{\frac{2g(t_i - t_o)h}{t_i + 273}}\quad [\mathrm{m^3/s}] \quad (4.2.4)$$

ここで、図4.2.5のように窓が位置する場合、$αA$は直列結合で求められる。

b. 風力換気

図4.2.8に示すように風が建物に当たると、風が当たった側では圧力は高くなり、反対側は建物の陰となるため圧力は低くなる。そのため圧力差が生じ、建物

図4.2.6 開口位置と換気量の関係（開口 $αA$ が同じ場合）

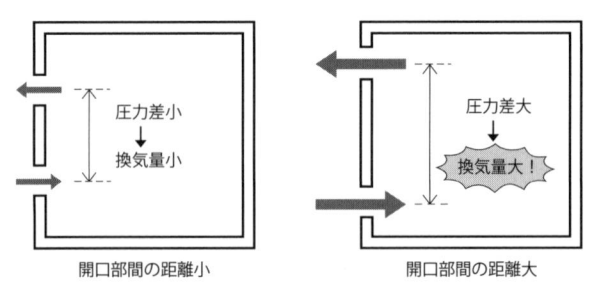

図4.2.7 開口の大きさと中性帯の関係

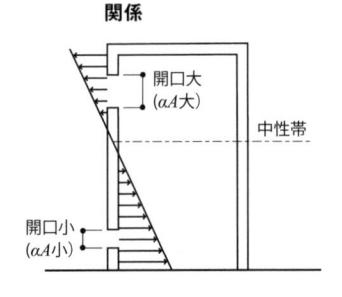

図4.2.8 風力換気

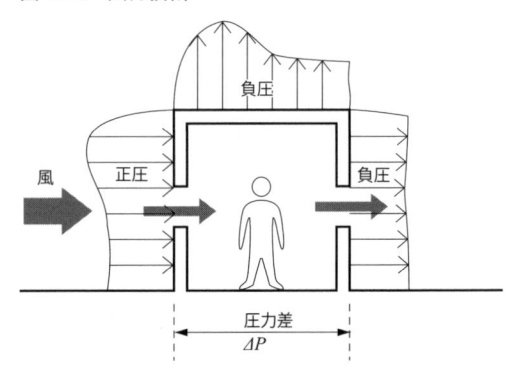

図4.2.9　風力換気の換気量

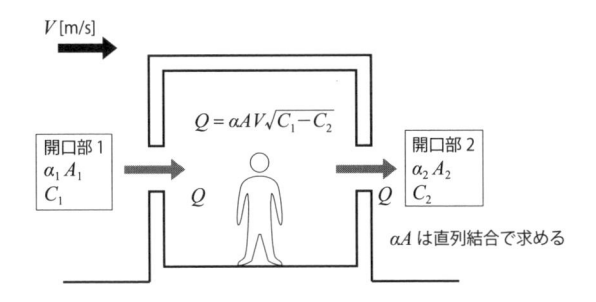

の窓や開口部から空気が流入し、反対側の開口部から流出する。換気のためには、風上と風下に開口部が必要となる。無風状態のとき風力換気は行われない。

建物に作用する風圧力を P_w [Pa]、風速を V [m/s]、空気の密度を ρ [kg/m^3] とすると、風圧力は次式で表せる。

$$P_w = C\frac{\rho}{2}V^2 \quad [\text{Pa}] \quad (4.2.5)$$

ここで、C は風圧係数といい、風上、風下などにより異なる比例定数である。風圧力は速度の2乗に比例する。

図4.2.9のように開口1の流量係数を α_1、開口面積を A_1 [m^2]、風圧係数を C_1 とし、開口2の流量係数を α_2、開口面積を A_2 [m^2]、風圧係数を C_2、風速を V [m/s] とすると、換気量 Q [m^3/s] は次式となる。

$$Q = \alpha A V \sqrt{C_1 - C_2} \quad [\text{m}^3/\text{s}] \quad (4.2.6)$$

ここで、図のように窓が位置する場合の αA は、直列結合で求められる。また、換気量は、式 (4.2.6) より有効開口面積と風速にほぼ比例する。

自然換気にはこのように温度差換気と風力換気があるが、風がないときを除けば、通常両方の方法により換気されている。

3 機械換気

図4.2.10に示すように機械換気は、第1種、第2種、第3種の3種類の機械換気がある。

a. 第1種機械換気

給気側に送風機、排気側に排風機を用いる。給排気ともに機械力を用いるため、換気量を安定させることができる。室内へ供給するための空気の温湿度や清浄度の調節を行う空気調和設備を併用することが多く、劇場などの大規模空間に

向いている。送風機・排風機を用いるため設備費や運転費が割高になる。また、全熱交換器を使用できる。

b. 第2種機械換気

給気側に送風機を用い、排気側は自然排気とする方法である。送風機により空気を送り込むため室内は外気圧より高くなり（正圧）、汚染空気などの流入を防ぐことができる。手術室やクリーンルームに適している。

c. 第3種機械換気

排気側に排風機（換気扇）を設け、給気側は自然給気とする方法であり、第2種機械換気と逆になる。排風機により室外へ空気を引っ張り出すため、室内で発生した汚染物質を効率よく排出することができる。室内の圧力は室外より小さくなるため（負圧）、排気口以外の窓や開口部から室内の汚染空気が流出しない。一般居室および台所、トイレ、浴室などの臭気や湿気が発生する室に適している。

以上のこれら機械換気の換気量は、送風機や排風機の性能でほぼ決まる。外壁に直接換気ファンを取り付けられない場合は、ダクト引きとなり、ダクトの空気抵抗や給排気口に風が吹き付ける場合は、風の影響で換気量が少なくなる。したがって、空気抵抗や風の影響によって減少する換気量を考慮して換気扇などを選ぶ必要がある。

4 全体換気と局所換気

図4.2.1に示すように、換気の範囲により、全体換気と局所換気に分けられる。室内の広い範囲から発生する二酸化炭素やホルムアルデヒドなどの汚染物質を排出するためには、室内全体に空気が供給できるように全体換気とする。また、台

図4.2.10　機械換気の種類

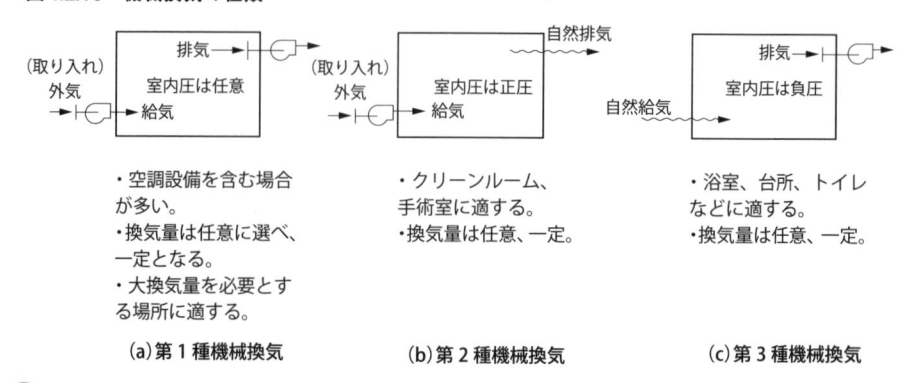

(a) 第1種機械換気	(b) 第2種機械換気	(c) 第3種機械換気
室内圧は任意（取り入れ外気→給気、排気）	室内圧は正圧（取り入れ外気→給気、自然排気）	室内圧は負圧（自然給気、排気）
・空調設備を含む場合が多い。 ・換気量は任意に選べ、一定となる。 ・大換気量を必要とする場所に適する。	・クリーンルーム、手術室に適する。 ・換気量は任意、一定。	・浴室、台所、トイレなどに適する。 ・換気量は任意、一定。

図4.2.11 局所換気

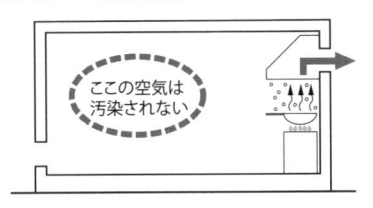

図4.2.12 換気経路と換気効率

給気口と排気口の位置を離す　　　給気口と排気口の位置が近い

(a)換気効率のよい例　　　(b)換気効率の悪い例

所のガスレンジのように局所的に発生する場合は、図4.2.11のように局所換気とし、汚染物質が室内に拡散する前にレンジフードなどで室外へ排出する。

2. 換気計画

　換気を効率よく行うためには、給気口と排気口の距離（換気経路）を長くする必要がある。図4.2.12(a)のように換気経路が長いほど給気した空気が室内に行き渡り、汚染物質を室外へ排出できる。また、(b)のように換気経路が短いと給気した新鮮な空気が室内に行き渡らず、室内の汚染空気が希釈されずにすぐ排気されて換気効率が低下する。また、室外へ排出された室内の汚染空気が、希釈されずにそのまま給気口へ入ってくることも考えられる。換気経路が短いこのような現象を**ショートサーキット**という。

　換気経路により新鮮空気が換気の対象となる居室に供給され、浴室やトイレなどからの臭気や水蒸気が排気されるように計画する必要がある。図4.2.13に集合住宅における第3種機械換気による設計例を示す。居室への給気は自然給気により、排気は浴室の天井裏に設置した排気ファンにより行っている。トイレおよび洗面

図4.2.13 換気経路計画の例

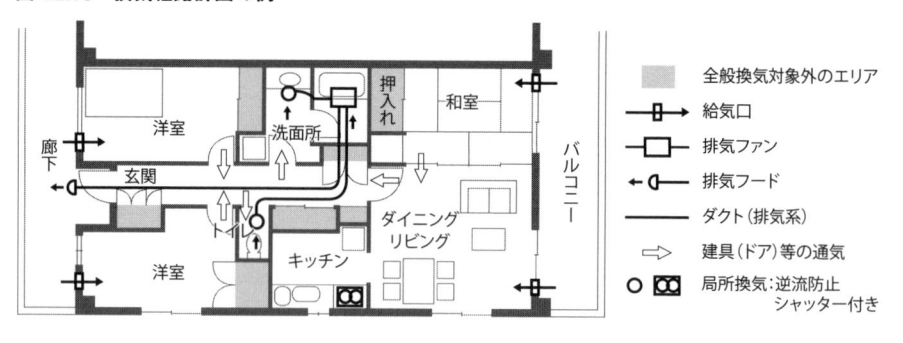

図4.2.14 全熱交換器

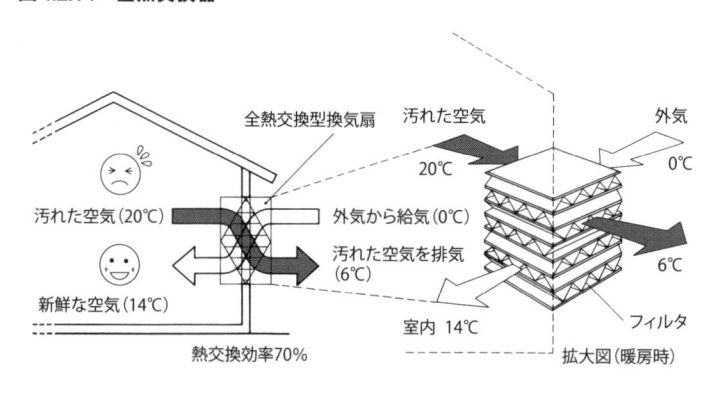

所の排気はファンへのダクト引きである。また、通気経路は居室のドアのアンダーカットなどにより廊下を経路としている。収納部分は換気対象外としている。

また、冷暖房時において冷やした空気や暖めた空気の熱を換気により逃がしたくない。熱損失を小さくするには、室内空気の温度と湿度のエネルギーを、給気用の外気に移し替えて換気する**全熱交換器**（図4.2.14）を利用する。この場合、第1種機械換気となるが、室温の変動が少なく、熱交換効率70％で省エネルギーとなる。

3. 通風

換気は室内の空気の入れ替わりの際の空気の量を重視しているのに対し、通風は室内に十分な風を通すことにより、室内で発生する熱や、日射による室内温度

の上昇を抑制し、その風によって体感温度を下げ、涼しさを得ようとする自然換気である。したがって、通風では風量とともに気流速度が重要となり、涼しさを感じる適当な気流が必要となる。人間が感じる気流の最小速度は0.4～0.5 m/sであり、机の上の紙などが飛ばされないように1.0～1.5 m/s以下が適当である。また、風通しをよくするために風の通り道を考慮する必要がある。図4.2.15 (a)に示すように建物の風上と風下に、なるべく面積の大きな窓や開口を設ける。換気効率を上げるためには、夏もっとも風が吹く方向に開口を設ける。(b)のように風下に窓がなく、側面に窓を付けると風は通るが、流れが片寄り風の弱い部分ができる。

また、立体的に見ても図4.2.16 (a)のように建物の風上と風下になるべく面積の大きな窓や開口を設けることにより風の通りはよくなる。(b)のように天井近くに窓を設けると、風が天井近くだけを通り過ぎ、人に涼しさをもたらさない。(c)のように風上のみに大きな窓を設けても風が通らないことがわかる。

図4.2.15　風の通り道のでき方（平面）

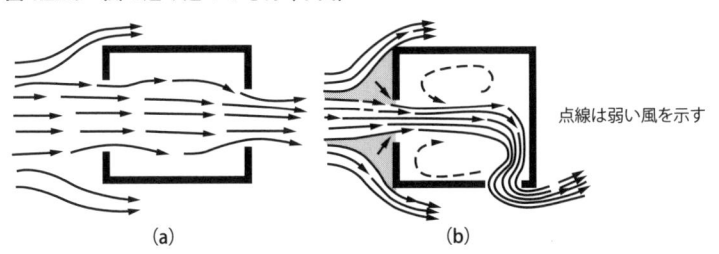

点線は弱い風を示す

(a)　　　　(b)

図4.2.16　風の通り方（立面）

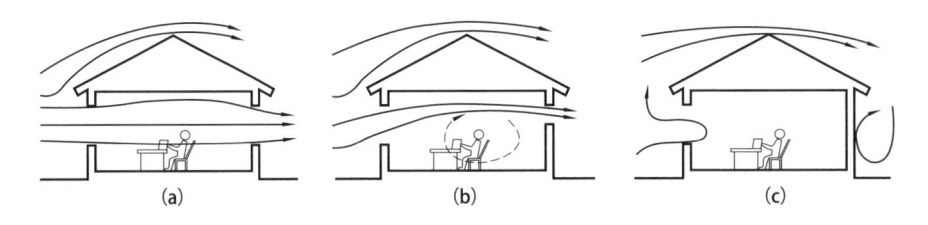

(a)　　　　(b)　　　　(c)

まとめと演習問題

以下の問題に答えなさい。〔　〕のあるものは空欄を埋め、または正しいものを選びなさい。

問1 室内の汚染物質は、二酸化炭素（CO_2）、一酸化炭素（CO）などの〔　①　〕と、砂ぼこり、タバコの煙、花粉やダニなどアレルギーの原因となるアレルゲンなどの〔　②　〕がある。

問2 汚染物質により汚染された室内の空気と新鮮な外気との入れ替えを換気という。このとき空気の汚染物質を許容濃度以下に保つ必要があり、この換気量を〔　①　〕という。換気量は、1時間当たりの外気の導入量[m^3/h]、または〔　②　〕[回/h]で表される。

問3 居室に成人3人がいる場合の必要換気量 Q [m^3/h] を求める。表4.1.5から一般居室の二酸化炭素の許容濃度は C_i = 0.1%（1000ppm）であり、表4.1.6より成人が静かに座っているときの二酸化炭素発生量は1人当たり M = 0.015m^3/h である。外気の二酸化炭素濃度を C_o = 0.03%（300ppm）とすると、必要換気量 Q [m^3/h] は、〔　①　〕[m^3/h] である。

問4 建築材料などから発散されるホルムアルデヒドなどの〔　①　〕が原因となるめまいや頭痛などの症状を〔　②　〕という。ホルムアルデヒド対策では、内装仕上げの制限、〔　③　〕、天井裏の制限の3つがある。

問5 換気方法には、自然換気と機械換気がある。自然換気には、〔　①　〕と〔　②　〕がある。機械換気には、給気側は送風機、排気側を排風機とした第1種機械換気、給気側は送風機、排気側を〔　③　〕とした第2種機械換気、給気側は〔　④　〕、排気側を換気扇とした第3種機械換気がある。

問6 図4.2.9において、風速を V = 4m/s、開口1の有効開口面積を $\alpha_1 A_1$ = 2m^2、風圧係数を C_1 = + 0.6、開口2の有効開口面積を $\alpha_2 A_2$ = 4m^2、風圧係数 C_2 = − 0.4 とすると、換気量は Q =〔　①　〕[m^3/s] である。

問7 換気は室内の空気の入れ替わりの空気の量を重視しているのに対し、涼しさを得るために適度な気流が必要となる〔　①　〕は、風量とともに〔　②　〕速度が重要となる。

5章

住まいと熱

本章の構成とねらい

5-1 人と温熱感覚
人は、自分で熱をつくり出すだけでなく、周囲からも熱を感じており、暑すぎても寒すぎても不快となる。快適な温熱環境をつくるには、気温だけでなく、気流や着ている洋服など6つの要素が関連すること、またそれらを評価する温熱指標について学ぶ。

5-2 住まいと熱
住まいは外からは太陽の熱を受け、中では暖房の熱などが発生している。熱を逃さないような住まいは省エネルギーである。熱の伝わる仕組みを理解し、また材料による熱をため込む特性の違いや断熱材の適切な入れ方などを学ぶ。

5-3 住まいの湿気と結露
湿気は結露やカビなどの原因にもなり住まいを傷め、人の健康にも悪影響を及ぼす。空気線図の読み方を通じて、湿度と気温の関係、および結露ができる仕組みを理解する。

5章　住まいと熱

5-1 人と温熱感覚

1. 人体の熱収支

❶ 人体と熱の移動

　健康な人間の体温（平熱）は、36〜37℃程度である。熱源は、摂取した食物、栄養素である。体の骨格筋、肝臓、心臓などの組織において細胞の物質代謝に伴いつくり出された熱は、各組織を通る血液に伝えられ、この血液の循環により全身に均等に分配される。このとき、血液が皮膚表面近くの毛細血管を流れると、冷たい外気の影響により、図5.1.1のように**放射（ふく射）・対流・伝導**などによって熱が外部に放散される。さらに、体内に残った熱は、肺（呼気）と皮膚からの水分蒸発（不感蒸泄）と発汗によって放散される。

　放射は熱が熱線（電磁波）の形で移動する現象である。皮膚から放射がおこるのは、周囲の壁・天井・床の温度が皮膚温度より低い場合であり、この温度差が大きいほど放射によって失われる熱量は大きくなる。

　また、皮膚温度より外気温が低いと皮膚の表面や気道に接する空気に熱が伝わり、熱放散がおきる。皮膚表面に近い空気は伝導により暖められると、空気の対流がおこり、皮膚周囲の空気が入れ替わるため、熱量の損失は多くなる。したがって、風に当たったり、体を動かすと対流により熱量は多く失われる。

図5.1.1　人体からの熱の放散

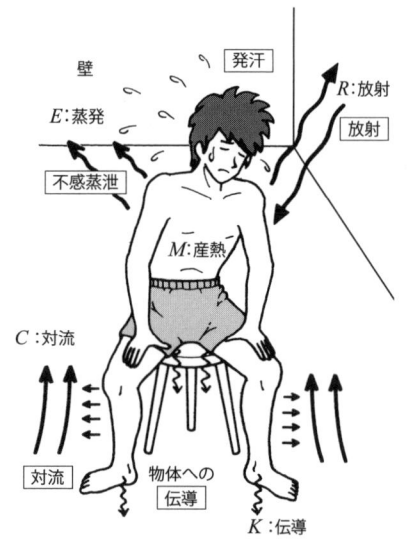

体の表面からの水分蒸発には不感蒸泄と発汗がある。不感蒸泄は体温調節とは関係なく行われている。発汗は気温の高いときに熱を放散させる目的で反射的に行われる。したがって、気温の高いときには水分の蒸発による熱放散が盛んになり、気温が低いときは、放射および対流による放散が促進される。気温25℃において、はだかのときの体からの熱の放散の割合は、放射による放散60%、蒸発25%、対流12%、物体への伝導3%である。

2 体温の調節

体内での熱の産生量と放散量は等しくなるように調整され、体温は一定範囲に保たれる。外気温が低くなると、体内の熱の産生量を促進するように細胞の物質代謝が盛んになり、皮膚血管は収縮して熱の放散を抑制し体温を維持するような生理的反応を示す。このとき、寒いと感じ洋服を着たり、室内を暖房することにより、熱の放散量が減少し、暖かいと感じる。また、外気温が高くなると皮膚の血管が拡張し、血流量が増加して熱の放散が促進され体温を維持しようとする。それでも調整できないときは発汗により水分蒸発が行われ、気化熱により体温の上昇を抑制する。このようなとき暑いと感じ、洋服を脱いだり、風に当たったり、クーラーをつけると、熱の放散が減り涼しいと感じる。

このような温熱環境の変化に対して、発汗や血管の収縮・拡張により体温を調節することを**自律性体温調節**といい、衣服や冷暖房器具などによる体温調節を**行動性体温調節**という。行動性体温調節は、暖かいあるいは寒いと感じる温熱感覚により行われるが、高齢者はこの温熱感覚が低下するといわれている。

2. 温熱6要素

図5.1.1のように体内で産生する熱量（産熱）を M、まわりの空気への対流による熱放散を C、放射によるものを R、不感蒸泄と発汗による水分蒸発を E、物体への伝導を K とすると、人体とまわりの熱環境は、式 (5.1.1) ～式 (5.1.3) のような関係で表される。

$$M = C+R+E+K \quad (5.1.1)$$
$$M > C+R+E+K \quad (5.1.2)$$
$$M < C+R+E+K \quad (5.1.3)$$

熱環境が平衡状態となったとき、産熱と熱放散が等しいので、式(5.1.1)で表される。このとき、人間は熱環境が快適であると感じる。式(5.1.2)のときは、産熱量が大きく体からの放散熱量が小さいため放熱不足となり、暑く感じる。また、式(5.1.3)のときは、産熱量が小さく体からの放散熱量が大きいため、寒く感じる。

このように、人体は対流、放射、伝導、蒸発により体外へ熱を放散しており、これらに影響を与える温熱要素は、**気温**、**放射温度**、**湿度**、**気流**(風速)の4要素である。さらに、「暑い」「寒い」の温熱感覚に影響を及ぼす要素として、**着衣量**と**代謝量**の2要素がある。これらの要素を合わせて**温熱6要素**(図5.1.2)という。同じ温度であっても、厚着をしているときと薄着では、洋服を通しての熱の放散量が異なるため、暑さの感じ方も異なる。また、座って読書をしているときに比べて運動をしているときは、激しい動きをするほど体での発熱が促進されるため、薄着でも寒さを感じない。

1 気温・湿度・気流

大規模な中央管理方式の空気調和設備による建物においては、温熱環境に影響する温度、湿度、気流の室内環境基準値が、建築基準法や建築物環境衛生管理基

図5.1.2　温熱6要素

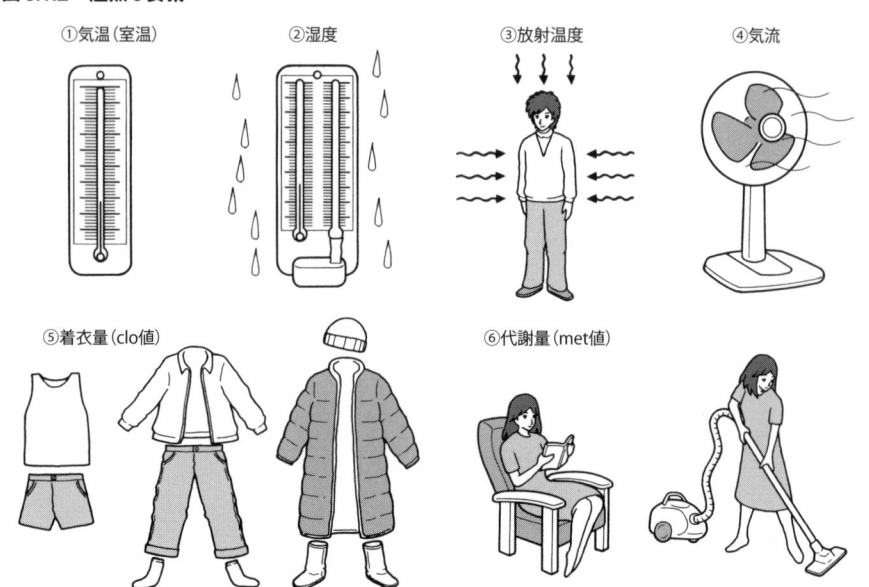

表5.1.1　建築基準法・ビル管理法における空気環境基準

	空気環境の基準
温　度	①17～28℃ ②居室における温度を外気の温度より低くする場合には、その差を著しくしないこと
相対湿度	40～70%
気　流	0.5 m/s以下

準（ビル管理法）で定められている。これらの基準値を表5.1.1に示す。温度17℃、相対湿度（5-3節参照）40%は冬の最低値を示し、28℃、70%は夏の最高値を示している。また、0.5m/s以上の気流を直接受けると不快感が生じるため、0.5m/s以下としている。一般住宅に適用される基準ではないが、温熱環境を考えるうえで参考になる。

図5.1.3　グローブ温度計

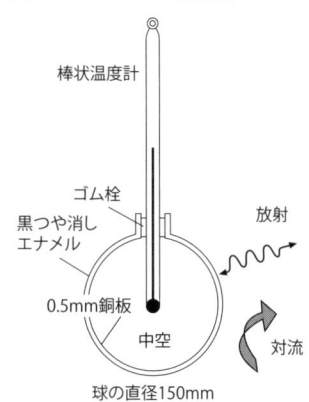

2 放射温度

室内において、人は表面温度が異なる周辺の壁、天井、床との間で放射熱のやり取りをしている。放射温度には、室内の各面の表面温度が均一であるとしたときの**平均放射温度**（MRT：Mean Radiant Temperature）t_r［℃］が用いられ、近似的には室内表面温度の平均値である。平均放射温度は、図5.1.3に示すようなグローブ温度計でグローブ温度を測定することにより、実用的に次式より求めることができる。

$$t_r = t_g + 2.37\sqrt{v}\,(t_g - t_a) \quad [℃] \quad (5.1.4)$$

ここで、t_g［℃］はグローブ温度、v［m/s］は気流、t_a［℃］は室温である。

また、室温と平均放射温度が異なる室内において、室温と平均放射温度に人に対する対流と放射の影響を重み付けして平均した環境温度を作用温度（OT：Operative Temperature）t_o［℃］という。気流が小さい場合、近似的に作用温度はグローブ温度 t_g となる。

3 着衣量

衣服は体の表面から周囲の空気への熱の移動において抵抗として働き、着衣量は熱抵抗値を表す。気温21℃、相対湿度50%、気流0.1m/sの室内において、成人男子がいすに座って安静にして、暑くも寒くもない状態のときの衣服の抵抗値0.155 m²·K/W を1 clo（クロ）とする。図5.1.4に代表的な着衣状態と着衣量を示す。

図5.1.4　着衣量とclo値

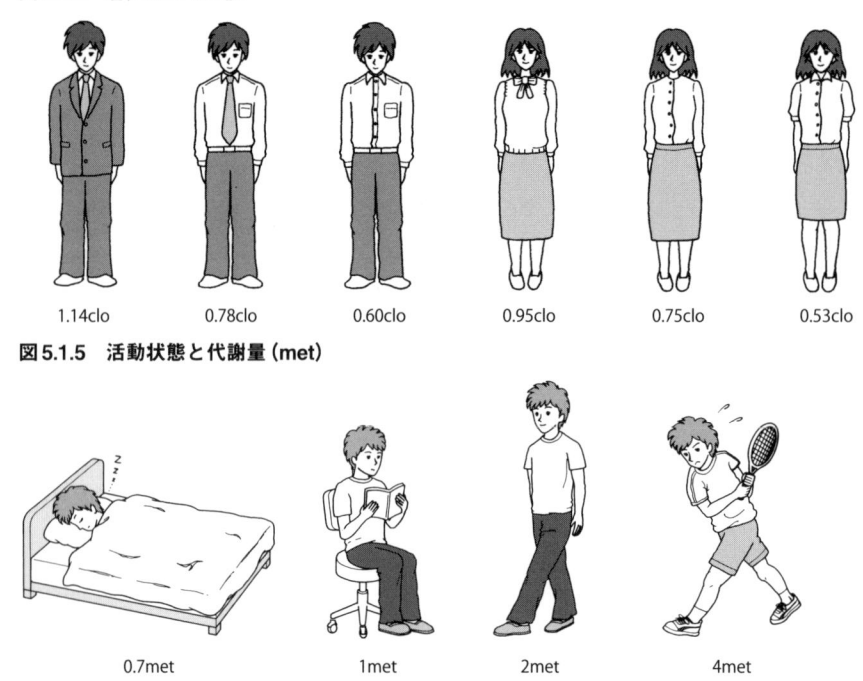

1.14clo　0.78clo　0.60clo　0.95clo　0.75clo　0.53clo

図5.1.5　活動状態と代謝量（met）

0.7met　1met　2met　4met

4 代謝量

　体内での産熱量を体表面積で割った$1m^2$当たりの発熱量$[W/m^2]$を代謝量という。人間の活動量や作業の程度によって代謝量は異なる。いすに座って安静にしているときの成人男子の平均的な代謝量（$58W/m^2$）を1met（メット）と定義している。図5.1.5に代表的な活動状態の代謝量を示す。また、日本人男性の平均的な人体表面積はおよそ$1.7m^2$であるため、1metの代謝量は1人当たり100Wの電球1個分の発熱量に相当する。

3. 温熱環境の指標

　6つの温熱要素の1つの要素の測定値だけで温熱感覚あるいは温熱環境を判断することは難しいため、複数の要素を組み合わせて温熱環境を評価する。こうしたいくつかの指標（温熱指標）について説明する。現在、もっとも利用されているのが、ET*、SET*、PMVである。

図5.1.6 実在環境と標準環境（空気調和・衛生工学会編著『SHASE-M1003-2006新版・快適な温熱環境のメカニズム 豊かな生活空間をめざして』P.68、図4-2）

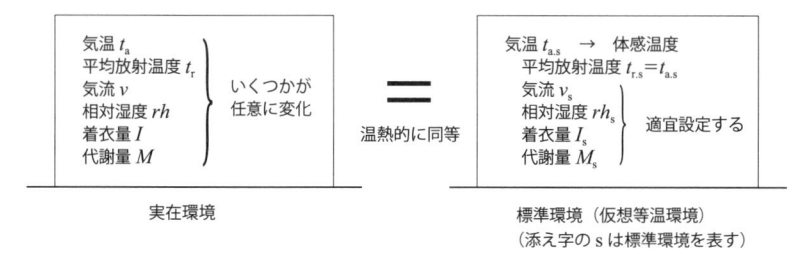

温熱環境を評価するとき、図5.1.6のような、実際の環境を模した、仮想的な環境（標準環境という）を考える。実在環境において、温熱6要素は任意に変化するが、標準環境においてはいくつかを適宜設定する。このとき、人間が評価対象となる環境（実在環境）にいるときと同じに感じる温熱感覚を、仮想的な環境（標準環境）における温度で表した値を**体感温度**という。

◼ 有効温度（ET）

ヤグロー（C. P. Yaglou）らによって提唱された。温度、湿度、気流が与えられた実在環境と同じ温熱感覚を与える、湿度100%、無風（0.1m/s）のときの標準環境における気温（乾球温度）を**有効温度**（ET：Effective Temperature）として定義した。このETには、人間の快適性に影響を与える熱放射が加味されていなかったため、グローブ温度を用いた**修正有効温度**（CET：Corrected Effective Temperature）が提案された。いずれも、湿度100%の環境を実在環境と比較したため、湿度と気流の影響が過大に評価されるという欠点がある。

◼ 新有効温度（ET*）、標準有効温度（SET*）

ギャッギ（A. P. Gagge）らは、人間の生理的な温度調節作用をモデル化して、実在環境の温熱感覚と放熱量が同じになるような、相対湿度50%のときの標準環境の気温（=平均放射温度 $t_{r,s}$）を**新有効温度**（ET*：New Effective Temperature、イーティースター）とした。これは温熱6要素から数学モデルにより求められ、標準環境において気流、作業量（代謝量）、着衣量は実在環境と同じ数値である。同じ着衣量、代謝量でなければET*からは直接比較できないため、気流を無風状態（0.1m/s）、着衣量0.6clo（軽装）、代謝量1.0met（軽作業）を標準環境とした相対湿度50%のときの気温（= $t_{r,s}$）として考案されたのが**標準有効温度**（SET*：

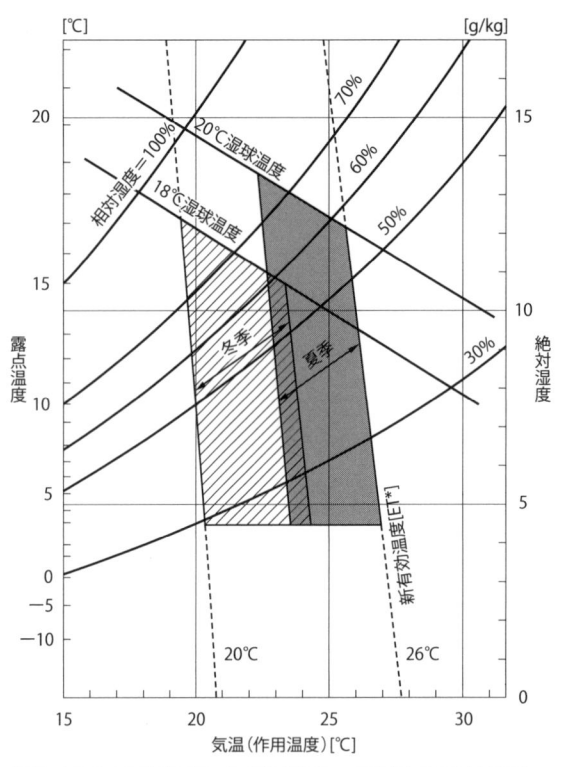

図 5.1.7　ASHRAE55-92 による ET* の快適温湿度範囲

冬季・夏季の快適範囲は、冬季は ET*20 〜 23.5℃、夏季は ET*23 〜 26℃ とし、湿度は約 70%（厳密には湿球温度冬季 18℃、夏季 20℃）以下としている。絶対湿度、相対湿度については 5-3 節を参照。

Standard Effective Temperature、エスイーティースター）である。図 5.1.7 に新有効温度で示された、ASHRAE（アメリカ空調学会）55-92 による冬季と夏季における快適温湿度範囲を示す。

3 不快指数（DI）

　不快指数（DI：Discomfort Index）は、温熱環境指標の1つである有効温度 ET を簡略化するために開発されたものであるが、夏に冷房が必要であるかどうかを判断する屋外の環境指標として利用されている。気温（乾球温度）と湿球温度から式（5.1.5）により求められ、気流と放射の影響は考慮されていない。

$$DI = 0.72 ×（乾球温度[℃] + 湿球温度[℃]）+ 40.6 \quad (5.1.5)$$

DI75 未満で快適となり、75 以上 80 未満で「やや暑さを感じる」、80 以上 85 未満

で「暑くて汗が出る」、85以上で「暑くてたまらない（全員不快）」となる。

4 予測温冷感申告（PMV）

予測温冷感申告（PMV：Predicted Mean Vote）は、デンマークのファンガー（P. O. Fanger）によって温熱6要素を考慮して提案された温熱指標である。大多数の人が感じる平均的な温冷感を7段階尺度（＋3非常に暑い、＋2暑い、＋1やや暑い、0どちらでもない、－1やや寒い、－2寒い、－3非常に寒い）によって評価している。また、ファンガーはPMVが平均的温冷感を表すものであるため、その環境を不満足と感じると予想される人の割合を予測不満足率（PPD：Predicted Percentage of Dissatisfied）[％] として、PMVに関係づける式を導いた。図5.1.8は、PMVとPPDの関係を表したものである。この図から、PMV＝0であっても5％の人が不満を感じていると予測できる。ISO7730では、不満足な人の比率（PPD）が10％以下である－0.5＜PMV＜＋0.5を快適範囲としている。

図5.1.8　PMVとPPD（ISO7730）

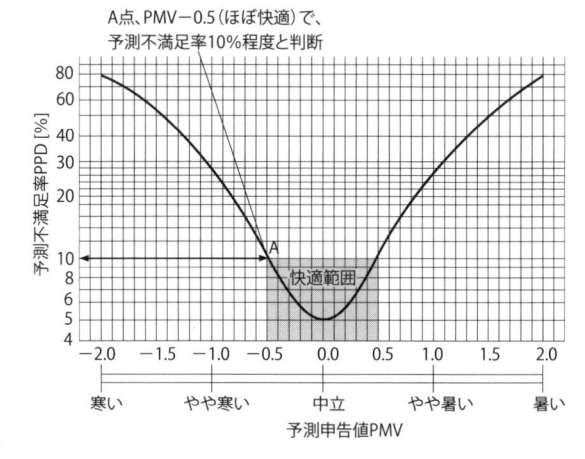

A点、PMV－0.5（ほぼ快適）で、予測不満足率10％程度と判断

4. 局所不快感

全身温冷感において不快感がなくても、窓からの冷気や、不均一な壁・窓などからの放射、あるいは足元の冷えのような温度分布による局所温冷感によって不快感が生じることがある。全身の温冷感が暑くも寒くもない状態（熱的中立）における局所温冷感による不快の原因は、不均一放射、上下温度分布、床表面温度、ドラフトの4つである。

1 不均一放射

壁や天井からの不均一放射において、天井が冷たい場合や壁面が暖かい場合における不快感は少なく、逆に天井に暖房用のパネルを設置した場合のように天井

が暖かい場合や外気の影響を受けて窓・壁面が冷たい場合に問題となる。不均一の限界は、暖かい天井では室温に対して5℃以内、冷たい窓・壁面では10℃以内としている。不快感を防ぐためには、天井や窓を断熱する必要がある。

2 上下温度分布

暖房時において、室内の上部が高温で特に足元が冷える場合は熱的不快感が生じる。ISO7730では、室内上下温度分布の限界として、くるぶし（床上0.1m）と頭（立位では床上1.7m、椅座では床上1.1m）との温度差が3℃以内を推奨している。

3 床表面温度

床表面温度が極端に高くても低くても、局所的な不快感が生じる。ISO7730では、靴を履いていすに座っている状態での室内の床温度は19〜26℃、床暖房のときは29℃以下とすることが推奨されている。床座の場合、床暖房において体温より表面温度が高い場合は、低温火傷をおこす危険性があるので注意する必要がある。

4 ドラフト

特に暖房時において、気流を増加させすぎると局所的な気流が生じ不快感を与える。この不快感を与える局所的気流をドラフトという。ドラフトは、空気温度、平均風速以外に、気流の乱れ、代謝量、着衣量が不快感に影響しているといわれている。暑いときの気流は涼しく感じる。住まいでは、エネルギー削減のためにも、気流を有効に利用することを考える。

5. 高齢者の温熱環境

特に病気や障害を抱えている高齢者が、暑かったり、寒かったりする不適切な温熱環境下で生活すると、持病や障害を悪化させる原因となる。また、健康な高齢者であっても加齢により体温調節機能や体温を一定に保つ能力などが低下し、まわりの気温に影響されやすくなる。高齢者には、冬暖かく、夏涼しい快適な温熱環境を提供する必要がある。

1 高齢者の身体の変化

温熱環境の変化に対しては一般に、発汗や血管の収縮・拡張により体温調節

（自律性体温調節）を行い、また暑さ寒さを感じる（温冷感）と、衣服や冷暖房器具などにより体温調節（行動性体温調節）を行う。

　しかし、加齢に伴い、自律性体温調節機能は低下する。高齢者の体温調節機能の低下には、以下のような特徴がある。①寒い環境では、皮膚表面近くの血管収縮が鈍くなるため皮膚からの放熱量が多くなり、体温が低下する恐れがある。②暑い環境では、皮膚表面近くの血管拡張が鈍くなるため、皮膚からの放熱が十分できず熱中症になる危険性がある。③発汗の開始が遅れ、発汗量が少なくなる。さらに温冷感も低下するために、行動性体温調節も適切に行いにくくなる。

　このほか高齢者は加齢に伴い、温度感覚（温冷感）、触覚、痛覚などの皮膚の感覚も低下する。温冷感の低下の原因は、加齢による皮膚表層に分布している温点や冷点の減少、温冷受容器から神経線維を経て脳へ伝達される過程の衰え、脳の機能低下といわれている。特に高齢者は足部の温かさ・冷たさの感覚が低下し、また全身的に冷たさを感じにくくなる。

❷ 高齢者の住まいの温熱環境

　高齢者の住まいにおける温熱環境は、夏より冬のほうが重要であり、住まいの中での温度差をなくす必要がある。また、暖房方法も問題となる。

　冬の温度の低い環境では、寒さにより心臓への負担が大きくなり、血圧が高くなり、脈拍も速くなる。室内の温度差による**ヒートショック**は、心筋梗塞や脳血管障害を引きおこし、死に至る場合もある。トイレ、洗面室、浴室などは日射の影響を受けない北側に位置させることが多く、使用時間が短いため暖房しないことが多い。そのため、暖かい室内から寒いトイレ、脱衣室などへの移動や入浴の前後にヒートショックをおこしやすい。

　また、寝室の温度が低いと睡眠効率が悪くなる。高齢者は夜間排尿のために1回以上起きることが多いため、布団から出た際のヒートショックを軽減するためにも寝室、廊下やトイレなどの温熱環境を整えることは重要である。

　夏の暑い環境において気温が30℃以上になると、体内の水分や塩分が不足し、体温調整機能のバランスが崩れる。すると体温が上昇し、脈拍や呼吸数が増え、顔面紅潮、疲労感などの症状がおこって脱水症状や日射病（熱中症）などになる。高齢者は発汗量が少なくなっており、なかにはエアコンなどの冷房を嫌い、暑い環境に長時間いる傾向があるため、室内でも熱中症になりやすい。

また、高齢者には湿度も大きく影響する。特に、冬の外気は低温で湿度が低いため、暖房により一層乾燥しやすくなる。室内の乾燥により人の粘膜が乾燥するため、粘膜の除菌機能が低下し、インフルエンザなどの上気道感染を引きおこす細菌が付着しやすくなる。高齢者は抵抗力が弱いためインフルエンザなどに感染しやすい。

逆に、湿度が高いと、カビやダニなどが繁殖しやすい環境となる。カビの胞子が体力の弱い高齢者の口や鼻から入ると、肺炎などの呼吸器感染やぜんそくなどのアレルギー症状や皮膚病が発症しやすくなる。

高齢者の住まいの温熱環境の基準として、「高齢者・身障者に配慮した住宅熱環境評価基準値(日本建築学会、1991年)」や「健康で快適な温熱環境を保つための提案水準(建設省(現在の国土交通省)住宅局、1991年)」がある。ここでは高齢者の住まいにおいて現実的レベルと思われる「健康で快適な温熱環境を保つための提案水準」を表5.1.2に紹介する。

表5.1.2 健康で快適な温熱環境を保つための提案水準

要素		提案水準	提案水準に対するコメント
温度		室温の目標(活動量1.0〜1.2metとして) 居室:冬季・18〜22℃、夏季・25〜28℃ 非居室:冬季・13〜20℃、夏季・26〜30℃ (着衣量:冬季・0.8〜1.2clo、夏季・0.3〜0.6clo)	着衣と活動の程度に応じて左記の範囲内で調節する。子ども室は15〜18℃でも可。暖房停止時、非暖房室の最低は15℃程度を確保したい
湿度		湿度調節を行う場合の目標相対湿度:40〜60%	体感的には50%前後が最適とされる。結露防止の観点から上限は60%とする必要がある
気流		居住域での室内気流の上限 暖房:0.15m/s 冷房:0.25m/s 夏季通風による場合は1m/s程度までを可とする	夏季通風における上限は1m/s(紙が飛ばない)、または、3.0m/s(紙の飛散を許容)程度とされる。冷房時など(扇風機を含む)間欠的気流の上限も1m/s程度
放射		表面温度の上限:40℃(暖房放熱器など人体が接触する部分の上限) 床暖房表面温度:29℃以下	皮膚表面の低温火傷の限界は40〜45℃とされる。長時間接触の可能性がある場合にはこれより低くする
温度などの均一度	上下温度差	垂直温度差:3℃以内(床上1.2mまでの居住区) 室間(暖房室と非暖房室):5℃以内 外気との温度差:5〜7℃以内 冷房時、外気温に応じて	上高下低型温度分布に適用、頭寒足熱型ではこの2倍程度まで許容できるとの説もある。ヒートショックの防止を目的とする。廊下、トイレなどの温度低下を防ぐ。体感的には温度差の不快を除去するには3℃以内とする。冷房を主たる目的とする
	放射の不均一	規定しない	簡易な計算法がないので規定しても実質的意義が小さい

5-2 住まいと熱

1. 住まいにおける熱

　図5.2.1は、住まいにおける熱の発生と熱の流出入の様子である。室内外に温度差があると熱の出入りがある。日射により、窓や外壁、屋根などから熱は流入する。室内では人間の活動とともに熱が発生し、さらに調理器具、暖房器具、照明器具、冷蔵庫、テレビ、パソコンなどからも熱が発生する。

　熱は伝導、対流、放射（ふく射）により伝わり、室内に入る熱と室内から出ていく熱がある。外壁や床などと室内空気の間では対流により、壁や床の内部は伝

図5.2.1　住まいにおける熱の発生と流れ

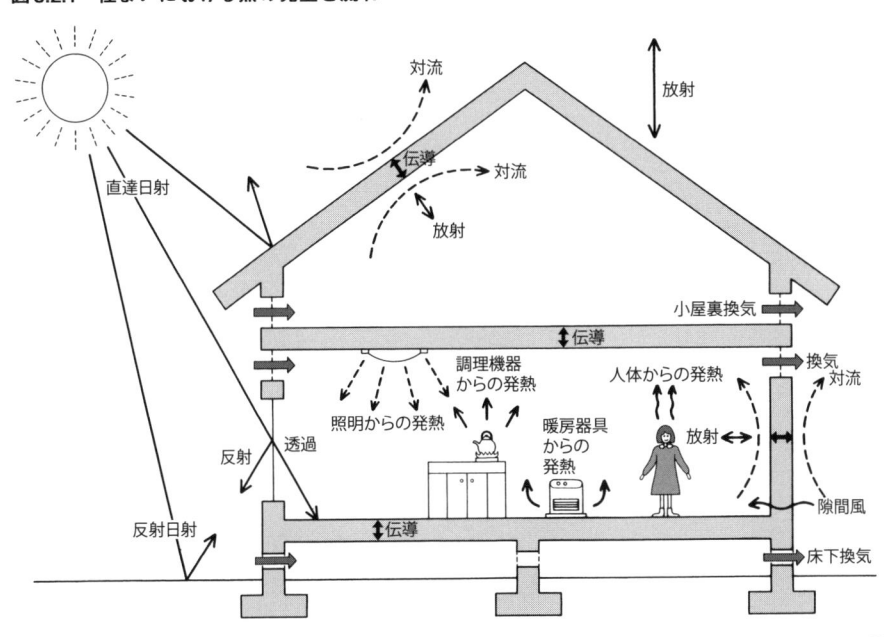

導により熱が伝わる。また、室内の人間と外壁との間では、放射により熱伝達が行われる。一般に夏の昼間、住まいへ入ってくる熱の割合は、壁、床、天井からは全体の40〜50％、窓や開口部からの日射による熱は30〜40％、開口部や隙間からの熱は20％程度である。

2. 熱の移動

熱は伝導、対流、放射によって温度の高いほうから低いほうへ移動する。図5.2.2に示すように住まいの壁を例にとり、伝導、対流、放射の現象とそれに伴う移動する熱量の求め方について説明する。

1 伝導

ある物質において、高温側から低温側への熱の移動を**伝導**という。ここでは、壁、天井、床などの固体における熱移動を熱伝導という。図のように室内と室外の温度差を $(t_1 - t_2)$ [℃]、壁の厚さを l [m]、材料の熱の伝えやすさである熱伝導率を λ（ラムダ）[W/(m・K)] とすると、面積1m²、1秒間に、熱伝導により流れる熱量 q_d [W/m²] は、式(5.2.1)となる。熱伝導率 λ は、1mの長さ（厚さ）当たり1K（ケルビン＝℃）の温度差があるとき1秒間に1m²を移動する熱量である。

$$q_d = \lambda \frac{t_1 - t_2}{l} \quad [\text{W/m}^2] \quad (5.2.1)$$

なお、温度差はSI単位ではK（ケルビン）で表し、Kは温度を表す絶対単位である。日本では温度の単位として摂氏 [℃] が使われており、摂氏 t [℃] のとき

図5.2.2　熱の移動のプロセス

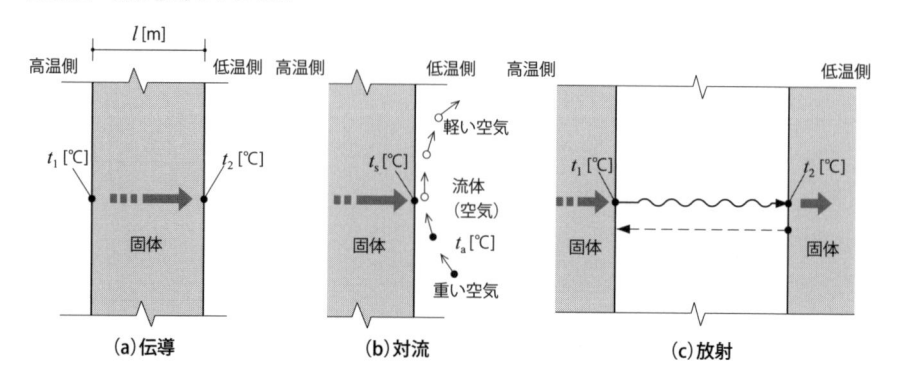

(a) 伝導　　(b) 対流　　(c) 放射

住まいと熱　5-2

絶対温度 T[K]との関係は、T[K] = t[℃] + 273.15[℃]である。したがって、$(t_1 - t_2)$[℃] = $(t_1 - t_2)$[K]である。

固体内部を流れる熱伝導は、その材料によって流れやすさが異なる。材料の熱の伝わりやすさは、材料の熱伝導率 λ [W/(m·K)]で表され、材料固有の値である。表5.2.1に各材料の熱伝導率を示す。材料の密度 ρ（ロー）[kg/m³]が大きい材料ほど熱伝導率 λ は大きく、熱を通しやすい傾向がある。コンクリート（2200kg/m³）、木材（400kg/m³）、断熱材としてたとえば硬質ウレタン発泡板（38kg/m³）の熱伝導率を比べると、熱伝導率は密度の大きい順にコンクリート＞木材＞断熱材となる。

また、温度と湿度が材料の熱伝導率に影響する。温度が高いと熱伝導率は大きくなる傾向がある。さらに、湿度が高くなると水分を含み、水の熱伝導率は

表5.2.1　主な建築材料の熱伝導率・比熱・密度・容積比熱（空気調和・衛生工学会編『空気調和・衛生工学便覧、第11版、Ⅱ巻』）

分類	材料	熱伝導率 λ [W/(m·K)]	比熱 C [kJ/(kg·K)]	密度 ρ [kg/m³]	容積比熱 $C\rho$ [kJ/(m³·K)]
金属・ガラス	鋼材	45	0.46	7900	3600
	アルミニウムおよびその合金	210	0.88	2700	2400
	板ガラス	0.78	0.77	2540	1960
セメント・モルタル	コンクリート	1.4	0.88	2200	1900
	ALC	0.17	1.1	600	650
	モルタル	1.5	0.80	2000	1600
	プラスタ	0.79	0.84	2000	1600
木質系	木材	0.14〜0.19	1.3	400〜600	520〜780
	合板	0.19	1.3	550	720
ボード	軟質繊維板（インシュレーションボード）	0.056	1.3	250	330
	木毛セメント板	0.19	1.7	570	950
	石こうボード	0.22	1.13	800	900
床材	畳	0.15	1.3	230	290
	カーペット	0.08	0.80	400	320
	断熱材薄層裏打塩化ビニルシート	0.078	—	600〜700	—
繊維系断熱材	グラスウール（24K）	0.042	0.84	24	20
	岩綿保温材	0.042	0.84	100	84
発泡系断熱材	ポリスチレン発泡板（押出し）	0.037	1.3	28	35
	硬質ウレタン発泡板	0.028	1.3	38	47
その他	空気	0.022	1.0	1.3	1.3
	水	0.60	4.2	1000	4200

0.6W/(m·K)と大きいため水分を多く含むほど熱伝導率は大きくなる傾向がある。

❷ 対流

室内にストーブがあると、暖められた空気は軽くなり上昇する。上昇し空気が薄くなったところに冷たい重い空気が入り込み、またその空気が暖められて上昇する。この繰り返しにより流体（気体、液体）が循環し、熱移動がおこる。このように、個体表面とそれに接する流体の間におこる熱移動を**対流**による熱伝達という。

対流には、**自然対流**と**強制対流**がある。無風状態の室内において、壁の表面と表面近くの空気との温度差により熱が伝わり、空気が流動する場合を自然対流という。また、扇風機や自然風などの強制力によるものは強制対流という。

対流による熱伝達量 q_c [W/m²] は、壁の表面温度（固体表面温度）を t_s [℃]、壁体表面近くの空気の温度を t_a [℃]、このときの**対流熱伝達率**を $α_c$ [W/(m²·K)]とすると、式(5.2.2)により求められる。対流熱伝達率 $α_c$ は、壁の表面と表面近くの空気との温度差が1Kであるとき面積1m²を1秒間に移動する熱量であり、流速、温度条件、流体の種類によって値は変わる。

$$q_c = α_c(t_s - t_a) \quad [W/m²] \quad (5.2.2)$$

冬におこる不快なコールドドラフトは、図5.2.3のように冷えた窓面に接した室内の暖かい空気が、対流熱伝達により窓表面に熱が奪われて、周囲の空気より重くなり窓面に沿って下降する現象である。対策として窓ガラスを空気層をもつ複層ガラスにしたり、オフィスなどでは窓下に放熱器を設置する。

❸ 放射

空気中あるいは真空中において、温度の高い物体から温度の低い物体へ熱線（電磁波）として熱が伝わる状態を**放射**による熱伝達という。ここでは、固体表面と固体表面間の空間を熱線が伝搬する現象を放射と考える。高温の物体と低温の物体から放出される電磁波のエネルギーの差により、高温側から低温側へ熱移動が行われる。たとえば、ストーブが暖かく感じるのは、ス

図5.2.3　自然対流によるコールドドラフト

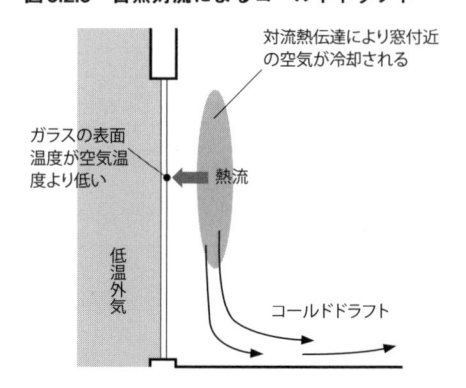

住まいと熱　5-2

トーブから赤外線が出ているためである。

　物体表面からは、表面の絶対温度の4乗に比例する放射エネルギーが放射されている（ステファン・ボルツマンの法則）。放射による熱伝達量 q_r [W/m^2] は、物体表面温度をそれぞれ t_1、t_2 [℃]、このときの**放射熱伝達率**を α_r [W/(m^2·K)] とすると、近似的に式(5.2.3)となる。放射熱伝達率 α_r は、固体表面間の温度差が1Kであるとき面積1m^{2}を1秒間に移動する熱量である。

$$q_r = \alpha_r (t_1 - t_2) \quad [\text{W/m}^2] \quad (5.2.3)$$

4 総合熱伝達

　壁表面とそれに接する空気との熱のやり取りは、空気の対流熱伝達と熱放射による放射熱伝達により行われ、合わせて**総合熱伝達**という。この熱の移動量は**総合熱伝達率**で表され、室内と室外ではその値が異なる。**室内側総合熱伝達率** α_i は、自然対流熱伝達率4W/(m^2·K)と放射熱伝達率5W/(m^2·K)を加えた α_i = 9W/(m^2·K)、**屋外側総合熱伝達率** α_o は風速3m/sのときの強制対流熱伝達率18W/(m^2·K)と放射熱伝達率5W/(m^2·K)を加えた α_o = 23W/(m^2·K) が、一般に計算で用いられる。この熱伝達量 q [W/m^2] は、壁の表面温度を t_s [℃]、室内または屋外の空気温度を t_a [℃]、総合熱伝達率を α [W/(m^2·K)] とすると、式(5.2.4)により求められる。

$$q = \alpha (t_s - t_a) \quad [\text{W/m}^2] \quad (5.2.4)$$

3. 熱貫流

　壁や床などを通じて空気から空気へ熱が伝わることを**熱貫流**という。図5.2.4のように熱は、①高温側の空気から壁体表面への対流と放射による熱伝達、②壁体内での熱伝導、③壁体表面から低温側空気への対流と放射による熱伝達というプロセスによって伝わる。このように熱貫流は、伝導、対

図5.2.4　壁の熱貫流

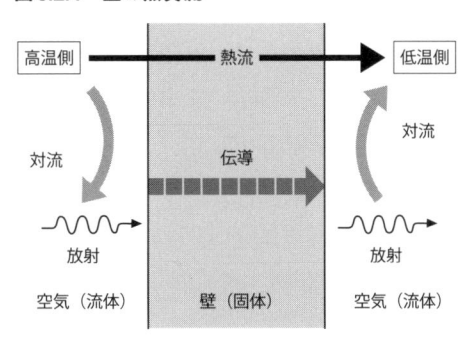

流、放射の3つの現象が関係している。

1 熱貫流率

熱貫流による熱の移動量である熱貫流量 $Q[\mathrm{W/m^2}]$ は、壁を挟んだ、温度の高い室内空気から屋外空気への熱の移動量であり、**熱貫流率** $K[\mathrm{W/(m^2 \cdot K)}]$ を用いて求められる。熱貫流率は面積 $1\mathrm{m^2}$ の壁の両側の温度差が1Kのとき、1秒間に流れる熱量[W]である。数値が大きいほど熱を通しやすく、値が小さくなるほど熱を通しにくくなり、断熱性がよいことを表している。熱貫流量は、室温を $t_\mathrm{i}[℃]$、外気温を $t_\mathrm{o}[℃]$ とすると、式(5.2.5)で表せる。

$$Q = K(t_\mathrm{i} - t_\mathrm{o})$$
$$= (t_\mathrm{i} - t_\mathrm{o})/R \quad [\mathrm{W/m^2}] \quad (5.2.5)$$

ここで、熱貫流率の逆数 $R = 1/K[\mathrm{m^2 \cdot K/W}]$ を**熱貫流抵抗**という。これは、壁の高温側から低温側への熱の通しにくさを表し、この値が大きいほど熱流を通しにくいことを示している。

2 複数の材料からなる壁の熱貫流量

一般に、建物の壁はさまざまな複数の材料により構成されている。たとえば、図5.2.5に示す外壁は、モルタル、コンクリート、石こうボードの複数の層から構成されている。室温が外気温より高いので(室温 $t_\mathrm{i} = 20℃$、外気温 $t_\mathrm{o} = 0℃$)、熱流は、室内→石こうボード→コンクリート→モルタル→屋外へと流れる。このような複数の層からなる壁の熱貫流率と熱貫流量の求め方について、説明する。

室内側および屋外側総合熱伝達率 α_i、$\alpha_\mathrm{o}[\mathrm{W/(m^2 \cdot K)}]$、壁を構成する各建築材料の熱伝導率 $\lambda[\mathrm{W/(m \cdot K)}]$ と厚さ $l[\mathrm{m}]$ は、表5.2.2に示す通りである。

表に示すように、熱抵抗には、室内側および屋外側の壁表面における熱伝達抵抗と、壁を構成する各層(材料)の熱伝導抵抗がある。室内側および屋外側熱伝達抵抗 r_i、r_o $[\mathrm{m^2 \cdot K/W}]$ は室内側および屋外側総合熱伝達率 α_i、α_o の逆数となり、$r_\mathrm{i} = 1/\alpha_\mathrm{i}(= 1/9)$、$r_\mathrm{o} = 1/\alpha_\mathrm{o}(= 1/23)$ である。また、壁を構成する各層の熱伝導抵抗 r は、材料の厚さ l を熱伝導率 λ で除した値である。これらの熱抵抗は、固体あるいは流体における熱の伝えにくさを表す。

図5.2.5 外壁断面図

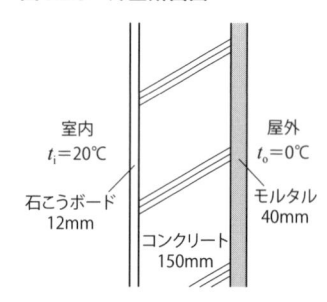

表5.2.2 外壁の熱貫流率 K [W/(m²·K)] と熱貫流量 Q [W/m²] の算出

	熱伝達率 α [W/(m²·K)]	建築材料の熱伝導率 λ [W/(m·K)]	厚さ l [m]	熱抵抗 r [m²·K/W]
室内表面	$\alpha_i = 9$			$r_i = 1/\alpha_i = 1/9$
石こうボード		$\lambda_1 = 0.22$	$l_1 = 0.012$	$r_1 = l_1/\lambda_1 = 0.012/0.22$
コンクリート		$\lambda_2 = 1.4$	$l_2 = 0.15$	$r_2 = l_2/\lambda_2 = 0.15/1.4$
モルタル		$\lambda_3 = 1.5$	$l_3 = 0.04$	$r_3 = l_3/\lambda_3 = 0.04/1.5$
屋外表面	$\alpha_o = 23$			$r_o = 1/\alpha_o = 1/23$
室内から屋外への熱貫流抵抗 $R = r_i + r_1 + r_2 + r_3 + r_o$				$R = 0.343$
熱貫流率 $K = 1/R$ [W/(m²·K)]				$K = 1/0.343 = 2.92$
室内から屋外への熱貫流量 $Q = K(t_i - t_o)$ [W/m²]				$Q = 2.92 \times 20 = 58.4$

このとき、壁全体の熱貫流抵抗 R [m²·K/W] は、室内側および屋外側熱伝達抵抗 r_i、r_o [m²·K/W] と壁を構成する各層の熱伝導抵抗 r_1、r_2、r_3 [m²·K/W] を室内側から屋外側へ順番に加算した値となり、式(5.2.6)のように求められる。

$$R = r_i + r_1 + r_2 + r_3 + r_o$$
$$= 1/\alpha_i + l_1/\lambda_1 + l_2/\lambda_2 + l_3/\lambda_3 + 1/\alpha_o \quad [\text{m}^2 \cdot \text{K/W}] \quad (5.2.6)$$

R は熱貫流率 K の逆数であるから、式(5.2.5)より、この壁の室内から屋外への熱貫流量が求められる。

熱貫流率 K [W/(m²·K)] と熱貫流量 Q [W/m²] の算出過程を表5.2.2に示す。

3 中空層の熱抵抗

壁体内や複層ガラスの空気層のことを中空層という。図5.2.6のように中空層の内側表面に温度差があると伝導、対流、放射により熱は移動する。中空層は断熱の働きをし、その断熱性能は中空層の厚さ、密閉度、熱流の方向により異なる。中空層を伝わる熱流 q_a [W/m²] は、中空層の両側表面の温度をそれぞれ t_1、t_2 [℃]、このときの熱抵抗を r_a [m²·K/W] とすると次式となる。

図5.2.6 中空層の熱移動

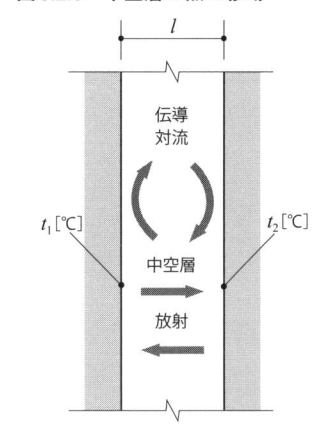

$$q_a = \frac{t_1 - t_2}{r_a} \quad [\text{W/m}^2] \quad (5.2.7)$$

中空層の厚さ l が5mm以内では伝導・対流による熱の移動は伝導のみであり、厚さが20mm以上になると逆に対流のみとなる。中空層側の

表面にアルミ箔を張ると放射熱を遮断して断熱効果が上がる。表5.2.3に中空層の実用的な熱抵抗を示す。中空層をもつ壁の場合は、式(5.2.6)に中空層の熱抵抗 r_a を足して、熱貫流抵抗 R を求める。

4. 断熱と蓄熱

1 断熱

　夏は屋外から室内へ、冬は室内から屋外へ熱をなるべく逃がさないようにする必要がある。そのためには、外壁や窓などからなるべく熱が逃げないように、熱を通りにくくすること（断熱）が重要となる。外壁には**断熱材**を入れ、窓は**二重サッシ**や**複層ガラス**とすることにより断熱性能を向上させることができる。断熱材には空気泡が含まれており、二重サッシや複層ガラスのサッシあるいはガラスの間には**空気層**がある。断熱では、空気が重要な役割を果たしている。

　外壁や床などはグラスウールやポリウレタンなど熱を伝えにくい断熱材を用いることにより、断熱性能を向上させることができる。断熱材には、グラスウールやロックウールのような繊維材料のものと硬質ウレタンフォームや発泡ポリスチレンのような発泡プラスチック材料がある。断熱材は材料内部に小さな空気泡を含んでいるため密度が小さく、熱伝導率が小さいので熱を伝えにくい。断熱材の空気泡が大きいと空気が動きやすく、対流により熱が伝わるため、断熱材の熱伝導率は、小さい値とならない。気泡が小さいと空気自体が動きにくく、対流がおきないため、空気が熱抵抗となる。空気層をもつ二重サッシや複層ガラスにおいても空気が熱抵抗となるが、空気層が大きくなると対流がおこるため、その影響を小さくする必要がある。

表5.2.3　中空層の実用的な熱抵抗

中空層の種類	熱抵抗値 r_a [m²・K/W]	対象中空層
密閉	0.17	工場生産の二重ガラス
半密閉(1)	0.13	現場施工の二重サッシ
半密閉(2)	0.083 0.24	壁の中空層 壁の中空層（アルミ箔付）
隙間あり	0.06	ガラスとカーテンの中空層 雨戸とガラスの中空層

図5.2.7　外壁断面図（断熱材入り）

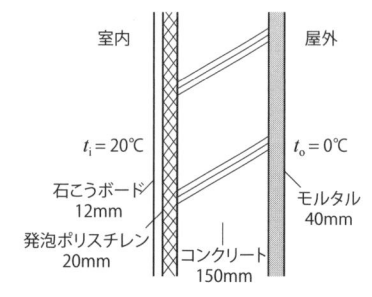

室内　$t_i = 20℃$　　屋外　$t_o = 0℃$
石こうボード 12mm
発泡ポリスチレン 20mm
コンクリート 150mm
モルタル 40mm

図5.2.7に示すように、図5.2.5の外壁室内側に発泡ポリスチレンを挿入したときの熱貫流量と熱貫流率を求める。室温 t_i = 20℃、外気温 t_o = 0℃である。室内・屋外側の熱伝達率 $α_i$、$α_o$、各材料の熱伝導率 $λ$、材料の厚さ l は表5.2.4のように与えられている。この外壁の熱貫流率 K と熱貫流量 Q の計算過程および結果を表に示す。

この結果を表5.2.2と比較すると、断熱材である発泡ポリスチレンを入れることにより、熱貫流率は2.92W/(m²・K)から1.13W/(m²・K)に、熱貫流量 Q は58.4W/m²から22.6W/m²へと1/2以下になり、熱が通りにくくなることがわかる。

2 蓄熱

冷めやすい外壁もあれば、冷めにくい外壁もある。熱をどのくらい蓄えることができるかという能力により、室温は左右される。この能力を**蓄熱**という。蓄熱能力は建築材料により異なり、熱容量に関係する。熱容量は物質の温度を1K上昇させるために必要な熱量（J：ジュール）であり、単位は[J/K]である。1kgの物質の温度を1K上昇させるのに必要な熱量である比熱 C[J/(kg・K)]に、密度 $ρ$[kg/m³]を乗じたものが容積比熱 $Cρ$[J/(m³・K)]であり、この容積比熱に容積 V[m³]をかけた $CρV$[J/K]が熱容量となる。表5.2.1に主な建築材料の比熱、密度および容積比熱を示す。熱容量が大きい物質の温度を上げるためには、多くの熱量が必要であり、温度を下げるには、多くの熱を放出しなければならない。熱容量が大きいほど外気温に室温は影響されにくい。表5.2.1より、比熱 C は水を除きほぼ1.0 kJ/(kg・K)程度であるので、一般的に質量 $ρV$[kg]により熱容量

表5.2.4　断熱材を入れたときの外壁の熱貫流率 K[W/(m²・K)]と熱貫流量 Q[W/m²]の算出

	熱伝達率 $α$ [W/(m²・K)]	熱伝導率 $λ$ [W/(m・K)]	厚さ l [m]	熱抵抗 r [m²・K/W]
室内表面	$α_i$ = 9			r_i = 1/$α_i$ = 1/9
石こうボード		$λ_1$ = 0.22	l_1 = 0.012	r_1 = $l_1/λ_1$ = 0.012/0.22
発泡ポリスチレン		$λ_2$ = 0.037	l_2 = 0.02	r_2 = $l_2/λ_2$ = 0.02/0.037
コンクリート		$λ_3$ = 1.4	l_3 = 0.15	r_3 = $l_3/λ_3$ = 0.15/1.4
モルタル		$λ_4$ = 1.5	l_4 = 0.04	r_4 = $l_4/λ_4$ = 0.04/1.5
屋外表面	$α_o$ = 23			r_o = 1/$α_o$ = 1/23
室内から屋外への熱貫流抵抗 $R = r_i + r_1 + r_2 + r_3 + r_4 + r_o$				R = 0.884
熱貫流率 $K = 1/R$ [W/(m²・K)]				K = 1/0.884 = 1.13
室内から屋外への熱貫流量 $Q = K(t_i − t_o)$ [W/m²]				Q = 1.13 × 20 = 22.6

は決まり、重いものほど熱容量は大きくなる。したがって、コンクリートなどの重い材料で建てた住まいは、木造など軽い材料で建てた住まいに対して、熱しにくく、冷めにくい住まいとなる。

5. 木造と鉄筋コンクリート造

　断熱性能と熱容量の組み合わせにより室温の変化は異なる。熱容量の小さい木造と大きい鉄筋コンクリート（RC）造について、図5.2.8に示すような断熱性能の良否を組み合わせた場合の室温の変化について説明する。

❶ 暖房開始・停止後の室温の変化

　断熱性能の良否と熱容量の大小の組み合わせによる暖房開始、停止後の室温の変化を示したものが図5.2.9である。室温変化は断熱性能がよいと早く、熱容量が大きいと緩やかになる。図(a)の熱容量が小さい木造について見ると、断熱性

図5.2.8　熱容量が異なる建物と断熱性能の良否

(a) 木造（熱容量小さい）

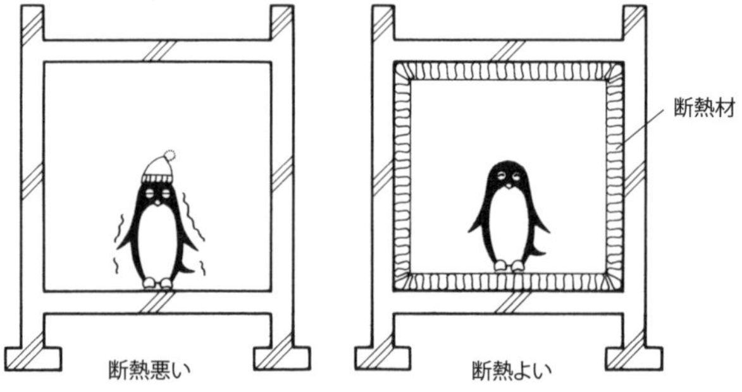

(b) 鉄筋コンクリート（熱容量大きい）

能がよいと熱の流出が少ないため、暖房をすると部屋はすぐ暖まり室温が上がって定常状態となる。それに対して、断熱性能の悪い場合は、熱が外壁などから逃げるため、なかなか部屋は暖まらず室温は低い温度で定常状態となる。また、図(b)の熱容量が大きいRC造について見ると、断熱性能が悪い場合は熱容量が小さい(a)とほぼ同じ傾向であるが、室温は定常状態とならず、ごくわずかであるが低い室温でゆっくり上昇している。断熱性能がよい場合は、暖房時間とともに室温は上昇するが、熱容量が小さい(a)のように急激な温度上昇は見られない。

また、熱容量の違いは室温の上昇曲線に見られる。図(a)と(b)の断熱性能がよい場合について比較すると、(b)は熱容量が大きい外壁を暖めるので、室温が定常状態になるまでに時間がかかり、温度変化が緩慢になる。暖房停止後の室温低下も、熱容量が小さい(a)は一気に低下するのに対して、熱容量が大きい(b)は暖房停止後の一時的な急激な低下はあるものの、全体としてゆっくり温度が低下する。この図から、熱容量が小さい木造は、熱しやすく冷めやすく、熱容量が大きいRC造は、熱しにくく冷めにくいことがわかる。

2 外気温に対する室温の変化

外気温の変化に対する室温の変化を図5.2.10に示す。熱容量の小さな木造では、断熱性能の良し悪しに関係なく図(a)のように外気温と室温の時間的変化はほぼ同時であり、室温の変化も外気温と同じである。また、熱容量が大きいRC造では、外気温の変化と室温の変化は図(b)のように時間差が生じ、室温の変化も小さくなる。断熱性能がよいと断熱が悪い場合に比べ室温変化はさらに小さく

図5.2.9 断熱性能と暖房開始・停止後の室温の変化

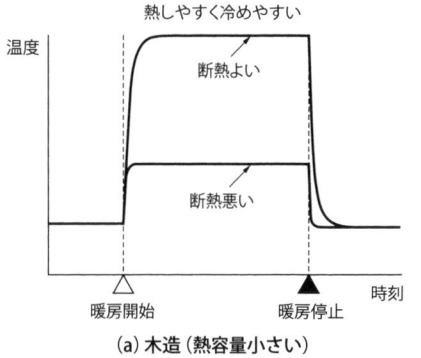

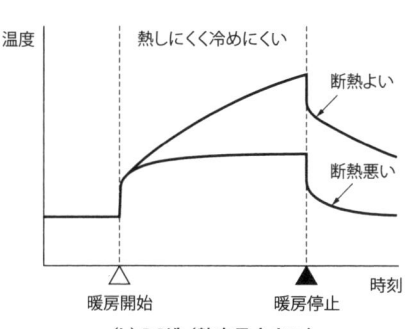

(a) 木造（熱容量小さい）　　(b) RC造（熱容量大きい）

図5.2.10 外気温変動と室温の変化

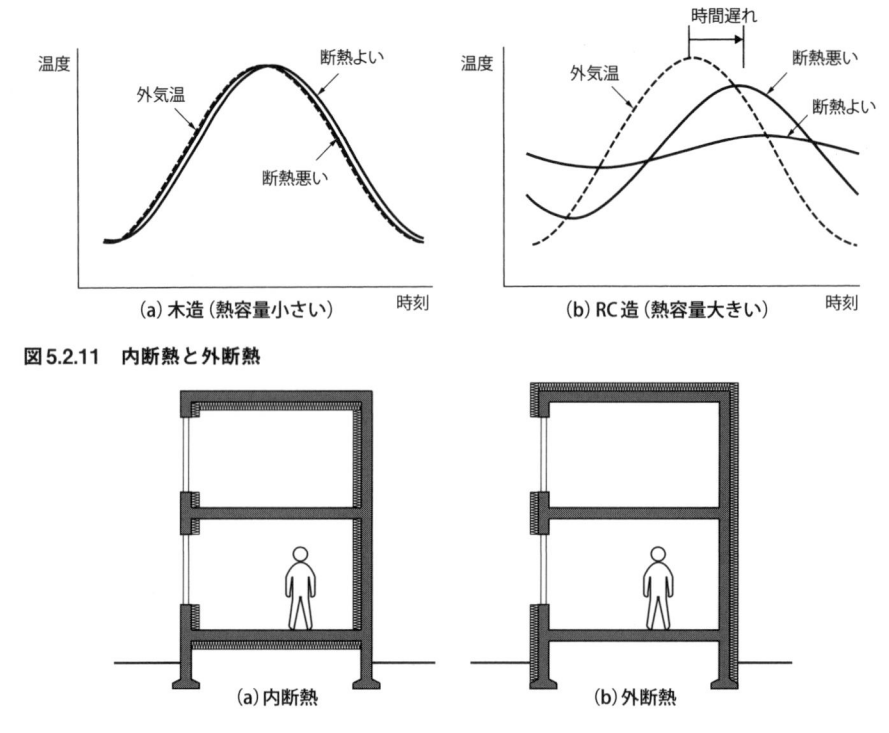

(a) 木造（熱容量小さい）

(b) RC造（熱容量大きい）

図5.2.11 内断熱と外断熱

(a) 内断熱

(b) 外断熱

なり、外気温の影響は小さくなる。

3 内断熱と外断熱

図5.2.11(a)のように断熱材を内側（室内側）に設ける内断熱工法と外側（外気側）に設ける外断熱工法がある。断熱材をどちらに設置しても、熱貫流率は同じである。熱容量が大きなRC造では、断熱材の設置位置で室内側壁面温度が変化するが、熱容量が小さな木造では、どちらに設けてもその影響はRC造ほどは問題とならない。暖房時について見ると、外断熱は冷えているコンクリート、室内をともに暖めるため、室温の上昇は内断熱より遅く、熱エネルギーを多く必要とする。しかし、暖房を停止した後の室温の変化はゆっくりであり、外断熱のほうが内断熱に比べ室温変化が小さくなる。一定の室温になるように連続的に暖房する場合は外断熱のほうが有利となる。内断熱は室温の上がり方が早く暖房停止後の室温の下がり方も早いため、短時間の部屋の使用などに適している。また冬の暖房時において、壁体の温度は内断熱より外断熱のほうが高くなるため、結露に

おいても外断熱が有利となる。

6. 住宅の省エネルギー基準

建物の断熱性能は、総合熱貫流率 $\overline{KA}$ で表され、室温が外気温より1℃高いときに、外気に接する建物のすべての部位からの貫流熱損失と換気口や隙間風による熱損失の和で表され、次式となる。

$$\overline{KA} = (\Sigma K_i A_i + c_p \rho\, n'V) \quad [\text{W/K}] \qquad (5.2.8)$$

ここで、K_i：建物のi番目の部位(外壁、開口など)の熱貫流率 $[\text{W/(m}^2\cdot\text{K)}]$、$A_i$：建物の$i$番目の部位の面積 $[\text{m}^2]$、c_p：空気の定圧比熱 $[1005\text{J/(kg}\cdot\text{K)}]$、$\rho$：空気の密度 $[1.2\text{kg/m}^3]$、$n'V$：換気量または隙間風量 $[\text{m}^3/\text{s}]$ を表す。n' は、1時間当たりの換気回数を $n\,[\text{回/h}]$ としたとき、$n'=n/3600\,[\text{回/s}]$ である。

総合熱貫流率は、建物が大きくなるほど外気に接する面積が大きくなるため、値は大きくなる。建物の大きさの影響を取り除き、断熱性能を比較できる評価として熱損失係数 Q が用いられる。熱損失係数 Q は、総合熱貫流率 $\overline{KA}$ を延べ床面積 $A_o\,[\text{m}^2]$ で除した値である。

$$Q = \frac{\overline{KA}}{A_o} \quad [\text{W/(m}^2\cdot\text{K)}] \qquad (5.2.9)$$

熱損失係数は、室内外の温度差が1K、延べ面積1m²当たり、1秒間に失われる熱量である。この値を Q 値といい、値が小さいほど断熱性がよいことを示す。

平成11年に改正された「次世代省エネルギー基準(エネルギーの使用の合理化に関する法律)」では、気候特性により全国を6地域に分け、Q 値を定めて、その値を満たすことが求められている。気候特性は、デグリーデーに基づいている。

デグリーデーの考え方を説明する。図5.2.12に示すように外気温が $t_o'\,[℃]$ 以下になったとき暖房を行うとする。このとき暖房時の室内の設定室温を $t_i\,[℃]$ とする。このとき暖房時の室内の設定温度とある1日の外気温の平均値 $t_o\,[℃]$ の差 $(t_i - t_o)$ を、暖房期間の全日について加算した度日数がデグリーデーである。図5.2.12のグレーの色がついた部分がデグリーデーであるが、この面積が大きいほど、暖房にかかるエネルギーも大きくなる。デグリーデーは $_aD_b$ で表され、aは室温、bは暖房を開始する気温である。$_{18}D_{16}$ は、1日の平均外気温 t_o' が16℃以下のとき暖房をし、そのときの設定室温 t_i は18℃という意味である。

次世代省エネルギー基準では、図5.2.13に示すように暖房を行う外気の平均温度（t_o'）と室内の暖房設定温度（t_i）をともに18℃としたときの地域の暖房デグリーデー D_{18}（度日）に基づいている。表5.2.5に都道府県ごとの熱損失係数 Q 値を示す。実際には、市町村ごとに細かく定められている。

表5.2.5　次世代省エネルギー基準の地域区分と Q 値

地域の区分	都道府県	Q値
I 地域	北海道	1.6
II 地域	青森、岩手、秋田	1.9
III 地域	宮城、山形、福島、栃木、長野、新潟	2.4
IV 地域	茨城、群馬、山梨、富山、石川、福井、岐阜、滋賀、埼玉、千葉、東京、神奈川、静岡、愛知、三重、京都、大阪、和歌山、兵庫、奈良、岡山、広島、山口、島根、鳥取、香川、愛媛、徳島、高知、福岡、佐賀、長崎、大分、熊本	2.7
V 地域	宮崎、鹿児島	2.7
VI 地域	沖縄	3.7

注　都道府県は1つの目安で、実際には市町村レベルで細かく分けられている

図5.2.12　デグリーデーの計算法

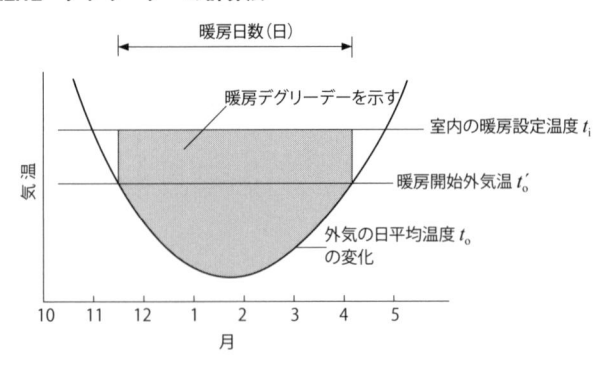

図5.2.13　次世代省エネ基準のデグリーデー

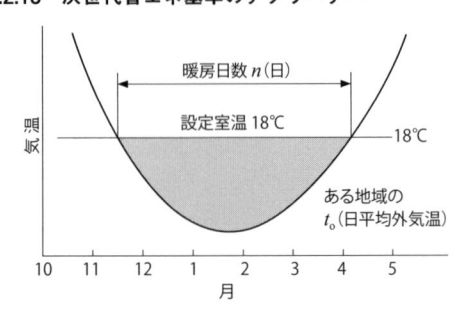

5-3 住まいの湿気と結露

1. 湿度

　私たちのまわりにある空気は水蒸気を含んでいる。この水蒸気を含んだ空気を**湿り空気**という。また、水蒸気をまったく含まない空気を**乾き空気**といい、実際には存在しない理論上の空気である。通常の湿り空気は、図5.3.1に示すように乾き空気と水蒸気が混じり合った気体である。

　空気中に含まれる水蒸気や建築材料に含まれる水蒸気や水分を湿気という。空気中の湿気は湿度で表され、湿度には**絶対湿度**と**相対湿度**がある。一般的に、温湿度計に表示される湿度何%というのは、相対湿度である。湿度に関係する指標を表5.3.1に示す。水蒸気量を表す指標として、絶対湿度以外に**水蒸気分圧**がある。

1 絶対湿度

　図5.3.1のように乾燥空気1 kgに水蒸気 x [kg]を含んでいる体積 V [m³]の湿り空気は、乾燥空気1kgと水蒸気 x [kg]の混合気体である。水蒸気の質量 x [kg]を絶対湿度という。単位は[kg/kg′]または[kg/kg(DA)]である。絶対湿度 x [kg/kg′]は、湿り空気 $(1+x)$ kgの中に、水蒸気 x [kg]が含まれることを示している。

　湿り空気中の水蒸気の質量が増加すると、絶対湿度は増加するが、気温により含むことができる水蒸気量に限界がある（気温が低いほど含むことのできる水蒸気量は少ない）。これ以上含むことができない限界点に達した状態を**飽和状**

図5.3.1　乾き空気と湿り空気

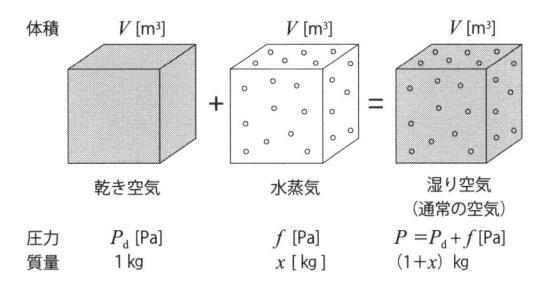

体積	V [m³]	V [m³]	V [m³]
	乾き空気	水蒸気	湿り空気（通常の空気）
圧力	P_d [Pa]	f [Pa]	$P = P_d + f$ [Pa]
質量	1 kg	x [kg]	$(1+x)$ kg

表5.3.1　湿度に関係する指標

湿　度	記号（単位）	意　味
① 絶対湿度	x [kg/kg′] または [kg/kg (DA)]	乾き空気1kgに混ざっている水蒸気の質量 x kg
② 水蒸気分圧	f [Pa]	湿り空気中にある水蒸気の圧力
③ 相対湿度	φ [%]	水蒸気分圧の飽和水蒸気分圧に対する割合

態といい、このときの絶対湿度を**飽和絶対湿度**という。絶対湿度は水蒸気の質量を表しているため、湿り空気の温度変化の影響を受けない。

2 水蒸気圧（水蒸気分圧）

空気の含む水蒸気量は、図5.3.1のように水蒸気の圧力で表すこともできる。乾燥空気と水蒸気の混合気体である湿り空気の圧力（湿り空気の全圧）P [Pa：パスカル] は、乾燥空気の圧力（乾燥空気の分圧）P_d [Pa] と水蒸気の圧力（水蒸気圧または水蒸気分圧）f [Pa] の和となる。絶対湿度 x [kg/kg′] が増加すると、水蒸気圧 f [Pa] もほぼ比例して増加する。飽和状態における水蒸気圧を、**飽和水蒸気圧**という。絶対湿度と同様に、気温が高くなるほど飽和水蒸気圧は高くなる。

3 相対湿度

日本の夏は、高温多湿で蒸し暑く感じられる。これは、汗をかいても蒸発しにくいためである。気温が高くても乾燥していると、皮膚表面から汗が蒸発するため、熱を奪われて暑さをそれほど感じない。また、冬に刺すような寒さを感じるのは、湿度が低く乾燥しているため、皮膚からの水分の蒸発が多いからである。気温が同じであっても、湿度は温冷感に影響を及ぼす。

ある空気の水蒸気圧 f [Pa] と同じ温度における空気の飽和水蒸気圧 f_s [Pa] の比を、**相対湿度** φ [%]（$= f/f_s \times 100$）という。図5.3.2は夏と冬の相対湿度70%の状態を、水の入ったコップにたとえて比較したものである。飽和水蒸気圧は、気温の高い夏は冬より高くなるため、夏の空気は冬より水蒸気を多く含むことができる。そのため、夏と冬ではコップの容量が異なり、夏のコップは冬より大きくなる。このため、同じ相対湿度であっても、コップの容量が大きい夏は、空気中に含まれる水蒸気量が

図5.3.2　夏と冬の相対湿度

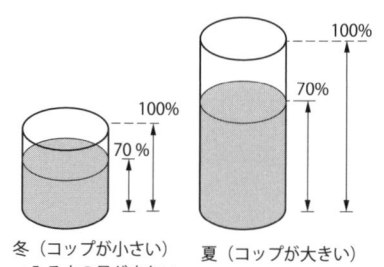

冬（コップが小さい）
→入る水の量が少ない

夏（コップが大きい）
→入る水の量が多い

多くなる。

　飽和していない水蒸気圧 f [Pa]の湿り空気の温度を下げていくと、分母の飽和水蒸気圧 f_s [Pa]の値は温度とともに小さくなるため、相対湿度は大きくなる。温度をさらに下げていくと、飽和状態となり、相対湿度100%になる。

2. 湿り空気線図

■1 湿り空気線図とは

　湿り空気の気温と湿度を組み合わせて空気の状態を表したものが、図5.3.3、5.3.4に示す**湿り空気線図**である。空気の乾球温度（気温）t [℃]、相対湿度 φ [%]、絶対湿度 x [kg/kg']、水蒸気分圧 f [Pa]などの数値が示されている。図5.3.3において2つの状態値がわかっていれば、空気線図より他の状態値を読むことができる（③と④の組み合わせを除く）。

　たとえば、図5.3.4において気温26℃、湿度80%のA点は、絶対湿度0.017kg/kg'、

図5.3.3　湿り空気線図に表される4つの要素

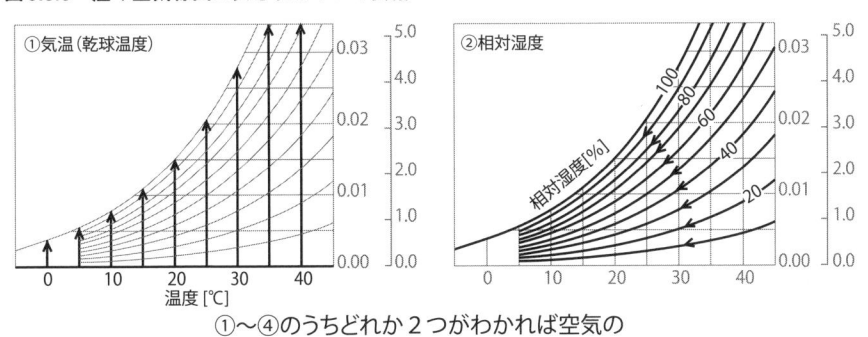

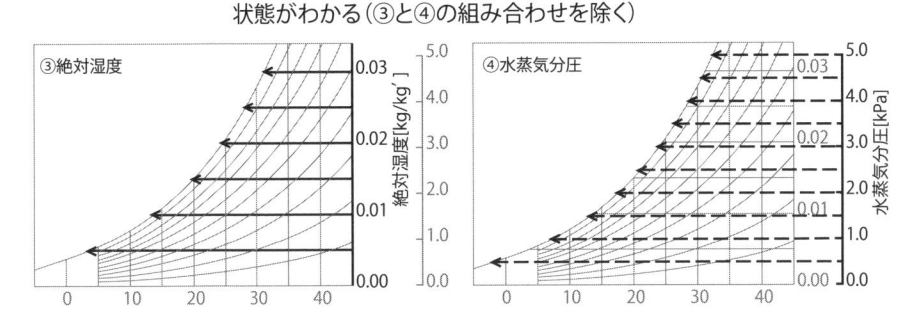

①気温（乾球温度）　　　　　　　②相対湿度

①〜④のうちどれか2つがわかれば空気の
状態がわかる（③と④の組み合わせを除く）

③絶対湿度　　　　　　　　　　　④水蒸気分圧

5章　住まいと熱

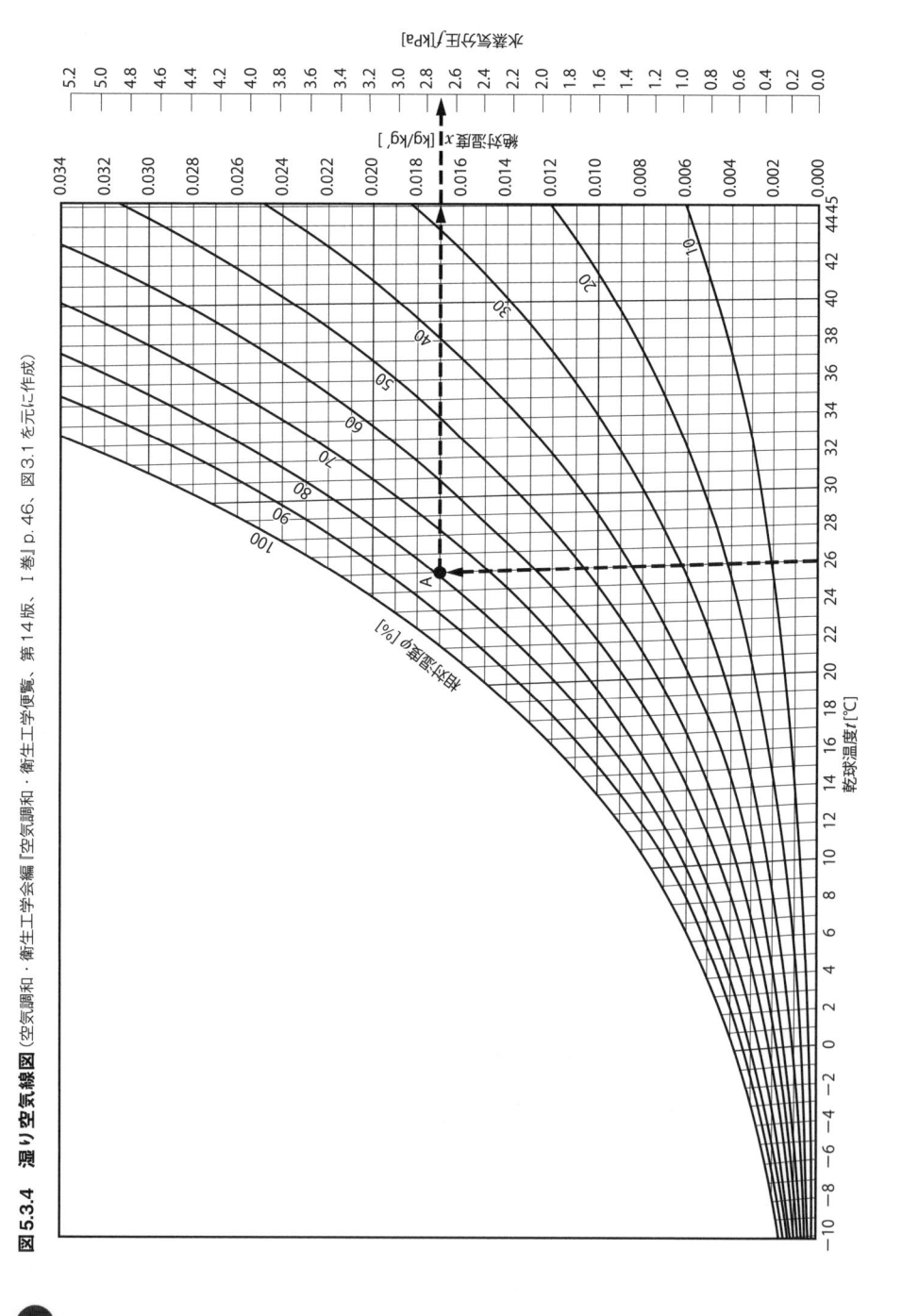

図5.3.4　湿り空気線図 (空気調和・衛生工学会編『空気調和・衛生工学便覧、第14版、I巻』p. 46、図3.1を元に作成)

水蒸気分圧2.7 kPaと読み取ることができる。

2 露点温度

相対湿度100%となった飽和状態の空気は、もうそれ以上水蒸気を含むことはできないため、余分な水蒸気は凝縮して水滴に変わる。水滴が窓や壁などの固体表面に付着することを**結露**といい、氷が入ったグラスや冬のガラス窓に水滴が付く現象が知られている。

図5.3.5に示すように室内の気温26℃（図中①）、相対湿度50%のA点（②）における絶対湿度は約0.0105 kg/kg'である（③）。この空気の飽和状態である絶対湿度の限界点はB点であり（④）約0.0212 kg/kg'である（⑤）。この点を超えると、水蒸気は結露して水滴となる。空気は気温が上がると、水蒸気を含むことができる量が増加するため、室温が高い夏には湿度が高くても結露することは少ない。また、同じ水蒸気量では気温が低くなると、相対湿度は大きくなり、C点で相対湿度100%となる（⑥）。このC点の温度が露点温度であり、約14℃である（⑦）。

図5.3.6のように冬の室内の気温8℃（図中①）、相対湿度50%のD点（②）では、相対湿度は夏と同じ50%であっても、絶対湿度（E点）は約0.0032 kg/kg'となり（③）、含むことができる水蒸気の絶対量が小さくなる。したがって、冬は水蒸気量がわずかに増加しただけでも飽和状態（E点、④）となり、結露しやすくなる。このときの絶対湿度は0.0064 kg/kg'である（⑤）。また、露点温度は相対湿度100%のF点（⑥）で、－2℃（⑦）である。

3. 結露

結露には**表面結露**と**内部結露**がある。表面結露は建物内の天井、壁、床などの表面に発生し、内部結露は建物を構成する材料の中で発生するものである。いずれも汚れやカビ、腐食などの原因となる。

1 表面結露

室内の壁などの表面温度が、室内の湿り空気の露点温度以下の部分があるとそこで結露が発生する。表面結露は、ガラス窓、押入れ、タンスの裏、熱の伝わりやすい**熱橋**部分などに発生しやすい。

5章　住まいと熱

図5.3.5　湿り空気線図の読み方（夏）（空気調和・衛生工学会編『健康に住まう家づくり』オーム社、2004年、p.12）

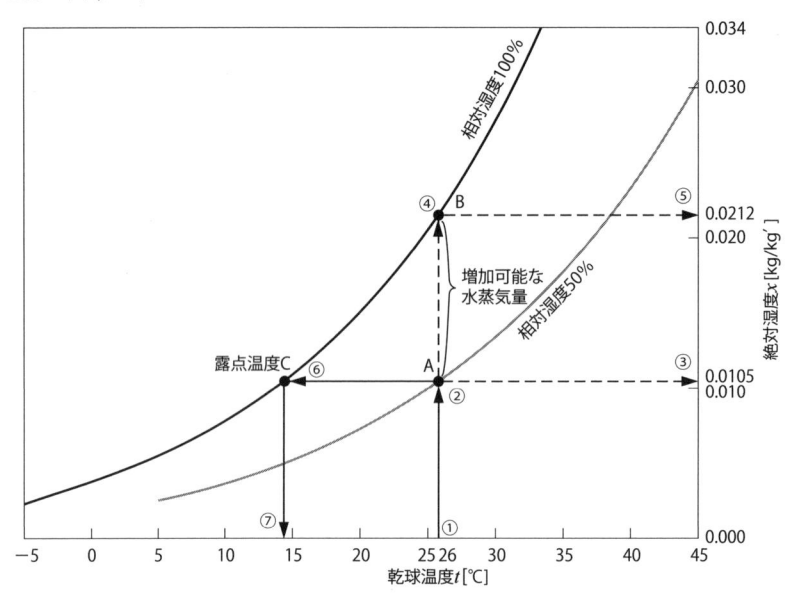

図5.3.6　湿り空気線図の読み方（冬）（空気調和・衛生工学会編『健康に住まう家づくり』オーム社、2004年、p.12）

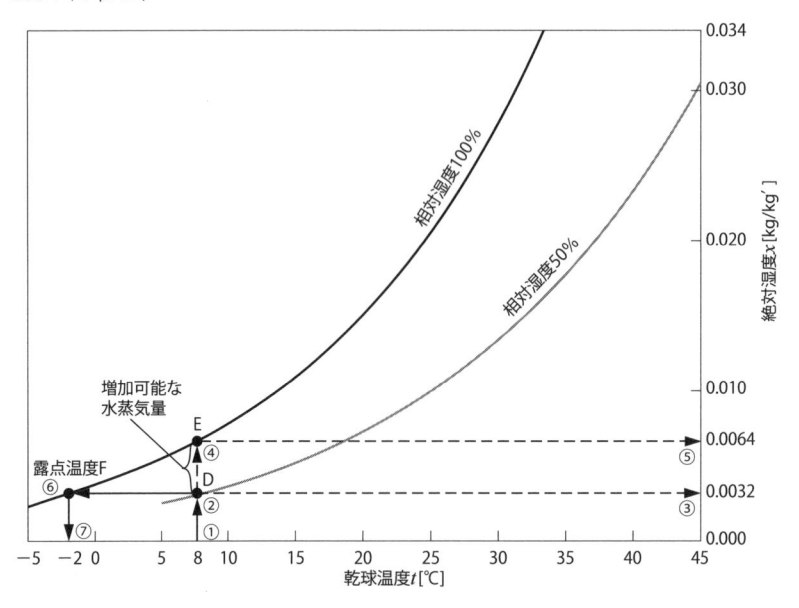

a. 湿度対策

　表面結露の防止方法は、まず相対湿度を上げないことであり、水蒸気をなるべく発生させないことが重要である。住まいでは、台所や浴室、トイレ、洗面所の水回り、開放型暖房機、加湿器などから水蒸気が発生する。これらの発生した水蒸気を換気により、室外へ排出することが重要である。また、換気により室外へ排出されなかった水蒸気や室内で発生した水蒸気が、暖房されていない居室へ流れると、室温の低い居室の露点温度は低いため結露が発生しやすくなる。住まいの中で温度差がないようにすることが重要である。そのためには、全体を暖房するか、暖房されていない居室へも暖かい空気を循環させ、温度差をつくらないようにすることが望ましい。

b. 温度対策

　表面結露を防止するには、室内の壁やガラスなどの表面温度が、露点温度以下にならないように温度の低下を防ぐことである。1枚ガラスの窓は冬に結露しやすいので、空気層により断熱性能を向上させた複層ガラス（ガラス2枚の間に乾燥空気を封入した窓ガラスをいう）や二重サッシにすることにより結露を防ぐことができる。ただし二重サッシは、室内側のサッシの気密性が低いと、湿った暖かい室内空気がサッシ間に流れ込み、冷やされて結露する可能性があるので注意が必要である。また、外壁や天井などの外気に接する面に断熱材を設置することにより、表面温度の低下を防ぐことができる。特に居室の隅部は図5.3.7のように外表面積が内表面積より大きいため、熱流密度が大きくなるため、熱が逃げやすく、内表面温度が他の部分より低下する。また図5.3.8のように内断熱工法とした場合、断熱欠損により熱が逃げやすい熱橋（ヒートブリッジ）ができ、結露が発生しやすい。断熱補強や新築時の施工管理が重要である。

c. 通風による対策

　外壁面に接した押入れや外壁に家具を密着させて配置すると、布団や家具と壁との隙間が

図5.3.7　隅角部の熱の流れ

熱流
熱流密度が大きくなる

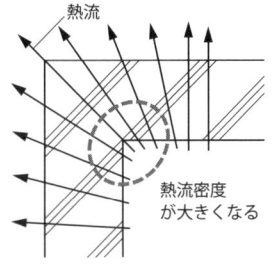

図5.3.8　熱橋（内断熱工法）

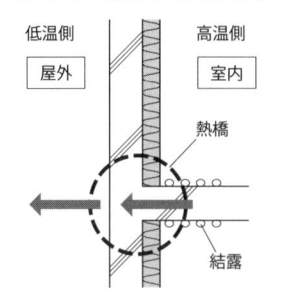

低温側　高温側
屋外　室内
熱橋
結露

狭いため、湿度が高く温度の低い空気がたまりやすくなり、結露が発生しやすくなる。図5.3.9のように隙間をあけ、通気性をよくする。また、カーテンも閉め切ったままにしておくと結露の原因となるため、窓の両側のカーテンを少し開け、空気が流れるようにする。

2 内部結露

内部結露は表面結露と異なり、壁体などの見えないところで発生し、断熱性能を低下させ、木材の腐朽の原因となり、建物の強度や耐久性を低下させる。また、寒冷地での結露部分の凍結など、大きな被害発生の原因となる。一般に、表面結露防止のために室内側に断熱材が張られている（内断熱）が、グラスウールなどの繊維系の断熱材は熱を遮断するが、水蒸気は通しやすい。断熱材の室内側の温度は高いが、断熱材の裏側では温度は急激に低くなり外気温とほぼ同じになる。しかも水蒸気量は室内とほとんど変わらないため、相対湿度は高く、結露が発生しやすくなる。内部結露を防止するためには、図5.3.10のように断熱材の高温側（室内側）に水蒸気を通しにくい透湿抵抗の大きなポリエチレンフィルムなどの防湿シートを張り、水蒸気が断熱材に入らないようにする。図5.3.11のように断熱材の低温側（屋外側）に防湿シートを張ると、水蒸気が壁の内部で止められて結露が拡大する。このほか内部結露を防止するためには、図5.3.12のように外装材と断熱材の間に通気層を設けることにより水蒸気を排出させ、絶対湿度を低くすることにより内部結露の発生を低減させることができる。

図5.3.9　押し入れ、家具の結露防止

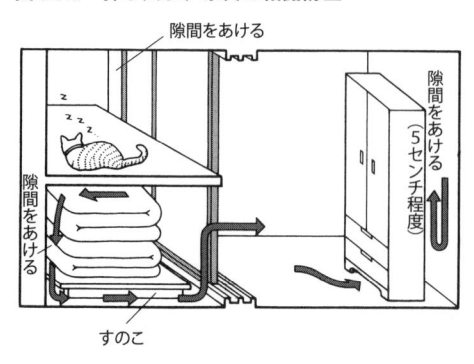

図5.3.10　室内側に防湿層がある場合

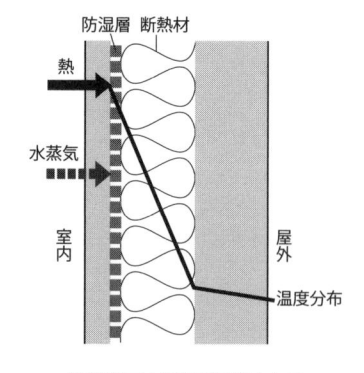

防湿層で水蒸気が遮断されるので、内部結露は生じない

図5.3.11 屋外側に防湿層がある場合

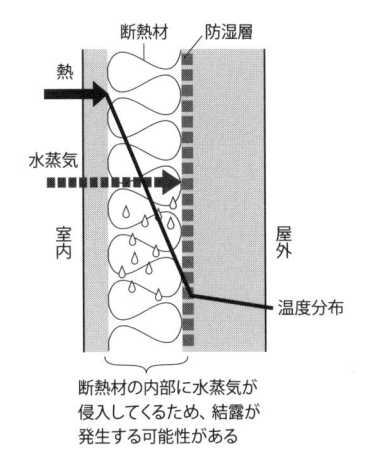

断熱材の内部に水蒸気が侵入してくるため、結露が発生する可能性がある

図5.3.12 通気層を設けた場合

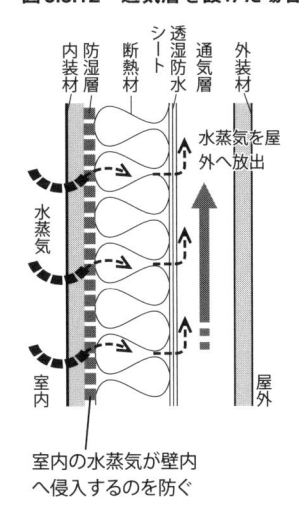

室内の水蒸気が壁内へ侵入するのを防ぐ

4. カビとダニ

　住まいの気密性の向上などによる室内の換気不足が結露を発生させ、カビやダニの発生の原因となっている。

1 カビ

　カビは微生物の一種で真菌と呼ばれる。カビの繁殖する条件は、温度、湿度、栄養、酸素などであり、特に温度、湿度が影響する。カビは、温度20～30℃、相対湿度80%以上で増殖しやすい。カビの繁殖に必要な水分は、結露や台所、浴室などで使用される水から供給される。

　住まいにおいて、カビは台所、浴室、洗面所、トイレなどの水回り、北側の壁、押入れ、下駄箱、エアコンのフィルタなどあらゆるところに発生する。住まいにおいてよく見られるカビは、クロカビ（図5.3.13）、コウジカビ、アオカビ、アカカビ、ススカビである。カビの繁殖は、①真菌感染症、②アレルギー症、③中毒症など健康面に大きな影響を与える。カビの害と予防対策について以下にまとめる。

a. 真菌感染症

　カビが皮膚や口などから体内に入り蓄積され発病するものであり、水虫やタム

シの白癬性（はくせん）の皮膚病などがある。

b. アレルギー症

空気中に浮遊する真菌の胞子がアレルゲンとなる。気管支ぜんそく、アレルギー性鼻炎や皮膚炎などがある。また、アレルギーの原因となるダニはカビを餌としている（図5.3.14）。

c. 中毒症

主に食品で繁殖するカビがつくる真菌毒素（マイコトキシン）によっておこる。これらの毒素には肝臓毒、神経毒などがあり、発がん性をもつものもある。毒素の付いた食品を食べることにより、すぐに吐き気などの症状がおこることは少なく、慢性疾患からがんや肝臓障害などを引きおこす。

d. 予防と対策

高温多湿の夏は室内の絶対湿度を下げるために除湿し、冬は室内に温度の低い箇所をつくらないように断熱性能を高めることが、カビの防止につながる。また、室内の通気を確保し、特に台所、浴室、洗面所などの水回りの湿気に十分注意する必要がある。

2 ダニ

住まいにおけるダニは、人を刺したり皮膚感染症などの直接的な被害あるいは大量発生により不快感や精神的な害を及ぼす。直接的被害として、①人体への寄生、②吸血・刺咬、③アレルギーの原因がある。

図5.3.13　クロカビ（写真提供：衛生微生物研究センター）

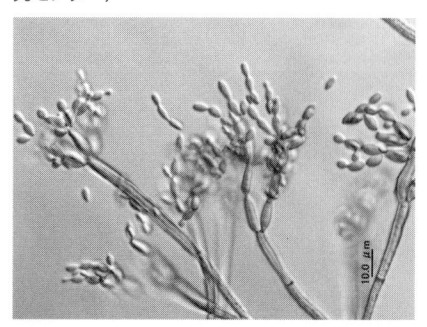

図5.3.14　ダニはカビを餌としている（写真提供：衛生微生物研究センター）

a. 人体への寄生

人の皮膚に寄生し、皮膚疾患の原因となるダニの代表種はヒゼンダニである。ヒゼンダニによる疥癬症(かいせん)は、感染力が強く、接触により人から人へ感染する。

b. 吸血・刺咬

人を刺すダニは、ハウスダストに生息するツメダニ類、ネズミに寄生するイエダニ、鳥類に寄生するトリサシダニ、スズメサシダニ、ワクモである。ツメダニ類以外のダニ類は、吸血もする。ツメダニ類は、畳上のハウスダストに生息する。他のダニ類や小さな昆虫などを捕食するため、これらが増えるとツメダニ類も増加し、ハウスダスト中の数が多くなると、人を刺すこともある。多く発生する時期は、夏から秋にかけてである。イエダニやトリサシダニなどは、ネズミや人家周辺にある野鳥に寄生して吸血するが、駆除や巣立ちにより宿主がいなくなると、人に寄生し吸血する。

c. アレルギー原因物質(アレルゲン)

住まいにおいて、もっとも見られるダニは、チリダニ科のヤケヒョウヒダニとコナヒョウヒダニのヒョウヒダニ類である。これらはダニ類の70%以上を占める。成虫の体長は約300μmであり、ほぼ一年中見られるが、特に6～9月の夏に大発生する。ダニの糞や死骸がアレルギー原因物質(アレルゲン)となって、ぜんそくの発作やアレルギー性皮膚炎などアレルギー症状が現れる。人間の血を吸ったり刺したりはしない。このヒョウヒダニ類の繁殖できる温度は10～35℃で、至適温度は20～30℃である。また、至適相対湿度はヤケヒョウヒダニ70%以上、コナヒョウヒダニ55%以上で、ともに80%以下である。80%以上になると、カビは繁殖しやすくなるが、ダニの繁殖は阻害される。

このほか、コナダニ科の代表種はケナガコナダニで、ハウスダストや食品に生息する。ほぼ通年にわたり発生するが、特に高温多湿となる6～9月に多く、新しい畳に大量発生することもある。また、ニクダニ類はコナダニ類同様に塵や食品に生息し、コナダニ類の発生が少ない12～3月でも大発生する。

d. 予防と対策

ダニを予防するには、寝具類の天日干しやシーツなどの洗濯、こまめな清掃、換気や除湿機などにより室の湿度を60%以下にするようにし、ハウスダストがたまりにくい環境をつくることである。

まとめと演習問題

以下の問題に答えなさい。〔　　〕のあるものは空欄を埋め、または正しいものを選びなさい。

問1 室内において、人間の温冷感に影響を与える温熱要素は、〔　①　〕、〔　②　〕、〔　③　〕、〔　④　〕の4要素であり、さらに〔　⑤　〕と〔　⑥　〕の人間側の2要素がある。これらの要素をあわせて温熱6要素という。

問2 温熱環境を評価する代表的な指標として、新有効温度ET*や〔　①　〕がある。新有効温度ET*は、異なる気流、代謝量や着衣量のとき比較できないため、気流を0.1m/s、着衣量0.6clo、代謝量1.0metを標準環境とした相対湿度50%のときの平均放射温度を体感温度とした指標が〔　①　〕である。

問3 局所不快感の原因には、不均一放射、上下温度分布、床表面温度、〔　①　〕の4つがある。

問4 固体における〔　①　〕、固体表面からそれに接する流体の間におこる〔　②　〕、物体間において熱線として伝わる〔　③　〕により、熱は高温側から低温側へ移動する。

問5 壁や床などの固体を挟む高温側の空気から低温側の空気への熱の移動を〔　①　〕という。この熱の移動量は面積1m^{2}の壁の両側の温度差が1Kのとき、1秒間に流れる熱量を表す〔　②　〕を用いて計算される。

問6 図5.2.7において、発泡ポリスチレン20mmとコンクリート150mmの間に半密閉中空層20mmを設ける。室内外の温度差$(t_i - t_o)$が20℃のときの熱貫流量Q[W/m^2]を求める。半密閉中空層20mmの熱抵抗r_aは$r_a = 0.083$ m^2·K/Wとする。

図5.2.7の室内から屋外への熱貫流抵抗Rは、表5.2.4から$R = 0.884$ m^2·K/Wである。半密閉中空層20mmの熱抵抗$r_a = 0.083$ m^2·K/Wを足すと、半密閉中空層を設けたときの熱貫流抵抗$R =$〔　①　〕m^2·K/Wであり、熱貫流率は$K = 1/R =$〔　②　〕W/(m^2·K) となる。したがって、熱貫流量

まとめと演習問題

は $Q = K(t_i - t_o) =$ 〔 ③ 〕W/m^2 となる。

問7 断熱性能が①〔**よい、悪い**〕建物では、熱の流失が小さいため暖房すると室温はすぐ高くなる。また、〔 ② 〕が大きい建物では暖房を開始しても室温は定常状態になるまでに時間がかかり、ゆっくり室温は上昇する。暖房停止後の室温の低下も〔 ② 〕が小さな建物に比べゆっくり低下し、外気温の影響が小さい。

問8 空気中に含まれる水蒸気は、湿度や水蒸気分圧で表される。湿度には相対湿度と絶対湿度がある。①〔**相対湿度、絶対湿度**〕は、湿り空気に含まれる水蒸気分圧の飽和水蒸気圧に対する割合〔%〕であり、②〔**相対湿度、絶対湿度**〕は乾燥空気1kgと混在する水蒸気の質量〔kg/kg′〕である。

問9 空気中に含むことができる水蒸気量は、気温が①〔**高い、低い**〕ほど多く含むことができる。相対湿度100％のときの水蒸気分圧を〔 ② 〕という。

問10 図5.3.4の湿り空気線図より、室温21℃、絶対湿度0.011kg/kg′のとき相対湿度は〔 ① 〕％である。この状態で室温を下げていくと、相対湿度100％となる温度が〔 ② 〕であり、約〔 ③ 〕℃である。

問11 水滴が窓や壁などの表面に付くことを結露という。結露には室内壁表面に発生する〔 ① 〕と壁などの内部に発生する〔 ② 〕がある。

問12 内部結露を防止するためには、断熱材の①〔**室内側、屋外側**〕に水蒸気を通しにくい防湿シート（防湿層）を張る。②〔**室内側、屋外側**〕に防湿層を設けると結露が拡大する。

6章

住まいと音

本章の構成とねらい

6-1 音の性質
音波は空気の粒子が振動する波である。耳に入った音波を、聴覚器官を通して音として知覚する。音の物理量としての取り扱いやレベル表示方法について学習する。また、人間の聴覚の仕組みを理解し、心理的・生理的な音の聞こえ方について学ぶ。さらに、音源の違いによる音の伝わり方や回折などの基本的な性質を学ぶ。

6-2 騒音と振動
騒音レベルなど騒音評価量と住まいにかかわるいくつかの評価方法を理解する。音には空気を伝わる音と固体中を振動により伝わる音がある。音の伝わり方により低減方法が異なる。まず、空気を伝わる音の遮音対策について学ぶ。また振動については、住まいの中で振動の発生する箇所と原因を理解し、防振対策を学ぶ。

6-3 響きと吸音
音楽ホールなどでは残響は音に深みを与える。一方、会議室などでは音が響き過ぎないように音の響きを抑えたほうが、言葉は聞き取りやすい。室の用途に応じた残響と吸音計画の考え方を学ぶ。また、吸音機構や材料の選択による吸音効果の違いを考える。

6-1 音の性質

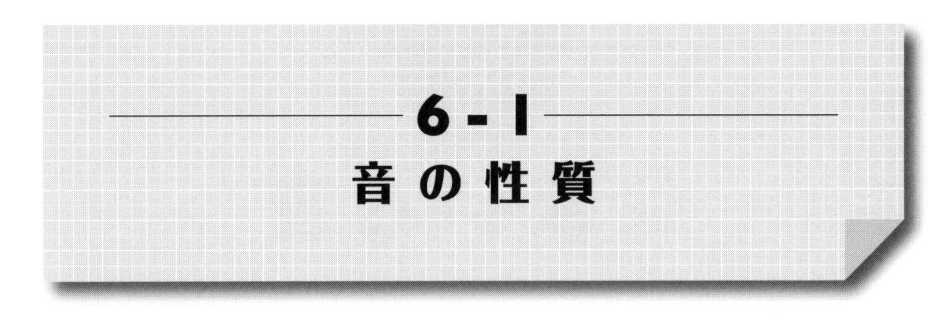

1. 住まいと音

　私たちのまわりにはさまざまな音があふれている。住まいを取り巻く音は、建物の外で発生し室内へ侵入してくる音と、建物内で発生する音に分けられる。室内へ侵入してくる音は、自動車、鉄道や航空機による交通騒音、工場からの機械音、建設工事現場からの工事音、商店街のアナウンスなどがあげられる。建物内では人の話し声、ピアノやテレビ、オーディオ装置からの音楽、上階からの歩行音やトイレの給排水音などいろいろな音が聞こえてくる。時として、音はうるさく感じられ、聴取妨害や睡眠妨害などの原因となる。このような生理的・心理的影響を及ぼす音は、低減する必要がある。

図6.1.1　住まいの内外で発生する音

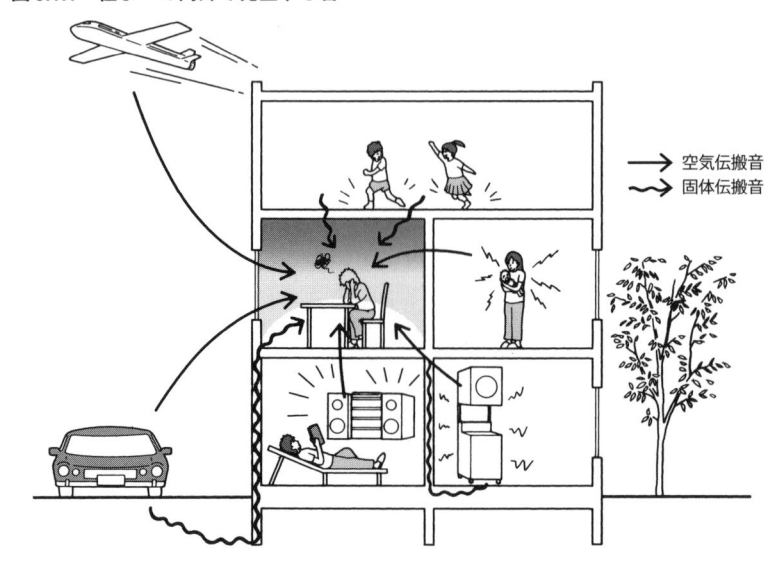

図6.1.1に示すように、発生した音が空気中を伝搬してくるものを**空気伝搬音**、建物外部あるいは内部で発生した振動が構造体を伝わり、壁や天井などの表面から音として放射するものを**固体伝搬音**という。音の伝搬経路が異なる空気伝搬音と固体伝搬音では、低減方法も異なってくる。問題となる音への対応には、発生・伝搬現象をよく理解することが重要である。

　住まいにおける音への対応は、外からの音を遮断し、室内で発生した音は隣接する室あるいは外部へ漏れないようにすることである。また、室内で音楽を鑑賞するためには室の響きなどの音響調整が必要である。快適な音環境をつくるためには、音の物理的制御、対人関係、視覚的デザインなど心理的な面を含めて検討する必要がある。

2. 音の物理量

1 音波

　音波は、空気などの気体、水などの液体、壁や床などの固体中を伝搬する波である。音波により引きおこされる聴覚的感覚が音である。

　音波が伝搬している空間を**音場**（おんじょう）という。音場では物体の振動などの力が空気に加えられて、図6.1.2(a)のように空気の微小部分（空気粒子）が平均的位置の前後で往復運動（振動）する。その振動が隣接する空気粒子を次々に振動させて音波が伝わる。空気粒子が振動している速度を粒子速度という。図6.1.2(b)のように空気粒子の密度が密の部分では、大気圧より圧力が高く、密度が疎の部分では圧力が低くなる。このような密と疎となる現象が交互に伝搬する音波は**疎密波**とも呼ばれる。圧力の変化分を**音圧**という。また、この空気粒子の往復振動は、波の進行方向と同じであるので**縦波**ともいう。

a. 音圧

　音波によって生じる音圧 p [Pa：パスカル] は、電気の交流と同じように時間平均値はゼロとなる。そのため、ある時間内 T [s] の音圧の大きさを表すためには、時間とともに変化する音圧の**瞬時値**を p_i [Pa] とし、次式で定義される**実効値**（図6.1.3）が用いられる。

$$p = \sqrt{\frac{1}{T}\int_0^T p_i^2(t)\,dt} \quad [\text{Pa}] \qquad (6.1.1)$$

図6.1.2　空気粒子の運動と伝搬

図6.1.3　実効値の考え方

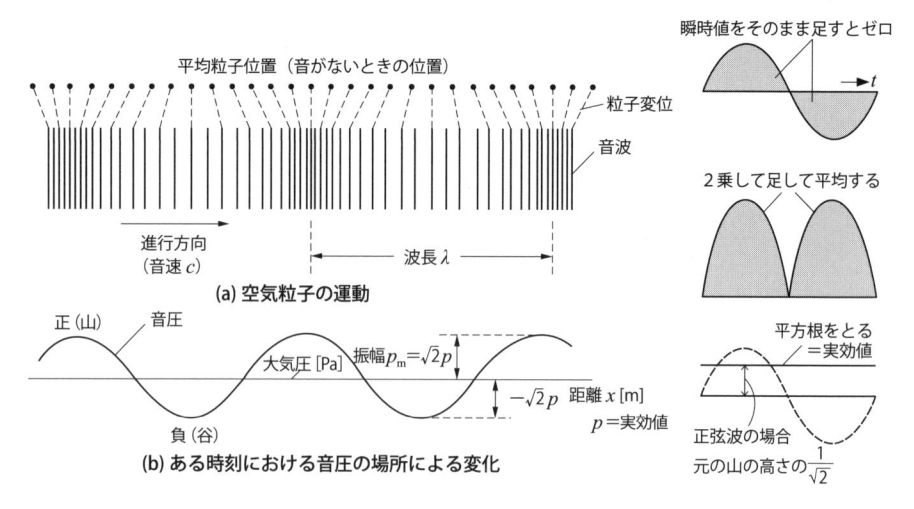

(a) 空気粒子の運動

(b) ある時刻における音圧の場所による変化

正弦波の場合は、実効値 p は最大振幅を p_m とすると $p = p_m/\sqrt{2}$ となる。音圧は、断りがないかぎりこの実効値を用いる。

b. 周波数

音波の、周期的な音圧変化（山から山まで、または谷から谷まで）を1秒間に繰り返す回数を**周波数** f [Hz：ヘルツ] という。1秒間に繰り返す回数が多いほど周波数は高くなり、100 Hzと1000 Hzでは1000 Hzのほうが音は高く聞こえる。

c. 音速

1秒間に音波が進む距離を**音速** c [m/s] という。空気中の音速は次式で表せる。

$$c = 331.5 + 0.61\,t \quad [\text{m/s}] \qquad (6.1.2)$$

ここで、t は温度 [℃] であり、常温（15℃）では約340 m/sである。

d. 波長

図6.1.2のある時刻における山から山までの距離を波長 λ [m] という。音速 c [m/s] との間には $\lambda = c/f$ [m] の関係がある。また、1波長に要する時間を**周期** T [s] といい、周波数 f [Hz] との間には $T = 1/f$ の関係がある。したがって、常温において2000 Hzの波長は $\lambda = c/f = 340/2000 = 0.17$ m である。周期は $T = 1/f = 1/2000 = 0.0005$ s（$= 0.5$ ms：ミリセカンド）である。

❷ 音のエネルギー

音波の伝搬により音のエネルギーが進行方向に伝搬されるため、音はエネルギ

ーとして扱うことができる。その表し方として、

①音の進行方向に垂直な$1m^2$の断面積を1秒間に通過する音のエネルギーである**音の強さ**I [W/m^2]

②$1m^3$に含まれる音のエネルギーである**音響エネルギー密度**E [J/m^3]

の2つがある。

①の音の強さI [W/m^2]は、音圧の実効値をp [Pa]、粒子速度をv [m/s]、空気の密度をρ [kg/m^3]、音速をc [m/s]とすると、次式で表せる。

$$I = p \cdot v = \frac{p^2}{\rho c} = \rho c v^2 \quad [\text{W/m}^2] \quad (6.1.3)$$

ここで、ρc [Pa·s/m]は**特性インピーダンス**といい、空気や水などの音波が伝搬する媒質によって固有の値となる。空気は通常400 Pa·s/mとして扱う。

この式より、音の強さは音圧や粒子速度の2乗に比例することがわかる。

一般的な音場では、②の音響エネルギー密度Eと音の強さIは次式の関係にある。

$$E = \frac{I}{c} = \frac{p^2}{\rho c^2} \quad [\text{J/m}^3] \quad (6.1.4)$$

また、音源が1秒間に放射する音のエネルギーを**音響出力**あるいは**音響パワー**P [W]という。

3 デシベル

人間は非常に広い範囲(音の強さで表すと$10^{-12} \sim 10$ W/m^2)の音を聞くことができる。しかし、このままの数値を扱うことは不便である。そこで、「人間の感覚量は物理量の対数に比例する」という**ウェーバー・フェヒナー**(Weber-Fechner)**の法則**から、音の物理量は、対象とするエネルギーAの基準エネルギーA_0に対する比をとり、その常用対数を10倍した値で表すこととした。この、基準に対する比の対数をとったものを、**レベル**という。単位はdB(デシベル)である。

$$L = 10\log_{10}\frac{\text{対象とするエネルギー }A}{\text{基準エネルギー }A_0} \quad [\text{dB}] \quad (6.1.5)$$

このレベルをとる考え方は、音や振動の分野で使われ、音の物理量を表す際には、音の強さ、音圧、音響エネルギー密度に対してそれぞれ**音の強さのレベル**L_I、**音圧レベル**L_p、**音響エネルギー密度レベル**L_Eがある。実用上、多くの音波において$L_I = L_p = L_E$と見なせる。また、音響出力をレベル表示したものを**音響パワーレベル**L_Wという。表6.1.1に各エネルギーのレベル表示および基準値を示す。

4 デシベルの計算

a. デシベルの加算(エネルギー加算、パワー和)

L_1[dB]とL_2[dB]の音が同時に存在するときのレベルL_3[dB]は、次式で計算される。ここで、$L_1 \geq L_2$である。

$$L_3 = 10 \log_{10}(10^{L_1/10}+10^{L_2/10}) = L_1+10 \log_{10}(1+10^{(L_2-L_1)/10}) = L_1+C_S \quad [\text{dB}] \quad (6.1.6)$$

ここで、C_Sはパワー和を求めるときの補正値である。L_3[dB]は表6.1.2を用いて簡易的に求めることができる。差$L_1 - L_2$を求め、表6.1.2の差に対応する補正値C_SをL_1に加えることによりL_3が求められる。たとえば、L_1 = 65dB、L_2 = 63dBのとき$L_1 - L_2$ = 65 − 63 = 2dBとなり、表6.1.2よりC_S = 2dBである。したがって、$L_3 = L_1 + C_S$ = 65 + 2 = 67dBと求められる。差$L_1 - L_2$が10dB以上のとき、補正は必要なく、$L_3 = L_1$である。

b. デシベルの減算(エネルギー減算)

たとえば、ある機械の騒音を測定する場合に、その機械以外の音(暗騒音)が存在するときは、暗騒音のエネルギーを取り除いたレベルにする必要がある。暗騒音とは、たとえば稼動している機械の騒音のレベルを測定対象としたとき、機械が稼動していないときの測定対象以外の音をいう。デシベルの減算は、この暗騒音の補正に用いられる。

機械稼働時の騒音のレベルL_3[dB]が機械のみの音のレベルL_1[dB]と暗騒音のレベルL_2[dB]のエネルギー加算で求められるとき、求めたいL_1はL_3とL_2のエネルギーの差として、次式で求められる。ここで、$L_3 \geq L_2$である。

$$L_1 = 10 \log_{10}(10^{L_3/10}-10^{L_2/10}) = L_3+10 \log_{10}(1-10^{(L_2-L_3)/10}) = L_3+C_D \quad [\text{dB}] \quad (6.1.7)$$

表6.1.1 レベル表示量

名称	定義式	基準値	単位記号
音の強さのレベル	$L_I = 10 \log_{10}(I/I_0)$	$I_0 = 10^{-12}$ W/m²	dB
音圧レベル	$L_p = 10 \log_{10}(p^2/p_0^2)$ $= 20 \log_{10}(p/p_0)$	$p_0 = 2 \times 10^{-5}$ Pa	
音響エネルギー密度レベル	$L_E = 10 \log_{10}(E/E_0)$	$E_0 = 2.94 \times 10^{-15}$ J/m³	
音響パワーレベル	$L_W = 10 \log_{10}(P/P_0)$	$P_0 = 10^{-12}$ W	

表6.1.2 パワー和を求めるときの補正値 C_S

レベル差 $L_1 - L_2$[dB]	0	1	2	3	4	5	6	7	8	9	10以上
補正値 C_S[dB]	3	3	2	2	1	1	1	1	1	1	0

表6.1.3 暗騒音（暗振動）の補正値 C_D

対象騒音（振動）があるときとないときの指示値の差 $L_3 - L_2$ [dB]	3	4	5	6	7	8	9	10以上
補正値 C_D [dB]	-3	-2			-1			0

レベル L_1 [dB] も表6.1.3を用いて簡易的に求められる。$L_1 = L_3 + C_D$ の関係より、差 $L_3 - L_2$ を求め、表6.1.3の補正値 C_D を L_3 に加えることにより L_1 が求められる。たとえば、$L_3 = 65$ dB、$L_2 = 61$ dB のとき $L_3 - L_2 = 65 - 61 = 4$ dB となり、表6.1.3より $C_D = -2$ dB となる。したがって、$L_1 = L_3 + C_D = 65 - 2 = 63$ dB と求められる。差 $L_3 - L_2$ が10dB以上のとき、補正は必要なく、$L_1 = L_3$ である。

3. 聴覚と音の知覚

1 耳の構造と働き

耳の構造は、図6.1.4のように外耳、中耳、内耳の3つの部分からなる。外耳は耳介と外耳道からなり、耳介に達した音波は外耳道を伝搬し、**鼓膜**を振動させる。中耳は鼓室、耳小骨、耳管などからなる。鼓膜の振動は槌骨、砧骨、鐙骨の順につながる耳小骨に伝搬され、内耳に伝えられる。内耳は**蝸牛**、半規管、聴神

図6.1.4 耳の構造

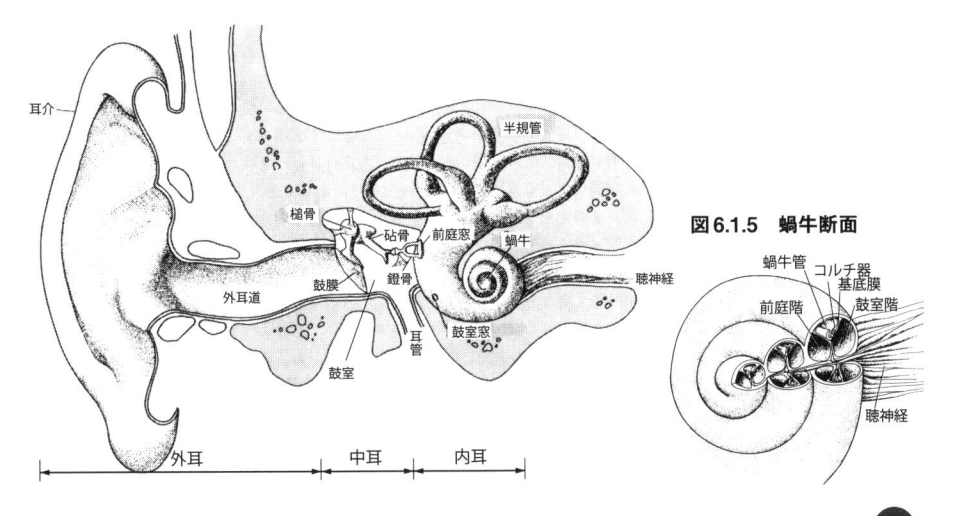

図6.1.5 蝸牛断面

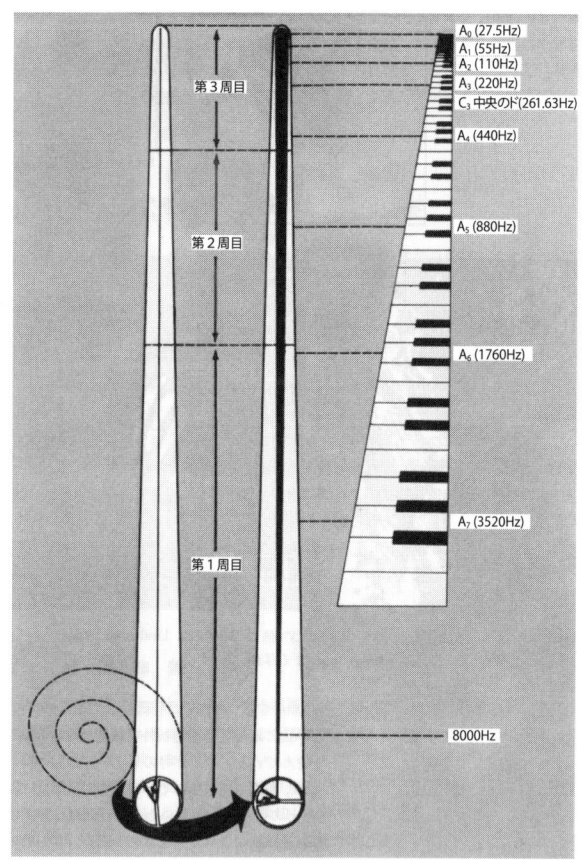

図6.1.6　周波数と基底膜で感じる位置

経などからなる。蝸牛は図6.1.5のような約2回半巻いた管状の器官である。蝸牛の内部はリンパ液で満たされ、2層の膜により前庭階、蝸牛管、鼓室階の3つに分けられている。音の知覚において重要なのは、鼓室階と蝸牛管を仕切っている**基底膜**である。前庭窓からの振動が蝸牛内のリンパ液を動かし、基底膜を振動させる。基底膜では音の周波数により振動が最大となる位置が異なる。図6.1.6のように高い音ほど基底膜の入り口に近いところ、低い音ほど基底膜の末端に近いところで振動が最大となり、粗い周波数分析が行われる。振動による刺激が電気信号に変換され、聴神経インパルスとして大脳皮質の聴覚野に伝えられ、音として知覚される。

2 音の心理的3属性

人間が聞くことができる音（可聴音）は、音圧レベルでおよそ0〜120dB、周波数では20〜20000Hzである。聞くことができない1〜20Hzの音を**超低周波音**、20000Hz以上の音を**超音波音**という。

聞こえた音を表す**心理的な属性**として、**音の大きさ**、**音の高さ**、**音色**の3つがある。

音の性質　6-1

a. 音の大きさ（ラウドネス、loudness）

　心理的な音の大小を音の大きさ（ラウドネス）という。音の大きさは、音圧と周波数に依存する。周波数が一定であれば音の大きさは音圧が大きいほど大きく感じるが、周波数が異なると同じ音圧であっても大きさの感じ方は異なる。正常な聴覚をもつ人が、ある周波数の純音（単一周波数の音、正弦波）を両耳で聞いたとき、同じ大きさに聞こえる1000Hzの純音の音圧レベルを音の大きさのレベル（**ラウドネスレベル**）という。単位はphon（フォン）である。ある周波数の純音が、1000Hzの音圧レベルが40dBの純音と同じ大きさに聞こえたとき、その純音のラウドネスレベルは40phonとなる。図6.1.7は、それぞれの周波数の純音が、1000Hzの純音と同じ大きさに聞こえる音圧レベルを結んで得られる**等ラウドネス曲線**である。この図より、耳の感度は3〜4kHzで最大となり、低音域や高音域では小さくなることがわかる。また、音圧レベルが大きくなるほど等ラウドネス曲線は平坦となる。人間が聞くことができる音圧の最小の限界を**最小可聴値**という。図の一番下の曲線（1点鎖線）であり、ほぼ4phonである。

b. 音の高さ（ピッチ、pitch）

1) メル

　純音の音の高さは主に周波数で決まる。周波数が高いほど音の高さも高く感じられる。音の高さの心理的尺度としてmel（メル）がある。1000Hz、音圧レベル

図6.1.7　等ラウドネス曲線（ISO 226-2003）

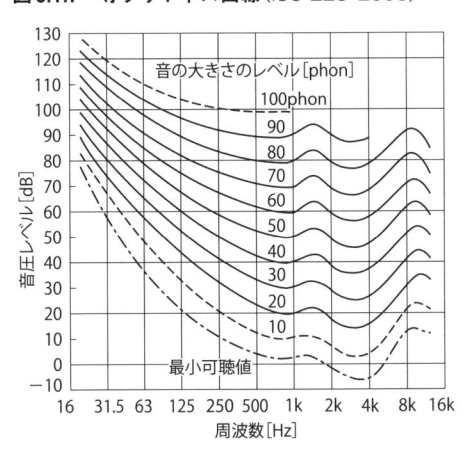

図6.1.8　純音の周波数と音の高さの関係

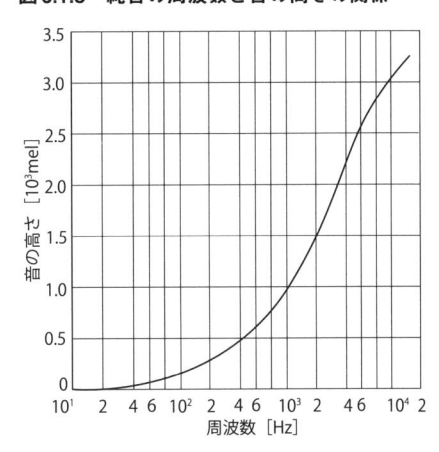

40 dBの純音の高さを基準とし、その音の高さを1000 melとする。そのn倍に感じる音の高さを1000n melとする。2倍の高さに感じる音は2000 melとなる。純音の周波数と音の高さの関係を、図6.1.8に示す。

2) オクターブ

周波数においてもウェーバー・フェヒナーの法則により底を2とする対数が用いられる。周波数f_1、f_2 [Hz] の2つの音があるとき、$\log_2(f_2/f_1)$ をオクターブ数という。f_2がf_1の2倍のとき1オクターブとなる。図6.1.9にさまざまな楽器の周波数帯域およびピアノの鍵盤の周波数を示す。図中のピアノのAの音（ラの音）が左からA_0、A_1、A_2、…と移動するとき、周波数も27.5、55、110、…[Hz]と2倍ずつ大きくなる。1オクターブ高い同じ音名の音は周波数が2倍となる。

3) 周波数分析

騒音対策においては、騒音がどのような音の成分をもっているか（高い音なのか低い音なのか）を知る必要がある。どの**周波数帯域**（バンド）の音のエネルギーが大きいかを知るために、周波数スペクトルを分析する。一般には、図6.1.9の下表に示す周波数を中心とする帯域ごとの音圧レベル（バンドレベル）を求める。図6.1.9において、1オクターブバンドではピアノのA_2（ラの音）の110 Hzの音は、

図6.1.9　楽器の音域と1、1/3オクターブ

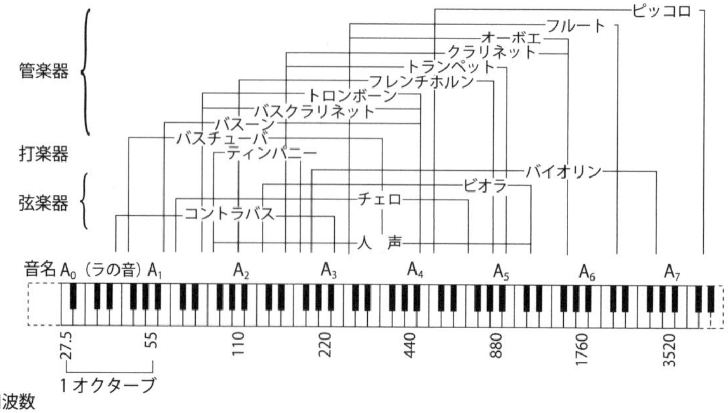

中心周波数

1/3 オクターブバンド	25	31.5	40	50	63	80	100	125	160	200	250	315	400	500	630	800	1000	1250	1600	2000	2500	3150	4000	5000
1オクターブバンド		31.5			63			125			250			500			1000			2000			4000	

周波数帯域 [Hz]

125 Hzの帯域に含まれる音となる。通常1オクターブバンドで周波数分析をするが、さらに詳しい分析が必要な場合は、1オクターブバンドを3分割した1/3オクターブバンドで行う。また、帯域幅1Hzの音圧レベルを**スペクトルレベル**という。

c. 音色 (timbre)

人間は、高さと大きさが同じ440 Hzの音でも、ピアノとバイオリンの音の違いを区別できる。この音色の違いは概ねスペクトル（周波数成分）から知ることができるが、簡単に1つの物理量で表すことはできない。

図6.1.10のように単一の周波数成分しか含まない純音の音色は一般的に澄んだ感じであるが、楽器のように2つ以上の純音で構成された**複合音**はスペクトルにより音色が変わる。図のように楽音の波形（音圧の時間変化を表したもの）は周期的で、スペクトルは倍音（基音の整数倍の音）だけからできているため不連続となる。また、雑音はスペクトルが連続となり、一般に音程は感じられない。たとえば「ザー」と聞こえるホワイトノイズは各周波数のエネルギーが等しく、波形が不規則で周波数スペクトルは連続して存在している。

3 マスキング

駅のホームではアナウンスがまわりの音にかき消され、聞き取りにくいことが

図6.1.10 音の波形とスペクトル

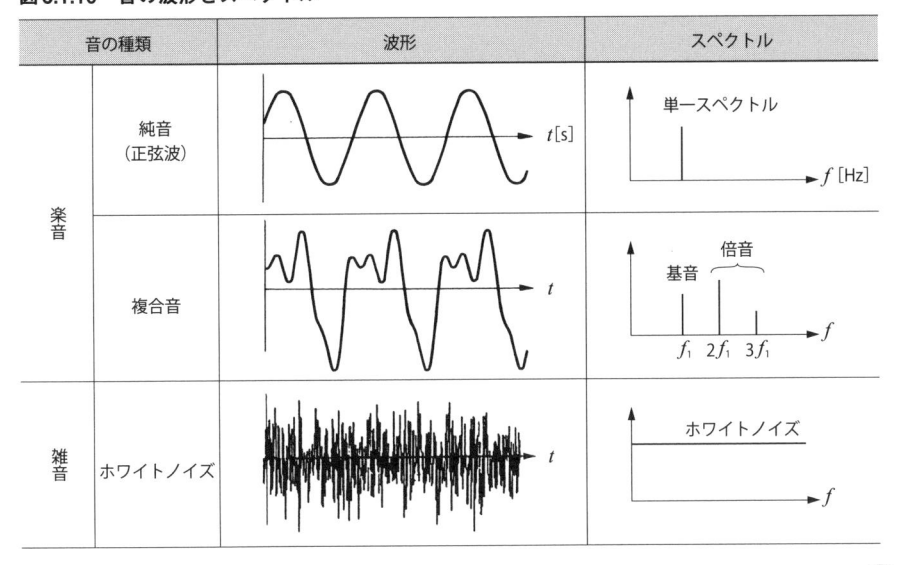

	音の種類	波形	スペクトル
楽音	純音（正弦波）	正弦波 t[s]	単一スペクトル f[Hz]
楽音	複合音	複合波形 t	基音・倍音 f_1, $2f_1$, $3f_1$ f
雑音	ホワイトノイズ	不規則波形 t	ホワイトノイズ f

ある。このような現象を**マスキング**という。図6.1.11は、マスクする音（マスキングノイズ）が中心周波数1kHz、帯域幅160Hzのノイズ（帯域雑音）の場合のマスキングである。マスクする音が大きいほど最小可聴値は上昇し、マスクされる周波数範囲も広くなり、低い周波数よりも高い周波数のほうがマスクされやすい。また、マスクする音の周波数に近いほどマスキングは大きい。

4 カクテルパーティ効果

騒がしい場所でも、聞きたい音に注意を払うと聞くことができる。大勢の人が集まり話をしているカクテルパーティのような環境においても、何を話しているか聞きたい人の声を聞くことができることを**カクテルパーティ効果**という。

5 高齢者の聴覚特性

加齢による聴力の衰えを老人性難聴という。その聴取能力にはかなり個人差がある。高齢者の聞こえの衰えは、会話やテレビなどの音の音質や得られる情報量を低下させる。高齢者の聞こえはまわりの音環境に左右されるため、居住空間あるいは公共空間において音環境が悪いと疲労感や不快感を伴い、ストレスの原因となる。高齢者の聴覚特性として、①高音域からの聴力低下、②**リクルートメント現象**（補充現象）、③耳鳴りがあげられる。

①の高音域の聴力低下の様子を図6.1.12に示す。聴力の低下は最小可聴値の上昇量であり、聴力レベルによって表される。加齢により高音域から聴力が低下

図6.1.11　狭帯域音によるマスキング例

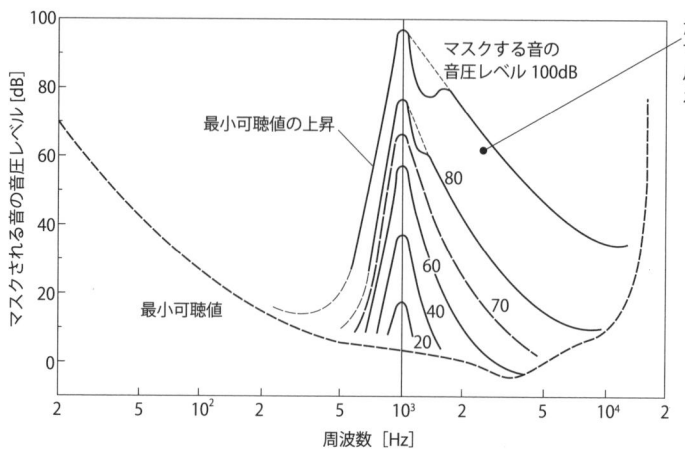

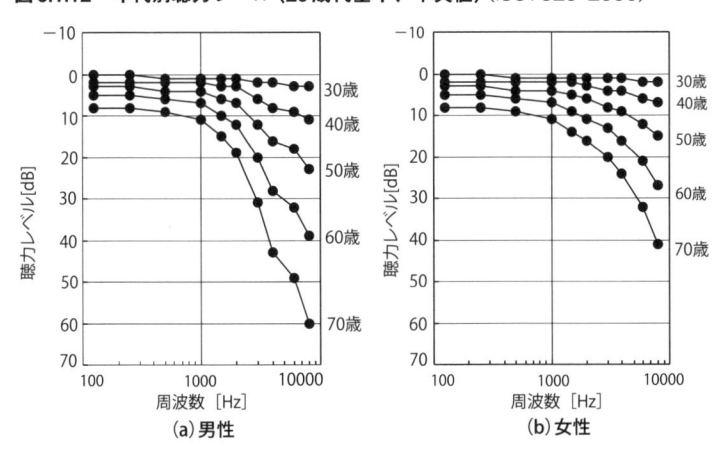

図6.1.12 年代別聴力レベル（20歳代基準、中央値）(ISO7029-2000)

(a) 男性

(b) 女性

し、男性の聴力の低下は女性より大きい。この理由として、個人の遺伝子的要因や職業、生活環境などの外的要因が考えられる。②のリクルートメント現象は老人性難聴とともに現れる現象と考えられ、小さい音が聞こえなくなるとともに、音がある大きさを超えると急激にうるさく聞こえる。③の耳鳴りは高齢者の10％近くが訴えている。

4. 音の伝搬

音源から、離れるにしたがい音の強さは小さくなる。これを距離減衰という。このほかにも反射、屈折、回折などが音の伝搬に影響する。

❶ 距離減衰

音源の形（点音源、線音源、面音源）により距離減衰は異なる。

a. 点音源

音源が大きさをもっていても、その大きさに比べて十分遠く離れた場所においては、音源を点音源と見なしてよい。

音響パワー P[W]の点音源から音が球面状に一様に放射されているとき、音源から r[m]離れた点の音の強さ I[W/m^2]は、図6.1.13のように球面の面積を S[m^2]とすると、$I = P/S$[W/m^2]となる。したがって、音の強さのレベル L_I（音圧レベル L_p）は、音響パワーレベルを L_W[dB]とすると次式となる。

$$L_I = 10 \log_{10}(I/I_0) = L_W - 10 \log_{10} S \quad (6.1.8)$$

反射の影響がない自由音場の点音源の減衰は、$S = 4\pi r^2 [\mathrm{m}^2]$ より次式で求められる。

$$L_I = L_W - 10 \log_{10}(4\pi r^2) = L_W - 20 \log_{10} r - 11 \quad [\mathrm{dB}] \quad (6.1.9)$$

地表面に音源が置かれ、地表面上の空間に半球状に音が放射されるような半自由音場では、$S = 2\pi r^2 [\mathrm{m}^2]$ となり、次式で求められる。

$$L_I = L_W - 10 \log_{10}(2\pi r^2) = L_W - 20 \log_{10} r - 8 \quad [\mathrm{dB}] \quad (6.1.10)$$

また、音源から $r_1 [\mathrm{m}]$ の点の音圧レベルが $L_1 [\mathrm{dB}]$ であるとき音源から距離 $r_2 [\mathrm{m}]$ の点の音圧レベル $L_2 [\mathrm{dB}]$ は次式で求められる。点音源による音圧レベルは距離が2倍になると6dB減衰する。

$$L_2 = L_1 - 20 \log_{10}(r_2/r_1) \quad [\mathrm{dB}] \quad (6.1.11)$$

b. 線音源（交通量が多い道路やダクトのような線状の音源）

無限長の線音源は、図6.1.14のように自由音場では円筒状にエネルギーが発散していく。軸からの距離が $r [\mathrm{m}]$ の円筒面では、円筒の長さ1m当たりの表面積は $2\pi r [\mathrm{m}^2]$ となる。線音源の単位長さ（1m）から放射される音響出力を $P[\mathrm{W}]$ とすると、音の強さは $I = P/2\pi r [\mathrm{W/m}^2]$ となる。したがって、音源の長さ1m当たりの音響パワーレベルを $L_W [\mathrm{dB}]$ とすると、線音源の中心軸から距離 $r [\mathrm{m}]$ の点の音の強さのレベル L_I（音圧レベル L_p）$[\mathrm{dB}]$ は、次式となる。

$$L_I = L_W - 10 \log_{10}(2\pi r) = L_W - 10 \log_{10} r - 8 \quad [\mathrm{dB}] \quad (6.1.12)$$

また、軸から距離 r_1、$r_2 [\mathrm{m}]$ の点のそれぞれの音圧レベルを L_1、$L_2 [\mathrm{dB}]$ とすると、L_2 は次式で求められる。線音源による音圧レベルは距離が2倍になると3dB

図6.1.13　点音源からの伝搬

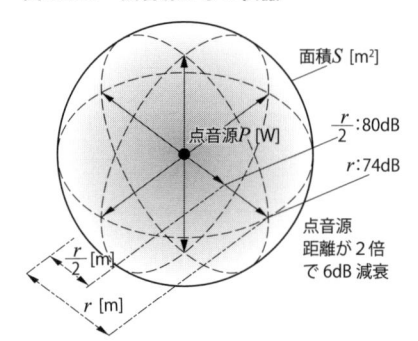

図6.1.14　線音源からの伝搬

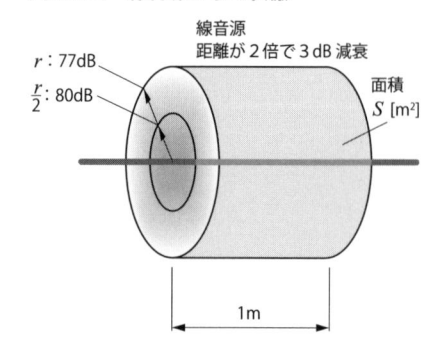

減衰する。

$$L_2 = L_1 - 10 \log_{10}(r_2/r_1) \quad [\text{dB}]$$
(6.1.13)

c. 面音源（工場の壁などの面状の音源）

　面積が無限大の面音源では、音の強さは平行に伝わるため、面から離れても音は減衰しない。図6.1.15に示すように面積 $S_0 = 1\text{m}^2$ から放射される音響出力を $P[\text{W}]$ とすると、距離に関係なく $I = P/S_0\,[\text{W/m}^2]$ の一定の音場となる。

図6.1.15　無限面音源からの伝搬

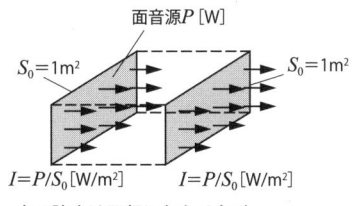

音の強さは平行に伝わるため、減衰しない

2 音波の回折

　音波は障害物がない空間では直進するが、障害物があるとその影の領域にも回り込んで伝搬する。この現象を**回折**という。図6.1.16のように波長が長い（低い

図6.1.16　音の回折

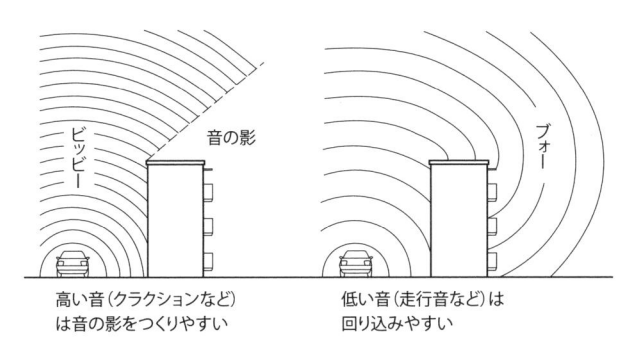

高い音（クラクションなど）は音の影をつくりやすい

低い音（走行音など）は回り込みやすい

図6.1.17　壁の遮音効果

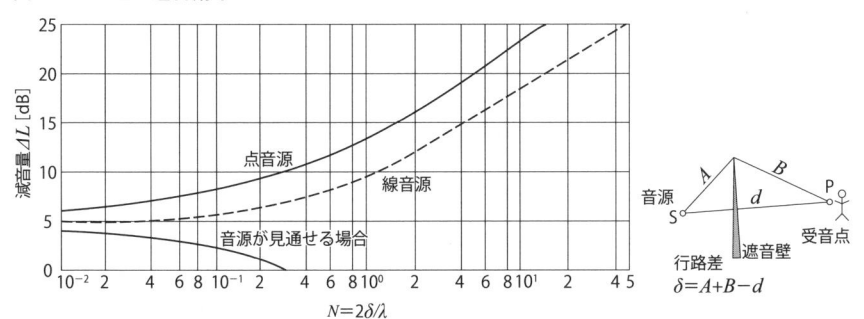

$N = 2\delta/\lambda$

行路差 $\delta = A + B - d$

周波数)ほど回折が大きく生じる。

　遮音壁による減音効果は周波数により異なり、波長の長い低い周波数ほど減音量は回折によって小さくなる。遮音壁の減音量 ΔL [dB] は、次のように求められる。音源から受音点までの音の経路(距離)は、図6.1.17の右図のように壁がないとき d [m]、壁があるとき $A + B$ [m] である。その差(**行路差**) δ は、$\delta = A + B - d$ [m] である。対象とする音の波長を λ [m] とすると、行路差 δ を半波長 $\lambda/2$ で割ったフレネル数 N は、$N = 2\delta/\lambda$ となる。壁があることによる遮音壁の減音量 ΔL [dB] は、このフレネル数 N を用いて図6.1.17の左図から求めることができる。

3 音波の屈折

a. 媒質の違いによる屈折

　図6.1.18のように音速 c_1 の媒質1から音速 c_2 の媒質2との境界へ、入射角 θ_1 で音波が斜めに入射する。このとき音速が異なるため音波は屈折し、媒質2へ屈折角 θ_2 で伝搬する。入射角、屈折角と音速には、次式の関係がある。

$$\frac{\sin\theta_1}{\sin\theta_2} = \frac{c_1}{c_2} \quad (6.1.14)$$

図6.1.18　音の屈折

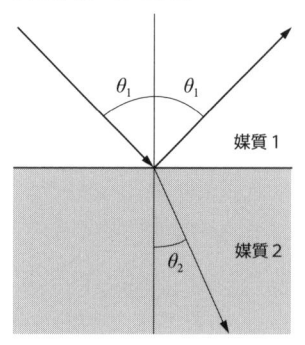

b. 気温および風による屈折

　図6.1.19(a)、(b)のように大気中においても地上付近と上空の気温が異なると、音速が変化するために音速の遅いほうへ曲がり、音の屈折が生じる。また、上空ほど風が強い場合にも図6.1.19(c)のように音は屈折する。

図6.1.19　気温および風による音の屈折

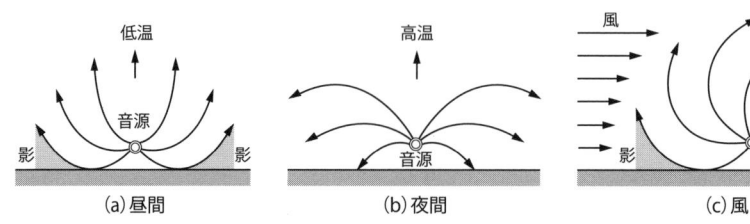

(a) 昼間　　(b) 夜間　　(c) 風

1. 騒音とは

1 騒音とは

　音には、公共空間のアナウンスのように情報を得るために必要な音と、その情報量をかき消すような音あるいはヘッドホンから漏れてくるような不快な音、邪魔な音などその場に不要な音がある。

　JIS Z 8106-2000「音響用語」では、騒音とは「不快なまたは望ましくない音、その他の妨害」と定義されている。音楽を鑑賞している人にとっては心地よい音楽であっても、隣の家で仕事をしている人にとってうるさく不快に感じる音であれば、騒音となる。騒音は音の種類、音の大きさなどで定義することはできない。同じ音であってもそのときの身体や精神的状態などによって騒音になることもある。心理的、社会的要因により、騒音の問題は複雑である。一般的な騒音の種類を表

表6.2.1　騒音の種類

	騒音の名称	音源
室外	交通騒音	・道路交通 ・航空機 ・鉄道　など
	近隣騒音	・駐車場(車等の空ぶかしなど) ・商店、飲食店、カラオケなどの音楽 ・ペットの鳴き声 ・子どもの声・泣き声 ・エアコンの屋外機　など
	工場騒音	・圧延機械、プレス、剪断機 ・コンクリートプラント　など
	建設騒音	・整地工事(パワーシャベル、バックホーなど) ・基礎工事(杭打ち機など) ・鉄骨工事(リベット打ち機など) ・コンクリート工事 　(ミキサー車、ポンプ車など)
室内	空調騒音	・エアコンの吹出し音
	重量床衝撃音	・子どもの走り回り　など
	軽量床衝撃音	・階段や床を歩く ・家具を引きずる　など
	給排水音	・排水音 ・トイレの洗浄音 ・ウォーターハンマー　など

6.2.1に示す。

2 騒音の影響

騒音の影響は、聴力低下などの聴覚系への直接的影響と、睡眠妨害や身体への影響などの間接的影響に分けられる。表6.2.2に示すように直接的影響には、音の大きさなどの心理的妨害、聴取妨害、聴力低下がある。間接的影響には、うるさいあるいはいらいらするなどの情緒的妨害、睡眠妨害などの生活妨害、頭痛や動悸などの身体的影響がある。

表 6.2.2　騒音の影響

	種類	説明	
直接的影響	心理的妨害	音が大きいなどの聴覚系だけの心理的妨害	
	聴取妨害	テレビ、ラジオ、会話、電話などの音声聴取妨害	
	聴力低下	一過性域値移動（一時性難聴）、永久性域値移動（永久性難聴）	
間接的影響	情緒的妨害（精神症状）	うるさい、不快だ、わずらわしい、迷惑だなどの総合的心理的妨害	
		いらいらする、気が散る、気が滅入るなどの精神症状への影響	
	生活妨害	（聴取妨害も生活妨害の1つ）睡眠妨害、休養ができない、仕事や勉強、読書ができないなど	
	身体的影響（身体症状）	生理的影響	自律神経系の影響、内分泌系の影響
		頭が重い、頭痛、胃腸の不調、動悸がする、耳鳴りがするなどの身体症状への影響	

聴取妨害は騒音によるマスキングにより生じ、大きい騒音に曝されたことにより聴力低下が生じることがある。一時的に聴力が低下する場合を一過性域値移動（TTS）という。一般に一時性難聴といわれ、騒音が大きいほどその影響は大きい。また、TTSが十分に回復しない状態で、さらに騒音に曝されると、永久性難聴といわれる永久性域値移動（PTS）となる。大きな騒音が発生する職場において問題となることが多いが、最近ではヘッドホンなどで大きな音量で音楽を聞くことによっても難聴が生じている。

2. 騒音の評価

騒音には、エアコンの屋外機からの発生音のようにあまり変動しない音と、自動車による道路交通などの騒音のように時間とともに変動する音がある。時間変動により騒音を分類すると、図6.2.1に示すようになる。騒音の時間変動により評価方法（求める数値）が異なるため、その時間変動に応じた測定方法により騒音レベルを求める必要がある。

1 騒音レベル

音を人間の耳で感じた大きさに近似的に表したものが、騒音レベルである。騒

音レベルは、サウンドレベルメータ（騒音計）により簡単に測定することができ、音の大きさとの対応がよい。騒音計には、図6.2.2、図6.2.3に示すように40phonの等ラウドネス曲線を上下逆にした形に近似したフィルタ（**A特性**）がある。音を周波数ごとに、重み付け（補正）することで、人の耳の感覚に近い大きさの評価量を表示する。騒音レベルは**A特性音圧レベル**とも呼ばれ、周波数重み付け特性Aを通した音圧レベルである。単位はdBである。

また、騒音計には周波数補正をしない**Z特性**または平坦特性（FLAT）がある。周波数重み付けを行わないレベルが音圧レベルL_p［dB］であり、物理量である。騒音計の周波数重み付け回路を図6.2.4のように切り換えることにより、騒音レベルまたは音圧レベルを測定できる。エアコンの屋外機のように変動が小さい定常的な音の騒音レベルは、騒音計の指示値を読み取ることにより評価できる。表

図6.2.1　時間的変動による騒音の分類

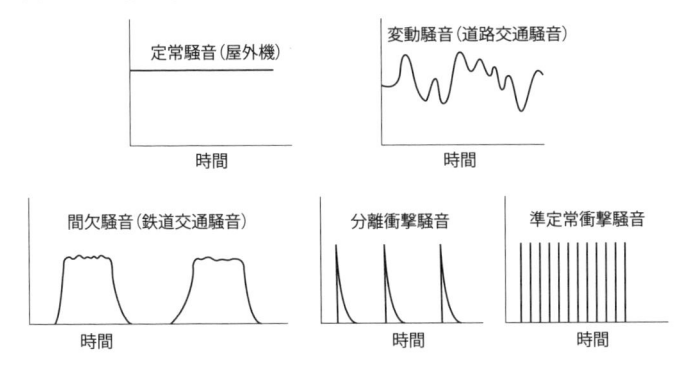

図6.2.2　周波数重み付け特性 A、Z（JIS C 1509-1-2005）

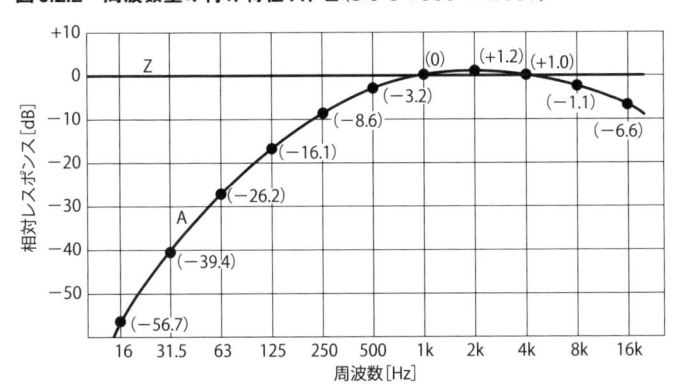

図 6.2.3　A特性の仕組み

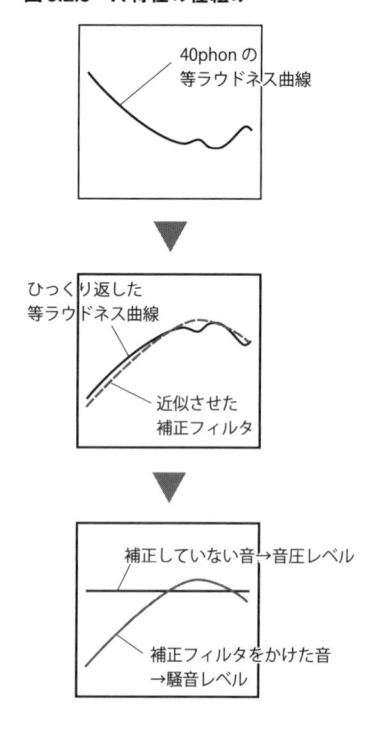

表 6.2.3　身のまわりの騒音レベルの例

身のまわりの音	dB	人の声と聞こえ方
	140	耳がこわれそう
・ジェット機の離陸	130	耳が痛くなる
	120	
・車のクラクション	110	さけび声(30cm)
・電車のガード下 ・地下鉄の車内	100	非常にやかましい
	90	どなり声
・交通量の多い道路 ・騒がしい事務室	80	電話が聞こえない
・テレビ、ラジオの音	70	大声で会話
	60	普通の会話
・静かな事務室	50	
	40	静か (夜)眠りが妨げられる
・夜の郊外住宅地	30	非常に静か
・木の葉のそよぎ	20	ささやき声

図 6.2.4　騒音計の周波数重み付け回路

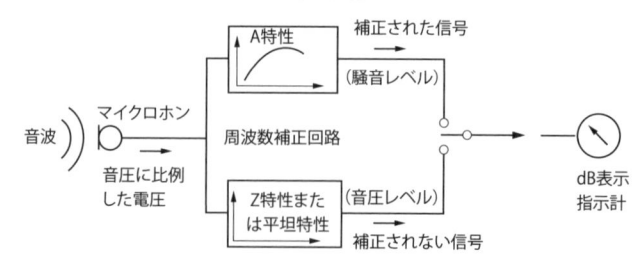

6.2.3 に身のまわりの騒音レベルの例を示す。

2 等価騒音レベル

道路交通騒音などのように時間で変動する騒音の評価には、**等価騒音レベル** $L_{\mathrm{Aeq},T}$ が用いられる。等価騒音レベルは、ある時間範囲 $T[\mathrm{s}]$ について、騒音レベルをエネルギー的な平均値として表した量であり、人の主観的評価量や反応と

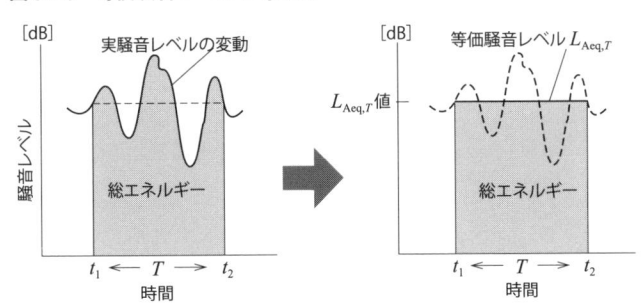

図6.2.5　等価騒音レベルの考え方

の対応がよい。等価騒音レベルは、図6.2.5に示すように測定時間 $T = t_2 - t_1$ [s] において変動する騒音レベルの総エネルギーを加算し、測定時間 T で平均した騒音レベルである。測定時間 T において、総エネルギーが等しい定常騒音が発生しているとしたときの騒音レベルと考えることができる。

　等価騒音レベルは、積分平均型騒音計により測定できる。また、積分平均機能を備えていない騒音計の場合には、一定の時間間隔で騒音レベルをサンプリングすることにより求めることができる。

3. 音環境の基準

1 室内騒音の許容値

　室内騒音の許容値として騒音レベルやNC値が用いられる。騒音がどのような周波数成分をもっているのか、さらに詳細な検討を必要とする場合は図6.2.6に示すNC曲線が用いられることが多い。1オクターブバンドごとの音圧レベルを周波数分析により求め、その結果をNC曲線にプロットしたとき、すべての帯域において、ある曲線を下回るとき、その曲線のNC値を評価値とする。たとえば図6.2.6にプロットされた騒音のNC値はNC40となる。住まいの寝室ではNC30〜35、騒音レベル40dBが目安となる。騒音レベルとNC値の室内騒音の許容値を表6.2.4に示す。

2 騒音の環境基準

　屋外で発生する騒音については、生活環境を保全し、人の健康を保護するうえ

で維持されることが望ましい基準が法律で定められている。環境基本法第16条に基づいた「騒音に係る環境基準について」「航空機騒音に係る環境基準について」「新幹線鉄道騒音に係る環境基準について」である。

「騒音に係る環境基準について」では、道路に面する地域とそれ以外の地域において、地域の類型や区分、時間帯に応じて基準値を等価騒音レベルで示している（表6.2.5）。住居が主に建ち並ぶような地域では、昼間55dB以下、夜間は45dB以下とされている。地域の類型については、都道府県知事が指定する。

図6.2.6　NC曲線

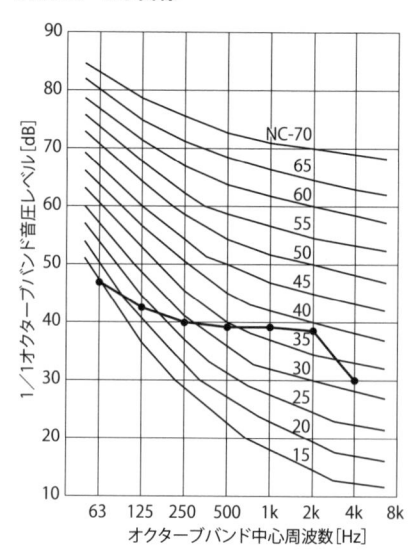

道路に面している地域および幹線交通を担う道路に近接する空間については、やや緩和され表6.2.6、表6.2.7の基準値となっている。

表6.2.4　室内騒音の許容値

騒音レベル[dB]	20	25	30	35	40	45	50	55	60
NC	10〜15	15〜20	20〜25	25〜30	30〜35	35〜40	40〜45	45〜50	50〜55
うるささ	無音感		非常に静か		特に気にならない		騒音を感じる		騒音を無視できない
会話・電話への影響			5m離れてささやき声が聞こえる		10m離れて会議可能 電話は支障なし		普通会話（3m以内） 電話は可能		大声会話（3m） 電話やや困難
住宅				書斎	寝室				
事務所				重役室 大会議室	応接室	小会議室	一般事務室		

表6.2.5　道路に面する以外の地域

地域の類型	基準値[dB]	
	昼間	夜間
AA	50以下	40以下
AおよびB	55以下	45以下
C	60以下	50以下

注1　昼間：6：00〜22：00　夜間：22：00〜6：00
注2　AA：療養施設、社会福祉施設などが集合して設置される地域など、特に静穏を要する地域
　　A：専ら住居の用に供される地域
　　B：主として住居の用に供される地域
　　C：相当数の住居とあわせて商業、工業等の用に供される地域

表6.2.6 道路に面する地域

地域の類型	基準値[dB]	
	昼間	夜間
A地域のうち2車線以上の車線を有する道路に面する地域	60以下	55以下
B地域のうち2車線以上の車線を有する道路に面する地域および、C地域のうち車線を有する道路に面する地域	65以下	60以下

表6.2.7 幹線道路を担う道路に近接する空間

基準値[dB]	
昼間	夜間
70以下	65以下
備考：個別の住居などにおいて、騒音の影響を受けやすい面の窓を、主として閉めた生活が営まれていると認められるときは、屋内へ透過する騒音にかかわる基準（昼間：45以下、夜間：40以下）によることができる	

4. 遮音計画

1 音のエネルギーの反射、吸収、透過

音源から放射された音が壁に入射すると、図6.2.7のように一部は壁面で反射し、さらに一部は壁体の内部で吸収され、残りが透過する。入射エネルギーをE_i、反射エネルギーをE_r、吸収されるエネルギーをE_a、透過エネルギーをE_tとすると、$E_i = E_r + E_a + E_t$の関係が成り立つ。

a. 吸音率

壁の材料や構造により、音を吸収、透過しやすいものもあれば、ほとんど吸収、透過せず音を反射するものもある。吸音材料や構造体の吸音特性は**吸音率**αで表される。吸音率は入射エネルギーに対する反射以外のエネルギーの割合であり、次式で表される。

$$\alpha = \frac{E_i - E_r}{E_i} = \frac{E_a + E_t}{E_i} \quad (6.2.1)$$

吸音率αは0〜1の値をとり、1に近いほど吸音性能が高いことを示している。

b. 透過率

材料や壁などの音を遮断する性能は、**透過率**τ（タウ）で表す。透過率は入射エネルギーに対する透過エネルギーの割合であり、次式で表される。

$$\tau = \frac{E_t}{E_i} \quad (6.2.2)$$

透過率τは0〜1の値をとり、1に近いほど音は透過しやすく、0に

図6.2.7 反射、吸収，透過

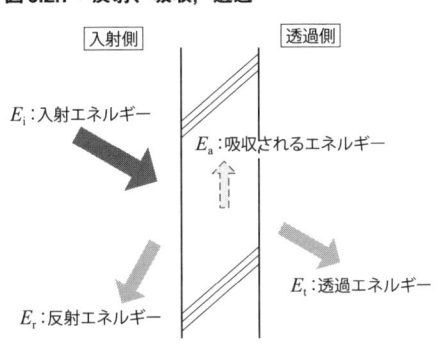

入射側　透過側
E_i：入射エネルギー
E_a：吸収されるエネルギー
E_r：反射エネルギー
E_t：透過エネルギー

近いほど音を遮断する性能が高いことを表す。

c. 音響透過損失

さらに、材料や壁などの遮音性能は、この透過率の逆数の対数をとり10倍して表示した**音響透過損失** R [dB] で表される。これは、材料や構造体による音の減衰量を表したものである。音響透過損失は次式で表され、数値が大きいほど、音の減衰量が大きく遮音性能が高いことを示している。

$$R = 10 \log_{10}\left(\frac{1}{\tau}\right) \quad [\text{dB}] \quad (6.2.3)$$

たとえば、$R = 40$ dB であるならば、$\tau = 1/10^4$ である。これは入射音のエネルギーのうち0.0001が壁の反対側に透過することを意味する。

❷ 遮音材料

音響透過損失が大きい材料を遮音材料という。

a. 一重壁の音響透過損失

コンクリート壁のような単一材料の一重壁あるいはガラスのような単一材料の板の音響透過損失の基本性能は、周波数 f [Hz] と壁などの面密度（1m² 当たりの質量）m [kg/m²] の積により決まる。

壁面などに音波が垂直に入射（垂直入射）する場合の音響透過損失 R_0 は、次式で表される。

$$R_0 = 20 \log_{10} f m - 42.5 \quad [\text{dB}] \quad (6.2.4)$$

音響透過損失は、この式から周波数が2倍あるいは面密度が2倍になれば、$20 \log_{10} 2 \fallingdotseq 6$ であることから R_0 は約6dB増加することがわかる（図6.2.8の上側の曲線）。このように、音響透過損失は壁面などの面密度に依存することから、この関係を**質量則**という。

式 (6.2.4) より、壁などの面密度が大きいほど、また周波数が高いほど音響透過損失は大きくなる。したがって、同じ材質の壁（たとえばコンクリート壁）であれば壁厚が厚いほど面密度は大きくなるので、音響透過損失は大きくなり、同じ厚さの材料では周波数が高いほど音響透過損失は大きくなる。

なお、実際の音場の多くは一方向からだけではなく、あらゆる方向から一様に音波が入射する拡散音場に近い。拡散音場（拡散入射）の音響透過損失 R は次式で表される。

$$R = R_0 - 10 \log_{10}(0.23 R_0) \quad [\text{dB}] \quad (6.2.5)$$

拡散入射における音響透過損失 R は、図6.2.8の下側の曲線に示すように、周波数あるいは壁の面密度が2倍になるごとに、約5dB上昇する。ただし、拡散音場では一重壁に斜めに入射する音波によって、図6.2.9のように壁（板）に屈曲波が生ずる。このとき壁面に角度 θ で入射する入射波の山・谷と、壁面を伝搬する屈曲波の山・谷が一致すると、音波のエネルギーが壁を透過しやすくなる。そして、屈曲波の伝搬速度が空気中の音速と一致する周波数において、図6.2.8の下側の曲線に示すように音響透過損失が式(6.2.5)で表される質量則の値より低下する。この現象を**コインシデンス効果**といい、この周波数をコインシデンス周波数という。

コインシデンス周波数は、材料の密度が大きく、剛性（曲がりにくさ）は小さく、薄いものほど高くなる。したがって、薄い壁では高い周波数にコインシデンス効果が生じるため人の耳に感じる影響は小さいが、壁が厚くなると低い周波数にコインシデンス効果が生じるようになるため対策が必要となる場合がある。厚さが異なるガラス板の音響透過損失の実測値を図6.2.10に示す。ガラスが厚くなるほど音響透過損失は大きくなり、またコインシデンス周波数が低い周波数に移行しているのがわかる。

b. 二重壁の音響透過損失

図6.2.11に示すように単一壁の壁厚を2倍（面密度を2倍）にしても、質量則により音響透過損失は6dBしか大きくならない。完全に独立した壁を二重にする

図6.2.8　一重壁の音響透過損失

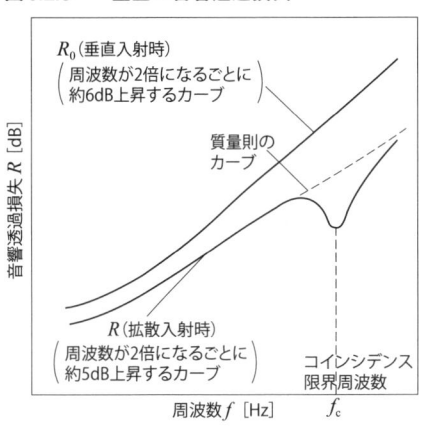

図6.2.9　コインシデンス効果

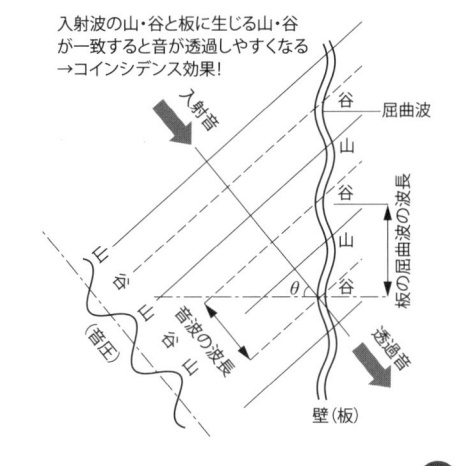

図6.2.10　厚さが異なるガラスの音響透過損失の比較（測定：小林理研）

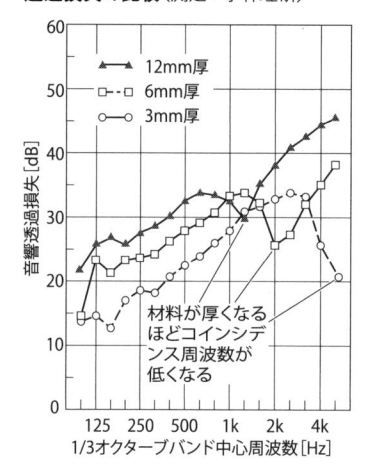

図6.2.11　一重壁と二重壁の音響透過損失

$R=10dB$

壁厚を2倍　面密度が2倍　6dBの透過損失上昇

二重壁　壁ごとに10dBの透過損失

$R=10+6dB=16dB$

$R=10+10dB=20dB$

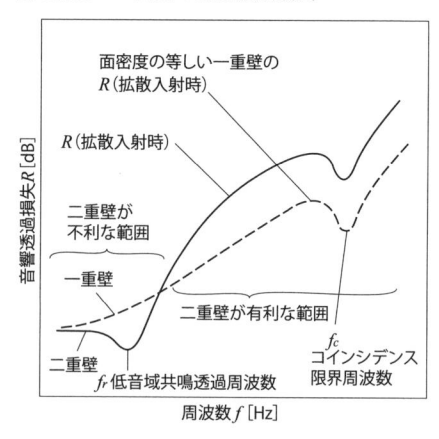

と、その音響透過損失は2つの壁のそれぞれの和になるはずで、遮音効果は大きくなる。しかし、実際には2つの壁を構造的に完全に独立させることは難しく、また二重壁の間にある空気層がばねとして働くため、振動しやすい周波数（**共鳴周波数**）f_r [Hz]において共鳴が原因となる透過現象がおこる。

二重壁の音響透過損失の一般的傾向を図6.2.12に示す。図のように一般に二重壁の共鳴周波数は低音域にあり、

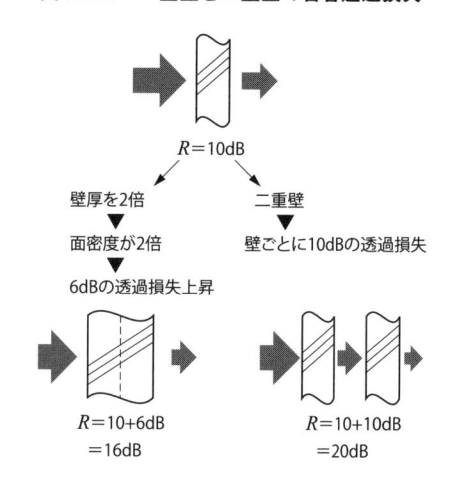

図6.2.12　二重壁の音響透過損失

この共鳴周波数付近では一重壁よりも遮音性能が悪くなる。二重壁や二重窓の遮音性能を向上させるには、①間柱を独立にするなど**音の橋**（**サウンドブリッジ**）をつくらない、②空気層をできるだけ大きくとり吸音材を入れるなどの処理をする、③2つの壁あるいは窓のコインシデンス周波数が一致しないように異なる材料や厚さのものを使用する、ことが大切である。

図6.2.13は石こうボードの二重壁の音響透過損失を示している。二重壁に吸音材を入れたことにより音響透過損失が大きくなることがわかる。図6.2.14は面密

度が等しい6mm厚の1枚ガラス、3mm厚2枚の合わせガラス、3mm厚のガラス2枚の間に6mmの空気層をもつ複層ガラスの音響透過損失を比較したものである。複層ガラスが500Hz付近で音響透過損失が小さくなっているのは、共鳴によるものである。6mm厚ガラスと比較して、遮音性能上重要な周波数域で遮音性能が低下している。

3 隙間の影響

　実際の建物は、単一構造の壁のみでなく、窓や扉、換気口など、いくつかの異なる音響透過損失をもつ部分で構成されている。複数の構成部位による壁の遮音性能は、換気口のような小さい開口であっても音響透過損失の小さい（遮音性能の低い）部分の影響を受ける。特に、高い遮音性能を要求される場合には、開口部の検討を行い、できるだけ音が透過しやすい部分をつくらないようにする。また、サッシや扉の枠まわりなどの隙間の影響も無視できないため、構造的にも施工においても十分注意する必要がある。

　図6.2.15は普通サッシ、防音サッシ、普通サッシと防音サッシによる二重サッシ（空気層150mm）の音響透過損失を比較したものである。普通サッシにおける中・高音域（500～2000Hz）での低下は、隙間の影響によるものである。同じガラス厚（5mm）でも気密性のよい防音サッシは、普通サッシより遮音性能は大きい。また、二重サッシにすることによりさらに遮音性能を上げることができる。

図6.2.13　ボード二重壁内の吸音材料の有無の比較（測定：大成建設技研）

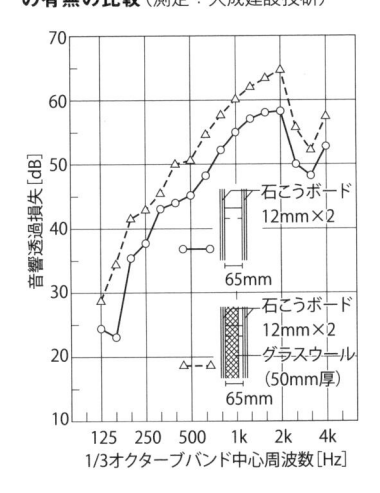

図6.2.14　各種ガラスの比較（測定：小林理研）

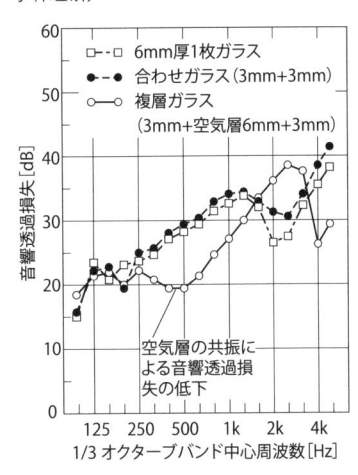

4 室間音圧レベル差

集合住宅やホテルなどで、隣接する室と室の間の遮音性能を確認するには、**室間音圧レベル差**を求める。隙間や施工における欠陥などを含めた、総合的な遮音量を知ることができる。対象となる壁などを挟んだ2室において、一方を音源室、他方を受音室とする。音源室から125Hz～4kHzのオクターブバンドノイズを発生させ、音源室と受音室でオクターブバンド音圧レベルを測定し、オクターブバンドごとの125Hz～4kHzの室間音圧レベル差を求める。図6.2.16は空気音遮断性能の周波数特性と等級曲線である。この図に求めた室間音圧レベル差をプロットする。遮音等級は、プロットした値がすべての周波数において上回る等級曲線のうち最大の曲線の数値により表す。図の例では、125Hzが23dBでD_r-40の値を2dB下回っているが、測定値に対しては2dBまで下回ることを許容されているため、D_r-40となる。日本建築学会では建物、室用途の適用等級を表6.2.8の通り定めている。なお、JIS A 1419-1-2000ではDに添字rを付けD_rを用いている。

図6.2.15 サッシの比較（測定：小林理研）

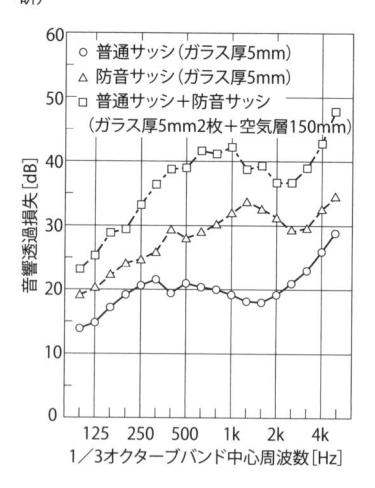

図6.2.16 空気音遮断性能の周波数特性と等級（等級曲線）（JIS A 1419-1-2000）

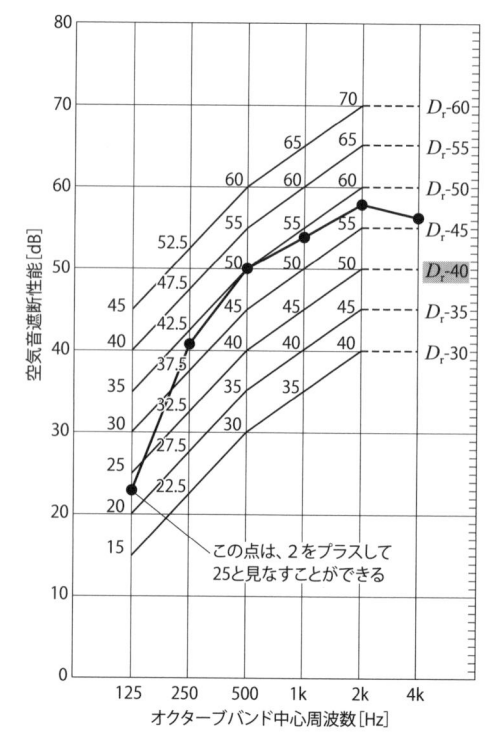

表6.2.8 室間平均音圧レベル差に関する適用等級

建築物	室用途	部位	適用等級			
			特級	1級	2級	3級
集合住宅	居室	隣戸間界壁・隣戸間界床	D-55	D-50	D-45	D-40
ホテル	客室	客室間界壁・客室間界床	D-55	D-50	D-45	D-40
事務所	業務上プライバシーを要求される室	室間仕切壁・テナント間界壁	D-50	D-45	D-40	D-35
学校	普通教室	室間仕切壁	D-45	D-40	D-35	D-30
病院	病室(個室)	室間仕切壁	D-50	D-45	D-40	D-35

5 床衝撃音

集合住宅において、人の歩行、床へのものの落下、子どもの走りまわりなどによる**床衝撃音**が問題となる。床衝撃音は、固い床をハイヒールなどで歩いたときの靴音やスプーンなどを落とした音に対応する**軽量床衝撃音**と子どもの走り回りなどによる**重量床衝撃音**に分類される。

床衝撃音は、上階で基準となる衝撃源により床を衝撃し、下階で床衝撃音の音圧レベルを測定して、評価される。軽量床衝撃音では、JIS A 1418-1-2000で規定されている標準軽量衝撃源(タッピングマシン)が用いられる。この衝撃源は、5個の500gの鋼製ハンマーを4cmの高さから1秒間に10回連続的に自然落下させて床を打撃する構造となっている。

また、重量床衝撃音では、これまで小型自動車のタイヤを85cmから落下させる方法が規定されていたが、衝撃力が大きすぎるた

図6.2.17 床衝撃音遮断性能の周波数特性と等級 (等級曲線)(JIS A 1419-2-2000)

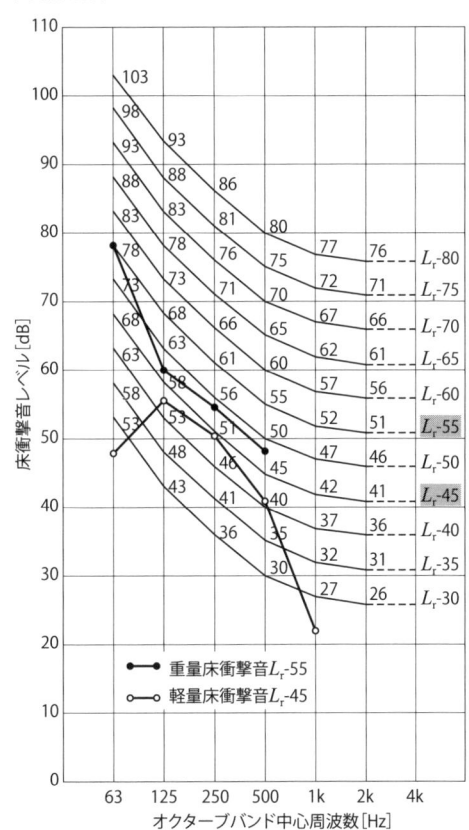

表6.2.9 床衝撃音レベルに関する適用等級

建築物	室用途	部位	衝撃源	適用等級			
				特級	1級	2級	3級
集合住宅	居室	隣戸間界床	重量衝撃源	L-45	L-50	L-55	L-60、L-65*
			軽量衝撃源	L-40	L-45	L-55	L-60
ホテル	客室	客室間界床	重量衝撃源	L-45	L-50	L-55	L-60
			軽量衝撃源	L-40	L-45	L-50	L-55
学校	普通教室	教室間界床	重量衝撃源	L-50	L-55	L-60	L-65
			軽量衝撃源				

＊木造、軽量鉄骨造またはこれに類する構造の集合住宅に適用する

め、ゴムボールを高さ100cmより自然落下させる方法も規定された（JIS A 1418-2-2000）。図6.2.17は床衝撃音遮断性能の周波数特性と等級曲線である。この図に63Hz〜4kHzオクターブバンドごとの音圧レベルをプロットする。遮音等級はプロットした値がすべての周波数において下回る等級曲線のうち最小の曲線につけられた数値により表す。図6.2.17の例では、軽量床衝撃音L_r-45、重量床衝撃音L_r-55である。なお測定値に対しては2dB減じることが許容されている。日本建築学会では建物、室用途の適用等級を表6.2.9の通り定めている。なお、空気音遮断性能と同様に、JIS A 1419-2-2000ではLに添字rを付けL_rを用いている。

床衝撃音を低減させるためには、軽量床衝撃音に対しては床仕上げ材の影響が大きく、低減効果の大きいカーペットのようなやわらかいものを床表面に使用する。表面が堅いフローリングを使用する場合は、注意が必要である。床スラブとフローリングの間に弾性材料を入れることにより衝撃をやわらげることができる。また、重量衝撃音に対しては床仕上げ材の効果は小さく、床スラブの質量と剛性が関係し、厚いスラブのほうが遮断性能はよい。

5. 振動と固体伝搬音

1 振動とは

ここで対象とする振動は、地盤、地表面や建物の振動である。振動には、杭打ち機や鍛造機のように一定時間ごとに同じ状態を繰り返す周期振動と自動車などの交通振動のように時間と大きさが予知できない不規則振動がある。発生源としては、工場の機械、土木建設作業、自動車や鉄道の交通、一般住宅や集合住宅に

おける設備機器などである。こうした発生源からの振動が地中を伝搬し、建物に伝搬される。壁や天井などから空気中へ放射されるものは、固体伝搬音となる。この振動により、建物内にいるときに揺れを直接感じたり、ものの揺れを視覚的に感じたり、あるいはドアなどのガタガタ鳴る音により間接的に感じたりする。振動は建物内の精密機器の作動に影響を及ぼしたりもする。また、振動が大きい場合は、建物の外壁やタイルなどのひび割れや建て付けの狂いなどが発生する。多くの場合、振動の影響は物理的被害よりも不快感や不眠、情緒不安定など人間の心理的、感覚的なものである。環境振動として対象とする振動の周波数は、1～80Hzである。

2 振動加速度レベルと振動レベル

振動も音と同じようにレベルで表すことができる。振動加速度の実効値 a [m/s^2] をレベル表示したものが**振動加速度レベル** L_a [dB] である。音の音圧レベルと同様に人間の振動感覚に対する補正をしていない物理量である。振動加速度レベル L_a [dB] は、基準の振動加速度を $a_0 = 10^{-5}$ [m/s^2] として、次式で求められる。

$$L_a = 10\log_{10}\left(\frac{a}{a_0}\right)^2 = 20\log_{10}\left(\frac{a}{a_0}\right) \quad [\text{dB}] \quad (6.2.6)$$

人間の振動感覚に対する補正をした振動加速度レベルが**振動レベル** L_V [dB] であり、音の騒音レベルと同様に周波数ごとに図6.2.18に示すような人間の振動感覚に基づく補正をしている。人間の振動感覚は鉛直方向と水平方向により異なるため振動感覚補正には、鉛直方向と水平方向がある。

振動レベルも振動源が複数ある場合は、騒音と同様の方法によりエネルギー加

図6.2.18 振動感覚補正周波数特性(JIS C 1510-1995)

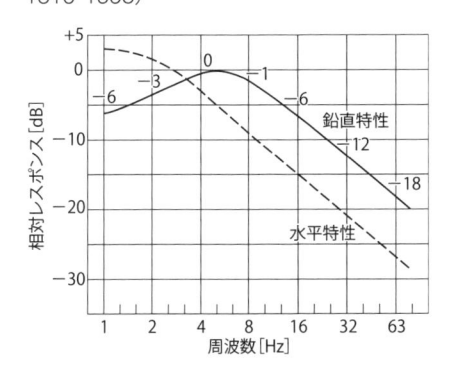

表6.2.10 振動レベルと人の感じ方

振動レベル	振動の影響
90dB	有意な生理的影響が生じ始める
80dB	深い眠りに対して影響が出始める
70dB	過半数の人が振動をよく感じる 浅い眠りに対して影響が出始める
60dB	振動を感じ始める（振動閾値）
50dB	

算できる。また、測定対象となる振動源以外の振動（暗振動）の影響を取り除く必要がある場合は、エネルギー減算（6-1節2.**4** b.参照）ができる。

なお、振動を感じる・感じないの境界の値を**振動感覚閾値**という。振動感覚閾値は振動レベルで55dBとされているが、実際には55dB以下と考えられている。表6.2.10に振動レベルと人の感じ方の対応を示す。

3 振動と固体伝搬音の防振

建物内で発生する振動や固体伝搬音の発生源としては、子どもが跳んだり走り回る音や、扉の開閉による衝撃、家具の移動による引きずり、給排水音、モータやポンプなどの機械設備によるものがある。ここでは、床衝撃音以外の建物内で発生する固体伝搬音の対策について、集合住宅における給排水設備からの振動を例に説明する。

集合住宅における給排水設備からの振動は、図6.2.19に示すように機器や配管からの振動が建物の構造躯体を伝搬して固体伝搬音となる。固体伝搬音対策としては、まず発生源となる機器の振動が小さいものを選択し、さらに機器や配管類が構造躯体に触れないように防振することである。振動が構造躯体に伝わると躯体中での減衰はほとんどないため、振動が躯体へ伝達しないように、防振対策は振動源の近くで行う必要がある。

一般に使用される防振材料としては、防振ゴム、コイルばねなどがある。材料の特徴を知り、設置目的などにもっとも合った材料を選定し、ばねの個数と配置を決め、振動を増大させないように注意する。表6.2.11に防振材の種類と特徴を示す。

4 振動と固体伝搬音の防振例

a. 便器の防振取り付け例

図6.2.20は、便器の給排水音および放尿音対策の例である。便器は低騒音型を

表6.2.11　防振材の種類と特徴

種　類	特　徴
防振ゴム	もっともよく使用される。20Hz以上の固体音領域での防振対策に効果的。種類や形状が豊富。コストが安い
コイルばね	体感振動（1～80Hz）として問題となる低周波数の振動に有効。防振ゴムとの併用が望ましい
その他：高密度グラスウール、ロックウール、発泡ポリウレタン材	浮き床や配管の絶縁に使用される。浮き床に使用する場合は防振ゴムより施工が容易。耐水性や耐久性に難がある

選定し、便器とスラブの間に防振ゴムを挟んで設置している。このとき、ボルトの取り付け方法に注意する。図6.2.21は、防振パッドを入れて躯体と機器を振動絶縁しているが、ボルトと機器架台が接しているため振動がボルトから躯体へ伝搬する取り付け方法の悪い例である。図6.2.20のようにゴムブッシュやゴムシートを用いて機器架台とボルトが接しないように施工する。

b. 給排水管の防振例

給排水管を流れる水の振動により固体伝搬音が発生する。管を支持する場合の対策として、図6.2.22(a)のように防振ゴムなどを挟んで躯体に振動が伝搬しないように施工する。(b)は縦管の支持方法の例である。

図6.2.19　給排水設備からの振動(空気調和・衛生工学会編「給排水設備における騒音・振動低減設計・施工」騒音・振動低減方法小委員会報告書、1995年、p.8、図-1.2.2)

図6.2.20　防振対策をした便器の取り付け例

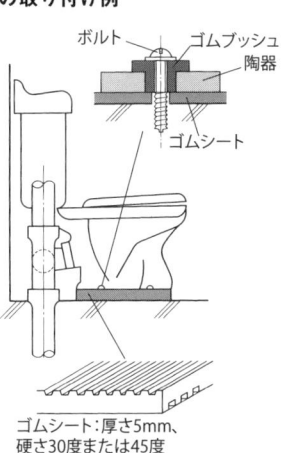

図6.2.21　ボルトの取り付けの悪い例

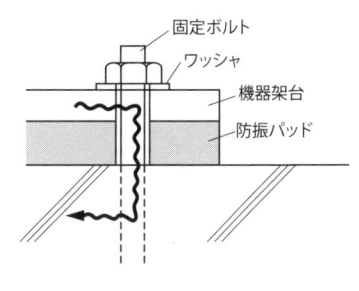

図6.2.22　防振対策をした給排水管の取り付け例

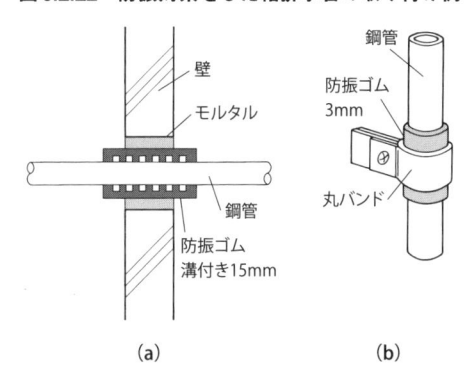

(a)　　　　(b)

6-3 響きと吸音

1. 残響調整の必要性

　ヨーロッパの大聖堂のように音がよく響く空間では、音源からの音が鳴り止んでも音が後に残る。この音を**残響**という。このような空間では、音源からの音は、図6.3.1のようにまず直接音、その後に初期反射音、さらに複数回反射した残響音として受音点に到達する。音楽室やコンサートホールでは、音に豊かさや広がりを与えるために音の響きは重要である。一方、講演や会話が主体となる会議室などでは、明瞭度（言葉の聞き取りやすさ）をよくするために、音が響きすぎないようにする必要がある。そのため、室の使用目的に合わせて、**吸音材料**を用いるなどして残響の調整をする。

　住まいの壁や天井は、多くの場合石こうボードクロス仕上げ、床はフローリングであり、特に吸音材料を使用していないが、居室では家具やカーテンが吸音効果をもつため日常生活において響きが問題となることは少ない。しかし、近年ライフスタイルの多様化により、リビングを明るく開放的にするために大きなガラス面がある吹き抜けをつくったり、室内に家具を置かない家庭も増えてきている。このような室は吸音不足となり、話し声が響いて会

図6.3.1　直接音、初期反射音、残響音

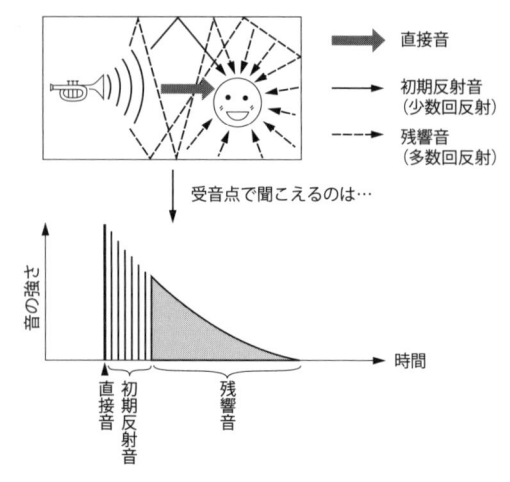

話がしにくい空間となる。残響の調整は、住まいにおいても快適な音環境をつくるために必要である。特に、オーディオ装置などにより音楽を楽しむためには、外部からの音を遮断し、心地よく音楽が聞こえるように室内の響きを調整することが望まれる。また、ピアノなど、楽器を弾くときには外部に音がもれないようにし、吸音により室内の音を小さくすることも考えられる。

2. 残響時間

❶ 自由音場と拡散音場

図6.3.2のようにまわりに障害物がない野原で楽器を演奏すると、直接音のみが届き、音が貧弱に聞こえるが、室内ではいろいろな方向から反射音が届き、豊かな音に聞こえる。

音源からの直接音しか到達しない音場を**自由音場**という。また、室内のどの場所においても音の強さが等しく、あらゆる方向から音が到来する音場を**拡散音場**という。私たちが日常使っている室は、音源近くでは直接音に影響され、音源から離れると反射音の影響が次第に強くなるため、完全な拡散音場ではないが、拡散音場として室内空間を仮定することができる。

❷ 残響時間

室の響きの程度を表す指標として、**残響時間**がある。残響時間は、図6.3.3に示すように室内の音源から音を放射し、室内の音響エネルギーが定常状態に達した後に音源を停止し、音響エネルギーが$1/10^6$になるまでに要する時間と定義されている。デシベルで表示すれば、音圧レベルが60dB低下するまでの時間が残

図6.3.2 自由音場と拡散音場

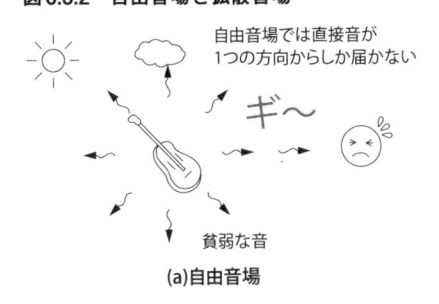

(a)自由音場　自由音場では直接音が1つの方向からしか届かない　貧弱な音

(b)拡散音場　直接音のほかに、いろいろな方向から、いろいろな時間遅れを伴って反射音が届く　豊かな音

図6.3.3　残響時間の定義

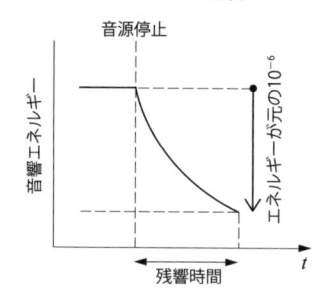

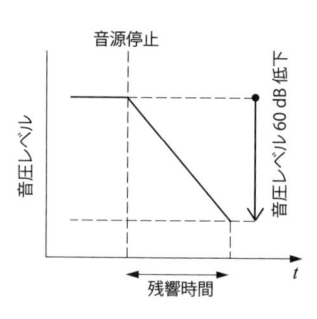

響時間である。

3 平均吸音率

室の吸音性能を表すときは、平均吸音率 $\overline{\alpha}$ を用いる。室は通常、天井はボード、床はフローリング、壁はクロス仕上げなど、異なる材料で構成されている。このそれぞれの材料の吸音率 α に、それぞれの面積をかけて足し、室全体の表面積で割ったものが平均吸音率 $\overline{\alpha}$ である。$\overline{\alpha}$ は $0 \sim 1$ の値をとる。

4 残響式

残響時間を求める式として拡散音場を仮定して導かれたセイビン（Sabine）の式がある。これは、残響時間を $T[\mathrm{s}]$、室容積を $V[\mathrm{m}^3]$、室表面積を $S[\mathrm{m}^2]$、平均吸音率を $\overline{\alpha}(0 \sim 1)$、室の吸音力（等価吸音面積）を $A = \overline{\alpha}S[\mathrm{m}^2]$ とすると、常温では次式となる。

$$T = \frac{0.161V}{S\overline{\alpha}} = \frac{0.161V}{A} \quad [\mathrm{s}] \quad (6.3.1)$$

この式より、残響時間 $T[\mathrm{s}]$ は室容積 $V[\mathrm{m}^3]$ に比例し、室の吸音力 $A[\mathrm{m}^2]$ に反比例することがわかる。この残響式は、簡便でよく用いられている。ただし、$\overline{\alpha}$ が1（吸音率100％）に近づくと、残響時間は0に近づくはずであるが、この式では分母の $S\overline{\alpha}$ が S へと近づいていくため、吸音力の大きい室では実際の残響時間と合わなくなってくる。

そこで、残響時間の予測には、アイリング（Eyring）の式が用いられるようになった。この式は音は室表面で反射を繰り返すたびに吸音され、エネルギーが減衰していくとして導かれている。残響時間を $T[\mathrm{s}]$、室容積を $V[\mathrm{m}^3]$、室表面積を $S[\mathrm{m}^2]$、平均吸音率を $\overline{\alpha}$ とすると、常温では次式となる。

$$T = \frac{0.161V}{-S\log_e(1-\overline{\alpha})} \quad [\mathrm{s}] \quad (6.3.2)$$

この式においても、残響時間が室容積、表面積および室内の平均吸音率に影響されることがわかる。

5 最適残響時間

大聖堂では荘厳さを、コンサートホールでは音楽に豊かな響きを与えることが重視されるため、長い残響時間が好まれ、1.5～2.5秒程度が推奨されている。また、テレビスタジオや会議室などでは、講演や会話の音声が明瞭に聞き取れ、話者が話しやすいことが重要である。そのため、残響時間は短いほうがよく、0.5～1.0秒程度とされている。残響時間が長いと、前の言葉の残響が、次の言葉をマスクするために明瞭度が低下する。最適残響時間は、室の使用目的や音楽の種類あるいは室容積によって異なる。図6.3.4に500Hzにおける室容積と最適残響時間の関係を示す。

また、住まいにおけるリスニングルームやピアノ室などの容積が小さい室では、平均吸音率を目安として内装材料の選定を行ってもよい。表6.3.1に標準的

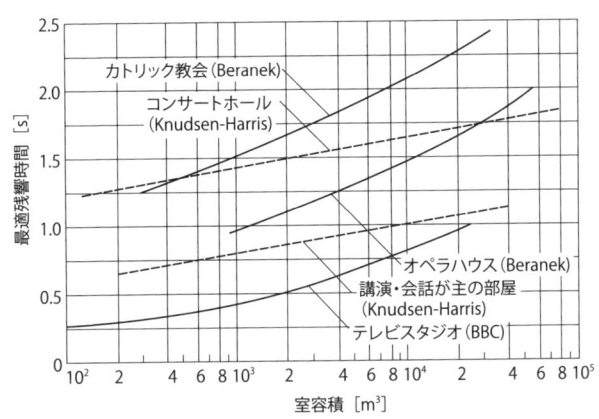

表6.3.1 室の使用目的と平均吸音率

室の使用目的		平均吸音率
ホール	コンサートホール	0.20～0.23
	オペラハウス	0.25
	劇場	0.30
	講堂	0.30
	多目的ホール	0.25～0.28
スタジオ	ラジオ用音楽スタジオ	0.25
	ラジオ用一般スタジオ	0.25～0.35
	ラジオ用アナウンススタジオ	0.35
	テレビスタジオ	0.40
	録音スタジオ	0.35
その他	音楽鑑賞用リスニングルーム	0.25
	居間兼用リスニングルーム	0.30
	学校教室	0.25～0.30
	会議室	0.25～0.30
	事務室	0.30
	宴会場・集会場	0.35
	体育館	0.30

図6.3.4 500Hzの最適残響時間と室容積

な室の使用目的ごとの平均吸音率を示す。材料の種類と特性については後述する。

また、残響時間の周波数特性は室の用途によって異なるが、一般になるべく平坦であることが望ましい。周波数による凹凸が大きいと、特定の音色をもつので好ましくない。

3. 音響障害

室内音響において、好ましくない音響障害として**エコー**、**フラッターエコー**、**音の焦点**、**ブーミング**などがある。このような音響障害は、音声の明瞭性を損ねたり、音楽の美しく豊かな響きを阻害したりする。

1 エコー

コンサートホールのように大きな空間では、図6.3.5のように、直接音に続い

図6.3.5 エコーがおこる仕組み

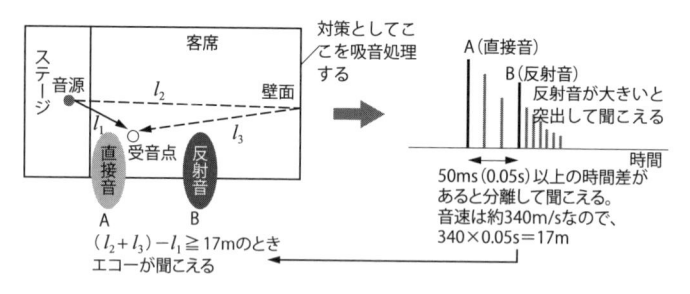

$(l_2+l_3)-l_1 \geq 17m$のときエコーが聞こえる

50ms(0.05s)以上の時間差があると分離して聞こえる。
音速は約340m/sなので、
$340 \times 0.05s = 17m$

図6.3.6 フラッターエコー（鳴き竜）

むくり天井（音が拡散しにくい）
多重反射が生じる
パン！

図6.3.7 音の焦点

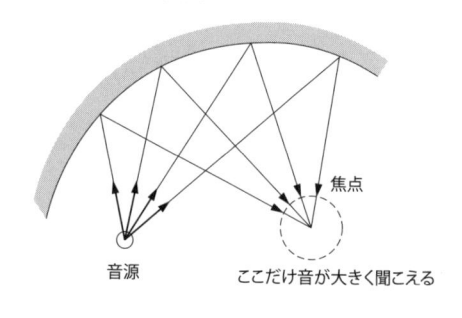

焦点
ここだけ音が大きく聞こえる
音源

て50ms以上遅れて大きな反射音が届くと、音が二重に聞こえる現象（エコー）が生じやすい。エコーと残響とは別の現象であり、エコーは明瞭度を低下させ、音楽ではリズムを狂わせ演奏しづらくする。対策としては、壁面に吸音処理をして大きな反射音が生じないようにする。なお、反射音の遅れ時間が50msより短いときは、直接音を補強する効果があり、明瞭度が高まり好ましい。

2 フラッターエコー

ガラスやコンクリートなど硬い材料で、かつ平行している天井と床、あるいは壁どうしがある場合、拍手などの音が多重反射して、ピチピチ…、プルル…など特殊な音色をもって聞こえる。この現象をフラッターエコーという。日光輪王寺薬師堂の鳴き竜が有名で、ここでは図6.3.6のように天井が凹面形のむくり天井となっているため、より音の反射が集中しフラッターエコーがおこりやすい。

3 音の焦点

円や楕円形の壁、大きな凹面などが反射性であると、反射音がある場所に集中して音が異常に大きくなる。このような場所を音の焦点という（図6.3.7）。また、他方では音の小さい場所（死点）が生じ、音が聞き取りにくくなる。

4 ブーミング

室容積の小さい室では、寸法・形状による共鳴周波数が低音域の同じ周波数に集中（縮退）することがある。このとき、室が共鳴するブーミングの現象が生じる。コンクリートなどの硬い反射性の材料で囲まれた室は、このブーミングが問題となる。このような障害を避けるためには、直方体の室の縦、横、高さの比が $1:2:4$ のような倍数比とならないようにしたり、平行な壁面がないように、室全体が不整形となるようにし、また適切な吸音処理をする。直方体の室の縦、横、高さの比は、$(\sqrt{5}-1):2:(\sqrt{5}+1)$ またはそれに近似した $2:3:5$ の比になるようにする。

図6.3.8 吸音材の分散配置の例

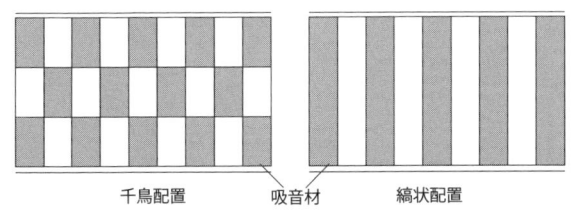

千鳥配置　吸音材　縞状配置

このような室の内装材料は、図6.3.8のように分散配置にするとよい。室内のどこでも一様な響きが得られるように音の拡散性を考えて、吸音性の材料と反射性の材料を交互に、または、不規則に配置する。一般に寸法が60〜180cm程度の材料を縞状に反射性、吸音性と交互に、また千鳥や市松模様に配置する。あるいはいろいろな大きさのものをランダムに配置する。吸音材料を広い面積に集中させて貼るよりも、小さい面積に分割して配置するほうが、総吸音力を増加させ、また反射音の拡散に非常に有効である。

4. 吸音機構の種類と特性

室の残響時間の調整や騒音の低減のために、内装材としていろいろな吸音材料や吸音構造が用いられる。これらをその吸音機構によって分類すると、図6.3.9

図6.3.9　吸音機構と吸音特性

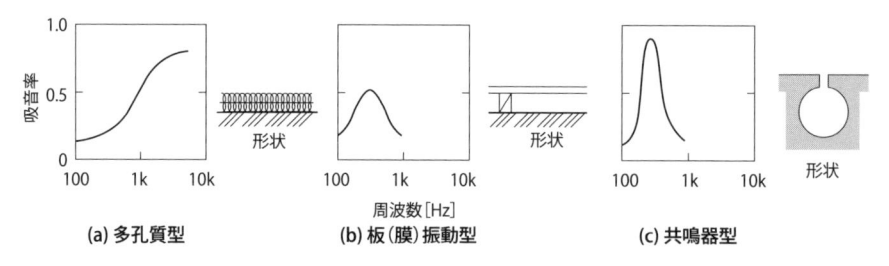

(a) 多孔質型　　(b) 板（膜）振動型　　(c) 共鳴器型

図6.3.10　多孔質材の厚さによる吸音率の一般的傾向（残響室法）

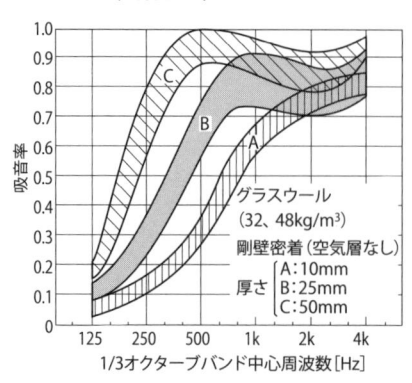

グラスウール（32, 48kg/m³）
剛壁密着（空気層なし）
厚さ　A:10mm
　　　B:25mm
　　　C:50mm

図6.3.11　多孔質材の背後空気層による吸音率の一般的傾向（残響室法）

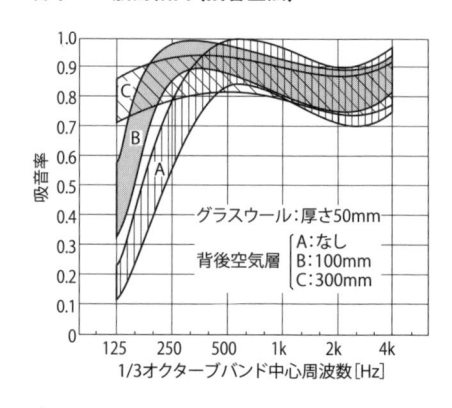

グラスウール：厚さ50mm
背後空気層　A:なし
　　　　　　B:100mm
　　　　　　C:300mm

に示すように多孔質型吸音、板（膜）振動型吸音、共鳴器型吸音の3種類に大別される。

1 多孔質型吸音

多孔質型吸音材料としては、ロックウール、グラスウール、軟質繊維板などの繊維材料や軟質ウレタンフォームなどの連続気泡の材料がある。発泡スチロールのような独立気泡で通気性のない材料は、吸音材料とはならない。これらの繊維材料を音波が通過する際に、空気の分子と繊維との摩擦や粘性抵抗などによって音のエネルギーが熱エネルギーに一部変換され吸音される。吸音特性は一般に高い周波数で大きく、低い周波数では小さい。

図6.3.12 板振動型吸音材料の吸音特性（残響室法）（測定：大成建設技研）

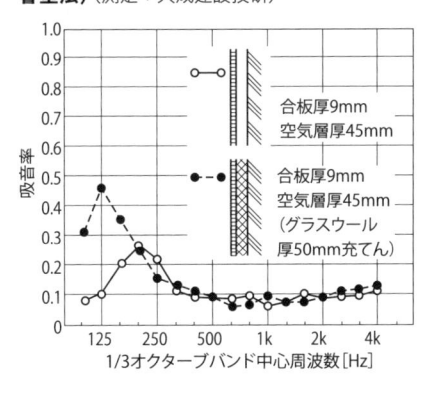

多孔質材料は、一般にコンクリートのような剛壁に密着あるいは剛壁との距離をあけて空気層を設けて取り付けられる。波長の長い低音に対して吸音率を大きくするためには、材料を厚くするか剛壁から離して設置する必要がある。図6.3.10は、グラスウールの厚さを変化させたときの、また、図6.3.11はグラスウールの厚さを一定にして空気層の厚さを変化させたときの吸音率の一般的な傾向を示したものである。材料が厚くなるほど、低音の吸音率は大きくなる。また、同じ厚さの材料では、剛壁との距離をあけて空気層を大きくするほど低音域の吸音はよくなる。なお、音波の波長をλ[m]とすると、壁面から$\lambda/4$の奇数倍の位置に吸音材料があると吸音率は大きくなる。

2 板（膜）振動型吸音

薄い合板や石こうボードなどを剛壁から離して取り付けると、空気層と板との共振周波数付近では音波によって板が激しく振動する。この振動によって音のエネルギーが熱エネルギーに一部変換されて吸音される。この吸音特性は、図6.3.9(b)のように低音域の共振周波数付近に吸音の山をもち、中高音域の吸音率は小さい。板状材料を野縁などで施工した場合には共振周波数は200Hz以下であり、低音域の吸音構造として有効である。薄い板ほど吸音率は大きく、図6.3.12のよ

うに空気層に多孔質材料を入れると吸音のピーク付近の吸音率が上がる。このとき、板がびりびりと振動しないように施工する必要がある。

❸ 共鳴器型吸音

図6.3.13の右図のように波長に比べて寸法の小さい空洞の開口部に共振周波数の音波が入射すると、ネックの部分の空気は激しく振動し、摩擦により音のエネルギーが熱エネルギーに変換されて吸音される。これをヘルムホルツ(Helmholtz)共鳴器という。この共鳴器は共振周波数(一般に低音域)付近のきわ

図6.3.13 孔あき板の吸音の仕組み(ヘルムホルツ共鳴器)

図6.3.14 孔あき板の吸音特性(空気層を変化させた場合)(測定：大成建設技研)

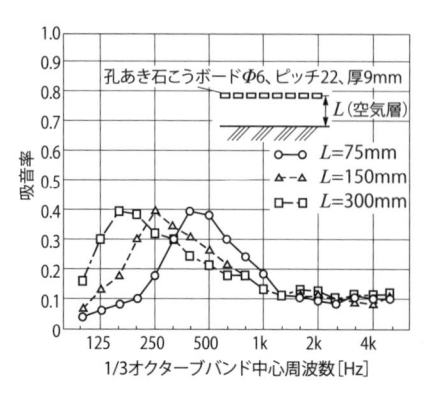

図6.3.15 孔あき板の吸音特性(多孔質材を裏打ちした場合)(測定：大成建設技研)

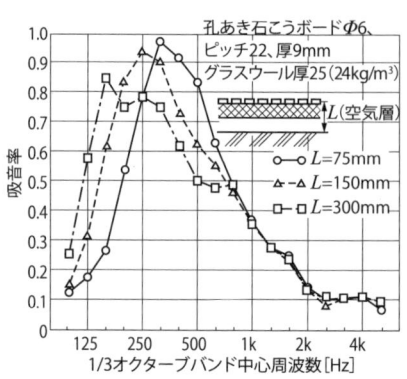

めて狭い周波数範囲のみに大きい吸音率を示す。室内固有振動の特定の低い周波数でのブーミングの抑制のためにも用いられる。

　孔あき板やスリット板による吸音構造あるいは格子（リブ）を並べた吸音構造も、吸音の原理は共鳴器と同じで、図6.3.13の左図のように共鳴器が連続したものと考えられる。その吸音特性は共振周波数を中心に比較的幅広い吸音の山を示す。図6.3.14に示すように背後空気層を大きくすると、共振周波数は低い周波数へ移動する。また、図6.3.15に示すように孔あき板の背後に多孔質材を入れると、吸音率は全体的に増大し、最大吸音率は0.8以上に達する。このとき孔の開孔率（板の面積における孔の面積の割合）は20％以上となるようにできるだけ大きく、板厚の薄いものを用いると大きな吸音率が得られる。

まとめと演習問題

以下の問題に答えなさい。〔　〕のあるものは空欄を埋め、または正しいものを選びなさい。

問1　音には発生した音が空気中を伝搬してくる〔　①　〕、建物内外で発生した振動が建物の構造体を伝搬して壁や天井などから音として放射される〔　②　〕がある。

問2　音波は常温（15℃）で1秒間に約340m伝搬する。周波数$f = 500$Hzの音の波長は$\lambda = $〔　①　〕mであり、周期は$T = $〔　②　〕sである。

問3　ある機械が稼動しているときの騒音レベルは、$L_1 = 75$dBであった。機械が稼動していないときの暗騒音は$L_2 = 70$dBであった。機械稼動時の機械のみの騒音レベルは$L = $〔　①　〕dBである。

問4　人間の可聴範囲は、周波数で20〜〔　①　〕Hz、音圧レベルはおよそ0〜120dBである。音の大きさの感じ方は、音圧と周波数により異なり、同じ音圧レベルでは低音や高音域で小さく感じ、3000〜〔　②　〕Hzでもっとも大きくなる。

問5　騒音レベルは、A特性音圧レベルともいわれ、40phonの〔　①　〕を上下逆にしたものに近似したフィルタ（A特性）により、周波数ごとに音を補正した、人の耳の音の大きさの感覚に近い評価量である。

問6　材料や構造体の遮音性能は、音響透過損失R[dB]で表される。拡散入射における一重壁の音響透過損失は、〔　①　〕により周波数あるいは壁の面密度が2倍になると約〔　②　〕dB大きくなる。また、壁に屈曲波が生じ、特定の周波数で音響透過損失が〔　①　〕より低下する現象を〔　③　〕という。

問7　集合住宅で問題となる床衝撃音は、固体伝搬音であり、スプーンなどの落下音に対応する〔　①　〕と子どもの走り回りなどによる〔　②　〕がある。対策として、〔　①　〕は床仕上げ材が柔らかいと効果が大きい。〔　②　〕は床仕上げ材の効果は小さく、厚いスラブのほうが遮断性能はよい。

問8　室の響きの程度は、残響時間で表される。残響時間は音響エネルギーが

〔　①　〕になるまでの時間であり、音圧レベルが〔　②　〕dB減衰するのに要する時間である。コンサートホールでは長い残響時間が好まれるが、音声を明瞭にするには短めがよい。

問9 室の残響時間の調整や騒音の低減のために、吸音材料や吸音構造が用いられる。吸音機構にはロックウールなど多孔質材の〔　①　〕、合板や石こうボードなどの〔　②　〕、ヘルムホルツ共鳴器や孔あき板などの〔　③　〕の3つがある。

まとめと演習問題 解答・解説

2章
問1　①太陽高度は約27°、太陽方位角は約50°　②約2倍
問2　①可照時間　②日照時間
問3　①日影曲線　②冬至
問4　①終日日影　②永久日影
問5　①緯度　②1.7
問6　①全天日射　②大気透過率
問7　①大きく　②大きく 最大
問8　①複層ガラス　②日射熱取得率
問9　①室内側より室外側

3章
問1　①明所視　②プルキンエ現象
問2　①光度　②照度　③輝度　④cd　⑤lx　⑥cd/m^2
問3　①明視性　②大きさ　③対比（②と③は順不同）
問4　①1/7　②採光補正係数
問5　①色温度　②赤み　③青み
問6　①演色性　②平均演色評価数
問7　①色相　②明度　③彩度　④無彩色（①と③は順不同）
問8　①マンセル表色系　②XYZ表色系

4章
問1　①ガス状汚染物質　②粒子状汚染物質
問2　①必要換気量　②換気回数
問3　①64.3
解説　89ページの式(4.1.1)を使うと、以下のように計算できる。

$$Q = \frac{0.015 \times 3}{(0.001 - 0.0003)} = 64.3\,[\mathrm{m^3/h}]$$

問4　①揮発性有機化合物　②シックハウス症候群　③換気設備の設置
問5　①温度差換気（重力換気）　②風力換気　③自然排気　④自然給気（①と②は順不同）
問6　①7.2
解説　101ページの式(4.2.6)および99ページの式(4.2.2)を使うと、以下のように計算できる。

$$Q = \alpha A V \sqrt{C_1 - C_2} = \frac{1}{\sqrt{\left(\frac{1}{2}\right)^2 + \left(\frac{1}{4}\right)^2}} \times 4 \times \sqrt{0.6 - (-0.4)} = 7.2\,[\mathrm{m^3/s}]$$

問7　①通風　②気流

5章
問1 ①気温 ②放射温度 ③湿度 ④気流 ⑤着衣量 ⑥代謝量（①②③④は順不同、⑤⑥も順不同）
問2 ①標準有効温度 SET*
問3 ①ドラフト
問4 ①伝導 ②対流 ③放射
問5 ①熱貫流 ②熱貫流率
問6 ①0.967 ②1.03 ③20.6
問7 ①よい ②熱容量
問8 ①相対湿度 ②絶対湿度
問9 ①高い ②飽和水蒸気圧
問10 ①70 ②露点温度 ③15.5
問11 ①表面結露 ②内部結露
問12 ①室内側 ②屋外側

6章
問1 ①空気伝搬音 ②固体伝搬音
問2 ①0.68 ②0.002
解説 ①$\lambda = 340/500 = 0.68\,\mathrm{m}$ ②$T = 1/f = 1/500 = 0.002\,\mathrm{s}$
問3 ①73
問4 ①20000 ②4000
問5 ①等ラウドネス曲線
問6 ①質量則 ②5 ③コインシデンス効果
問7 ①軽量床衝撃音 ②重量床衝撃音
問8 ①$1/10^6$ ②60
問9 ①多孔質型吸音 ②板（膜）振動型吸音 ③共鳴器型吸音

図版出典・参考文献リスト

1章
図 1.1.1 (a) National Oceanic and Atmospheric Administration
図 1.1.1 (b) 乾尚彦
図 1.1.1 (c) 大橋竜太
図 1.1.1 (d) 窰洞考察団
図 1.1.1 (e) 深見奈緒子
図 1.1.1 (f) 飯村和道
図 1.1.2　住まいとインテリア研究会編著『図解住まいとインテリアデザイン』彰国社、2007 年
図 1.1.3　合掌造り（白川郷）：岐阜県白川村役場
図 1.1.3　かぶと造り：岡田悟
図 1.1.3　中門造り：秋田県立博物館
図 1.1.3　曲屋、分棟型民家：川崎民家園（撮影：畑拓）
図 1.1.3　高塀造り：鈴木充
図 1.1.3　くど造り：うきは市教育委員会
図 1.1.3　沖縄の民家：Photo by (c)Tomo.Yun (http://www.yunphoto.net)
表 1.2.1　大野秀夫・堀越哲夫他『快適環境の科学』朝倉書店、2000 年
図 1.2.1、図 1.2.2　田中俊六・武田仁・岩田利枝・土屋喬雄・寺尾道仁『最新建築環境工学　改訂 3 版』井上書院、2006 年をもとに作成

2章
図 2.1.1　宿谷昌則『光と熱の建築環境学』丸善、1983 年
図 2.1.2、図 2.1.3、図 2.1.5、図 2.2.1、図 2.2.7　日本建築学会編『日本建築学会設計計画パンフレット 24　日照の測定と検討』彰国社、1977 年（一部は原図をもとに加筆）
図 2.1.4、図 2.3.9　環境工学教科書研究会編『環境工学教科書　第二版』彰国社、2003 年
図 2.2.5、図 2.2.9　渡辺要『建築計画原論 I』丸善、1962 年
図 2.2.6　日本建築学会編『建築環境工学用教材 環境編』1988 年
図 2.2.8　日本建築学会編『建築設計資料集成 2』丸善、1972 年
図 2.3.2、図 2.3.10、図 2.3.11　日本建築学会編『建築設計資料集成 1　環境』丸善、1978 年
図 2.3.3　倉渕隆『初学者の建築講座　建築環境工学』市ヶ谷出版、2006 年
図 2.3.5　藤井正一『住居環境学入門　第三版』彰国社、2002 年をもとに作成
図 2.3.6、図 2.3.8　旭硝子技術資料 (http://www.asahiglassplaza.net/catalogue/sougo_gi2010/0023fpg.htm)

3章
図 3.1.1、図 3.1.3、図 3.1.7、図 3.2.3、図 3.2.4、図 3.2.8、図 3.2.10、図 3.3.3、図 3.3.6　加藤信介・土田義郎・大岡龍三『図説テキスト建築環境工学』彰国社、2004 年（一部は原図をもとに作図・加筆）
図 3.1.5、図 3.3.7、図 3.3.8　倉渕隆『初学者の建築講座　建築環境工学』市ヶ谷出版、2006 年をもとに作成
図 3.1.6　田中俊六・武田仁・岩田利枝・土屋喬雄・寺尾道仁『最新建築環境工学　改訂 3 版』井上書院、2006 年
図 3.1.8、図 3.2.12　日本建築学会編『光と色の環境デザイン』オーム社、2004 年をもとに作成
表 3.1.2　建築単位の事典研究会編『建築単位の事典』彰国社、1992 年
図 3.1.11　Weymotch,F.W."Effects of age on visual Acuity"Philadelphia Chilton Book, 1960
図 3.1.12　栗田正一他『新時代に適合する照明環境の要件に関する調査研究報告』照明学会、1985 年
図 3.2.1、表 3.2.1、表 3.3.3　日本建築学会編『設計計画パンフレット 30　昼光照明の計画』1985 年をもとに作成（図 3.2.1 については「伊藤・佐藤・大野」の記述あり。表 3.2.1 については「CIE 推奨照度：Publication CIE No.29/2 (TC-4.1)、1986；JIS Z 9110-1979 照度基準；日本建築学会編：設計計画パンフレット 16 採光設計、彰国社、1963、p.12 より作成」の記述あり。表 3.3.3 については、「松下電工（株）「店舗の照明設備ノウハウ」1982 年、CIE 屋内照明ガイドより作成」の記述あり）
図 3.2.2　小島武男、中村洋共編『現代建築環境計画』オーム社、1983 年をもとに作成
図 3.2.5　日本建築学会編『建築設計資料集成 1　環境』丸善、1978 年
表 3.2.2　松浦邦男『建築照明』共立出版、1971 年
図 3.2.7、図 3.3.4　照明学会編『照明ハンドブック 第 2 版』オーム社、2003 年をもとに作成
図 3.2.11　日本建築学会編『建築法規用教材』丸善、2006 年
図 3.2.14　ラフォーレエンジニアリングシステム提供
図 3.3.1　小宮容一『図解インテリア構成材 − 選び方・使い方』オーム社、1987 年（LED ランプについては大内孝子が加筆）
表 3.3.1、表 3.3.2　日本建築学会編『建築設計資料集成 1　環境』丸善、1978 年、東芝資料などより作成
図 3.3.2　日本建築学会編『昼光照明デザインガイ

ド—自然光を楽しむ建築のために』技法堂、2007年
図3.3.5　住まいとインテリア研究会編著『図解住まいとインテリアデザイン』彰国社、2007年
図3.3.9　日本建築学会編『Q&A高齢者の住まいづくりひと工夫』中央法規、2006年
図3.4.1　大井義雄・川崎秀昭『カラーコーディネーター入門　色』日本色研事業、1996年
図3.4.9　槙究提供

4章
図4.1.1、図4.1.2、図4.2.1、図4.2.4、図4.2.5、図4.2.6、図4.2.8、図4.2.9、図4.2.12　加藤信介・土田義郎・大岡龍三『図説テキスト建築環境工学』彰国社、2004年（一部は原図をもとに作図・加筆）
表4.1.1　厚生省環境衛生局企画課監修『空調設備の維持管理指針（空気環境管理のために）』ビル管理教育センター、1982年
図4.1.2、表4.1.4、表4.1.6、図4.2.16　藤井正一『住居環境学入門　第三版』彰国社、2002年
表4.1.3　Environment and Quality of Life,Report No.7"Indoor Air Pollution by Form Aldehyde in European Countries"1990
図4.1.3　日本建築設備安全センター編『新訂　換気設備技術基準・同解説』1983年
図4.1.4、表4.1.7　日本建築学会編『建築法規用教材』丸善、2006年
図4.1.5　田中俊六・武田仁・岩田利枝・土屋喬雄・寺尾道仁『最新建築環境工学　改訂3版』井上書院、2006年
図4.1.6　国土交通省住宅局「快適で健康的な住宅に暮らすために」をもとに作成
(http://www.mlit.go.jp/jutakukentiku/build/sickhouse.files/sickhouse_2.pdf)
図4.2.2　倉渕隆『初学者の建築講座　建築環境工学』市ヶ谷出版、2006年をもとに作成
図4.2.3　日本建築学会編『設計計画パンフレット18　換気設計』彰国社、1976年
図4.2.13　換気マニュアル作成委員会「シックハウス対策のための住宅の換気設備マニュアル」別冊「住宅の換気設計事例集」ベターリビング
(http://www.cbl.or.jp/info/file/kanki-j1.pdf)
図4.2.14　住まいとインテリア研究会編著『図解　住まいとインテリアデザイン』彰国社、2007年をもとに作成
図4.2.15　R.H.Reed"Design for Natural Ventilation in Hot Humid Weather"Tex.Eng.Experi.Stat.Reprint,1953

5章
図5.1.2　環境工学教科書研究会編『環境工学教科書　第二版』彰国社、2003年をもとに作成
図5.1.3　日本建築学会編『建築設計資料集成1　環境』丸善、1978年をもとに作成
図5.1.4　南野脩、IBEC,No.34,住宅・建築省エネルギー機構、1986年をもとに作成
図5.1.5、図5.2.1、図5.3.7、図5.3.9　加藤信介・土田義郎・大岡龍三『図説テキスト建築環境工学』彰国社、2004年をもとに作成
図5.1.6　空気調和・衛生工学会編著『新版　快適な温熱環境のメカニズム　豊かな生活空間をめざして』丸善、2006年
表5.1.2　「健康で快適な温熱環境を保つための提案水準」建設省住宅局、1991年
図5.2.2、図5.2.6　田中俊六・武田仁・岩田利枝・土屋喬雄・寺尾道仁『最新建築環境工学改訂3版』井上書院、2006年をもとに作成
表5.2.1　空気調和・衛生工学会編『空気調和衛生工学便覧　第11版　Ⅱ巻』1987年
図5.2.3、図5.2.9、図5.2.10、図5.3.10、図5.3.11、図5.3.12　倉渕隆『初学者の建築講座　建築環境工学』市ヶ谷出版、2006年（一部は原図をもとに加筆）
表5.2.4　田中俊六・武田仁・岩田利枝・土屋喬雄・寺尾道仁『最新建築環境工学　改訂3版』井上書院、2006年
図5.3.4　空気調和・衛生工学会編『空気調和衛生工学便覧　第14版　Ⅰ巻』丸善、2010年をもとに作成
図5.3.5、図5.3.6　空気調和・衛生工学会編『健康に住まう家づくり』オーム社、2004年
図5.3.8　辻原万規彦監修『図説やさしい建築環境』学芸出版社、2009年
図5.3.13、図5.3.14　衛生微生物研究センター提供

6章
図6.1.2　公害防止の技術と法規編集委員会編『新・公害防止の技術と法規2010』丸善、2010年
図6.1.4、図6.1.5、図6.1.6　P.H.リンゼイ, D.A.ノーマン『情報処理心理学入門Ⅰ感覚と知覚　第2版』サイエンス社、2002年（Peter H. Lindsay & Donald A. Norman "Human Information Processing An Introduction to Psychology" (2nd Edition), Academic Press Inc. New York, 1977)
図6.1.8　Stevens, Volkmann"Am.J.Psychol.53"1940
図6.1.9　黒木総一郎『現代心理学大系　聴覚の心理学』共立出版、1964年
図6.1.10　環境工学教科書研究会編『環境工学教科書　第二版』彰国社、2003年
図6.1.11　E. Zwicker,"Psychoakustik"Springer-Verlag,1982

図版出典・参考文献リスト

図 6.1.15、表 6.2.1、図 6.2.11、図 6.3.1、図 6.3.2、図 6.3.3、図 6.3.5、図 6.3.6、図 6.3.7　加藤信介・土田義郎・大岡龍三『図説　テキスト建築環境工学』彰国社、2004 年

図 6.1.16　〈建築テキスト〉編集委員会編『初めての建築環境』学芸出版社、2003 年

図 6.1.17　前川純一『障壁の遮音設計に関する実験的研究』日本音響学会誌、Vol.18,No.4 および、山下充康、子安勝「線状音源に対する障壁の減音効果　模型実験による検討」日本音響学会誌、Vol29, No.4

図 6.1.18、図 6.1.19、表 6.2.4、図 6.2.8、図 6.2.12、図 6.3.4　日本建築学会編『建築設計資料集成 1　環境』丸善、1978 年

表 6.2.2、図 6.2.4　公害防止の技術と法規編集委員会編『新・公害防止の技術と法規 2010』丸善、2010 年（なお表 6.2.2 は「出典：吉田」の記述あり）

表 6.2.3、図 6.2.5　前川純一・岡本圭弘『誰にもわかる音環境の話　騒音防止ガイドブック改定 2 版』共立出版、2003 年をもとに作成

図 6.2.6　Schult,T.J."Noise-Criterion Curves for Use with the USASI Preferred Frequencies"

図 6.2.9、図 6.2.10、図 6.2.13、図 6.2.14、図 6.3.12、図 6.3.14、図 6.3.15　日本建築学会編『建築環境工学用教材　環境編』丸善、1988 年

表 6.2.8、表 6.2.9　日本建築学会編『建築物の遮音性能基準と設計指針　第二版』技報堂出版、1997 年

図 6.2.15　日本建築学会編著『音響材料の特性と選定』丸善、1997 年

図 6.2.17　平野滋『わかりやすいマンションの防音設計』オーム社、2001 年（大林組技術研究所資料）

表 6.2.10　日本騒音制御工学会編『振動規制の手引き』技報堂出版

図 6.2.19　空気調和・衛生工学会編『給排水設備における騒音・振動低減設計・施工』（騒音・振動低減方法小委員会報告書）1995 年

図 6.2.20、図 6.2.22、表 6.3.1、図 6.3.8　日本建築学会編『設計計画パンフレット 4　建築の音建築設計〈新訂板〉』彰国社、1983 年

図 6.2.21　日本騒音制御工学会編『建築設備の防振設計』技報堂出版、1999 年

図 6.3.9　前川純一『建築・環境音響学』共立出版、1990 年

図 6.3.10、図 6.3.11　日本音響材料協会編『騒音・振動対策ハンドブック』技報堂出版、1982 年

図 6.3.13　日本音響学会編『音響工学講座 3　建築音響』コロナ社、2001 年をもとに作成

索引

あ

アイリングの式………… 182
暗順応………………… 39
暗所視………………… 40
安全色………………… 81
暗騒音………………… 152
一過性域値移動………… 164
一酸化炭素……………… 85
ET ……………………… 113
ET* ………………… 113, 114
色温度………… 62, 63, 65
色の面積効果…………… 79
ウェーバー・フェヒナーの法則………………… 151, 156
内断熱………………… 130
永久域値移動…………… 164
永久日影……………… 28
エコー………………… 184
SET* …………………… 113
xy色度図 ……………… 77
XYZ表色系 ………… 75, 77
A特性…………………… 165
NC値…………………… 167
MRT …………………… 111
LED …………………… 12, 60
演色性……………… 60, 64
OT ……………………… 111
オクターブ……………… 156
音の大きさ…………… 155
音の焦点…………… 184, 185
音の高さ……………… 155
音の強さ……………… 151
音の強さのレベル…… 151
音の橋………………… 172
音圧…………………… 149
音圧レベル…………… 151
音響エネルギー密度…… 151
音響エネルギー密度レベル
　………………………… 151
音響出力……………… 151
音響透過損失……… 170, 171
音響パワー…………… 151
音響パワーレベル…… 151
温室効果……………… 30
音場…………………… 149
音速…………………… 150
温度差換気………… 97, 99
温熱指標……………… 112
温熱6要素 ………… 110, 115
音波…………………… 149

か

回折…………………… 161
拡散音場……………… 181
カクテルパーティ効果… 158
可視光線………… 19, 39, 72
可照時間……………… 23
ガス状汚染物質………… 84
カビ………… 87, 88, 118, 141
加法混色…………… 73, 75
乾き空気……………… 133
側窓…………………… 54
換気…………………… 87
換気回数……………… 89
換気経路……………… 103
環境基準……………… 167
寒色……………… 77, 78
間接照明……………… 67
慣用色名…………… 73, 75
記憶色………………… 79
気温…………………… 110
機械換気…… 94, 97, 101
基準昼光率………… 52, 53
基調色………………… 80
輝度…………………… 43
揮発性有機化合物…… 85, 94
基本色名……………… 73
吸音材料………… 180, 186
吸音率………………… 169
強制対流……………… 122

強調色………………… 80
共鳴器型吸音………… 188
共鳴周波数…………… 172
鏡面反射……………… 45
局所換気……… 97, 102, 103
局所不快感…………… 115
局部照明……………… 65
局部的全般照明………… 65
距離減衰……………… 159
気流…………………… 110
均時差………………… 20
均斉度………………… 47
均等拡散面………… 42, 43
空気質規定…………… 88
空気層………………… 126
空気伝搬音…………… 149
空気の寿命…………… 94
空気齢………………… 93
屈折…………………… 162
グレア… 44, 45, 48, 49, 67, 70
クロ…………………… 111
グローブ温度………… 111
系統色名……………… 73
軽量床衝撃音………… 175
結露………… 34, 88, 137, 139
建築化照明…………… 69
減法混色……………… 75
コインシデンス効果…… 171
光源色………………… 72
光色…………………… 62
光束…………………… 41
光束発散度…………… 43
後退色…………… 77, 78
光度…………………… 41
行動性体温調節…… 109, 117
光度分布……………… 41
高齢者… 46, 70, 81, 116, 158
固体伝搬音………… 149, 178

さ

採光補正係数…………… 56
最小可聴値…………… 155

索引

最適残響時間……………… 183
彩度………………… 73, 76
作用温度………………… 111
残響……………………… 180
残響時間………………… 181
視覚……………………… 38
視感度…………………… 40
色彩調和………………… 80
色相………………… 73, 76
色相環…………………… 76
自然換気…………… 97, 99
自然対流………………… 122
室間音圧レベル差……… 174
シックハウス… 13, 94, 95, 96
実効値…………………… 149
実在環境………………… 113
湿度……………………… 110
室内環境基準…………… 110
質量則…………………… 170
視認性…………………… 79
島日影………………… 27, 28
湿り空気………………… 133
湿り空気線図… 135, 136, 138
自由音場………………… 181
臭気……………………… 87
終日日影……………… 27, 28
収縮色…………………… 78
周波数…………………… 150
周波数帯域……………… 156
重量床衝撃音…………… 175
重力換気…………… 97, 99
縮退……………………… 185
瞬時値…………………… 149
上下温度分布…………… 116
照度……………………… 41
照度基準…………… 46, 70, 71
照度分布………………… 47
照明器具………………… 67
ショートサーキット…… 103
自律性体温調節…… 109, 117
シルエット現象………… 46
人工光源………………… 63

人工照明………………… 49
進出色………………… 77, 78
真太陽時………………… 20
振動……………………… 176
振動加速度レベル……… 177
振動感覚閾値…………… 178
振動レベル……………… 177
新有効温度……………… 113
錐体………………… 38, 48
スペクトルレベル……… 157
セイビンの式…………… 182
設計用全天空照度……… 54
絶対湿度………………… 133
線音源…………………… 160
全体換気…………… 97, 102
全天空照度……………… 50
全天日射………………… 29
全熱交換器………… 102, 104
全般拡散照明…………… 66
全般照明………………… 65
騒音………………… 163, 164
騒音レベル……………… 164
相関色温度………… 62, 64
総合熱貫流率…………… 131
総合熱伝達……………… 123
総合熱伝達率…………… 123
相対湿度………… 133, 134
外断熱…………………… 130
疎密波…………………… 149

た

第1種機械換気………… 101
体感温度………………… 113
大気透過率……………… 29
大気放射…………… 29, 30
第3種機械換気………… 102
代謝量…………… 110, 112
第2種機械換気………… 102
対比……………………… 78
太陽位置図……… 20, 21, 22
太陽高度…… 20, 29, 32, 63
太陽定数…………… 19, 29

太陽方位角……………… 20
太陽放射エネルギー… 18, 39
対流………………… 108, 122
対流熱伝達率…………… 122
多孔質型吸音…………… 187
ダニ………… 87, 88, 118, 142, 143
暖色………………… 77, 78
断熱材…………………… 126
断熱性能………………… 128
蓄熱……………………… 127
窒素酸化物……………… 86
地表面放射………… 29, 30
着衣量…………… 110, 111
中空層…………………… 125
昼光……………………… 63
昼光照明………………… 49
昼光率………………… 50, 52
中性帯…………………… 100
超音波音………………… 154
頂側窓…………………… 56
超低周波音……………… 154
直射日光………………… 49
直接・間接照明………… 66
直接照明………………… 66
直達日射………………… 29
直列結合………… 99, 100, 101
通風…………… 104, 105, 139
DI ……………………… 114
デグリーデー…… 131, 132
デシベル………… 151, 152
点音源…………… 159, 160
天球………………… 20, 21
天空光…………………… 49
天空日射………………… 29
天頂……………………… 29
伝導……………… 108, 120
天窓………………… 54, 55
同化……………………… 78
透過色…………………… 72
等価騒音レベル………… 166
透過率…………… 43, 169
等ラウドネス曲線……… 155

特性インピーダンス…… 151	日影図…………… 26, 27	**ま**
ドラフト………… 115, 116	光ダクト…………… 58	マスキング…… 157, 158, 164
トーン……………… 73	必要換気量……… 89, 90, 91	マンセル色立体………… 76
な	比熱……………… 127	マンセル表色系……… 75, 76
内部結露………… 137, 140	PPD ……………… 115	密度……………… 121
南中高度…………… 20	標準環境…………… 113	無彩色……………… 73
二酸化炭素………… 85	標準比視感度……… 41	明視照明…………… 43
二重壁……………… 171	標準有効温度……… 113	明順応……………… 38
日射………………… 29	表面結露………… 137	明所視……………… 40
日射熱取得率…… 33, 34	表面色……………… 72	明度…………… 73, 76
日射熱除去率……… 33	VOC ……………… 85	明瞭度…………… 180
日射の遮蔽………… 31	風圧係数………… 101	メット…………… 112
日射量……………… 31	風力換気……… 97, 100	メル……………… 155
日照………………… 23	不快指数………… 114	面音源…………… 161
日照時間…………… 23	不感蒸泄……… 108, 109	面密度…………… 170
日赤緯……………… 20	不均一放射……… 115	モデリング……… 45, 46
音色……………… 157	物体色……………… 72	**や**
熱貫流…………… 123	ブーミング…… 184, 185, 189	夜間放射…………… 30
熱貫流率………… 124	浮遊粉じん………… 87	有効温度………… 113
熱貫流量………… 124	フラッターエコー… 184, 185	有効開口面積… 98, 101
熱橋…………… 137, 139	プルキンエ現象…… 40	有彩色……………… 73
熱損失係数……… 131	フレネル数……… 162	誘目性……………… 79
熱抵抗…………… 125	雰囲気照明………… 43	床衝撃音………… 175
熱伝達率……… 122, 123	分光分布…… 18, 62, 63, 64	床表面温度……… 116
熱伝導率………… 120	平均演色評価数…… 64	容積比熱………… 127
熱放射……………… 59	平均吸音率…… 182, 183	予測温冷感申告… 115
熱容量………… 127, 128	平均太陽時………… 20	予測不満足率…… 115
燃焼器具…………… 91	平均放射温度…… 111	余命……………… 94
は	並列結合…………… 99	**ら**
	ヘルムホルツ共鳴器…… 188	
配光曲線…………… 66	放射…………… 108, 122	ライトシェルフ… 56, 57, 58
配合色……………… 80	放射温度……… 110, 111	ラウドネス……… 155
波長……………… 150	放射熱伝達率……… 123	ラウドネスレベル……… 155
半間接照明………… 67	防振…………… 178, 179	リクルートメント現象… 158
反射率………… 43, 72	膨張色……………… 78	立体角投射率…… 51, 52, 53
半直接照明………… 66	飽和状態………… 133	粒子状汚染物質…… 84, 87
板（膜）振動型吸音… 187	飽和水蒸気圧…… 134	流量係数……… 98, 101
PMV …………… 115	飽和絶対湿度…… 134	隣棟間隔………… 28
日影……………… 23	補色………………… 76	ルミネセンス……… 59
日影曲線……… 24, 26	ホルムアルデヒド… 13, 86, 94, 95	露点温度………… 137
日影時間…………… 23		

著者略歴

大内孝子(おおうち たかこ)

1978年　武蔵工業大学大学院工学研究科修士課程修了
1997年　武蔵工業大学大学院工学研究科博士後期課程建築学専攻修了
2006年　東横学園女子短期大学ライフデザイン学科助教授
2009年　東京都市大学都市生活学部都市生活学科講師(〜2013年)
2013年　東京都市大学非常勤講師(〜2019年)
2013年より、株式会社建設環境研究所勤務、現在に至る
博士(工学)、一級建築士、インテリアコーディネーター

住まいと環境　住まいのつくりを環境から考える
2010年10月10日　第1版　発　行
2022年 7月10日　第1版　第3刷

著作権者との協定により検印省略	著　者	大　内　孝　子
	発行者	下　出　雅　徳
	発行所	株式会社　彰　国　社

自然科学書協会会員
工学書協会会員

Printed in Japan

Ⓒ 大内孝子　2010年

ISBN978-4-395-00915-2　C3052

162-0067　東京都新宿区富久町8-21
電話　03-3359-3231(大代表)
振替口座　00160-2-173401

印刷：真興社　製本：中尾製本

https://www.shokokusha.co.jp

本書の内容の一部あるいは全部を、無断で複写(コピー)、複製、および磁気または光記録媒体等への入力を禁止します。許諾については小社あてご照会ください。